O homem não existe

Ligia Gonçalves Diniz

O homem não existe

Masculinidade, desejo e ficção

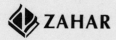

Copyright © 2024 by Ligia Gonçalves Diniz

Grafia atualizada segundo o Acordo Ortográfico da Língua Portuguesa de 1990, que entrou em vigor no Brasil em 2009.

Capa
Elisa von Randow

Foto de capa
Robert Decelis/ Getty Images

Preparação
Angela Ramalho Vianna

Revisão
Natália Mori
Nestor Turano Jr.

Dados Internacionais de Catalogação na Publicação (CIP)
(Câmara Brasileira do Livro, SP, Brasil)

Diniz, Ligia Gonçalves
    O homem não existe : Masculinidade, desejo e ficção / Ligia Gonçalves Diniz. — 1ª ed. — Rio de Janeiro : Zahar, 2024.

    ISBN 978-65-5979-167-5

    1. Homens – Aspectos sociais 2. Masculinidade I. Título.

24-189364   CDD-305.3

Índice para catálogo sistemático:
1. Masculinidade : Sociologia 305.3

Eliane de Freitas Leite — Bibliotecária — CRB-8/8415

Todos os direitos desta edição reservados à
EDITORA SCHWARCZ S.A.
Praça Floriano, 19, sala 3001 — Cinelândia
20031-050 — Rio de Janeiro — RJ
Telefone: (21) 3993-7510
www.companhiadasletras.com.br
www.blogdacompanhia.com.br
facebook.com/editorazahar
instagram.com/editorazahar
twitter.com/editorazahar

Para o Pedro, porque ele existe

Sumário

Apresentação 9

PARTE I **Pra toda obra** 19

1. Inútil lâmpada apagada 21

2. Duas cabeças, duas medidas 52

3. O mundo em uma gota 75

4. Alguns centímetros a mais 98

PARTE II **Espelhos do desejo** 113

5. Que cara é essa? 115

6. Quem ama o feio 154

7. As portas do paraíso 188

8. Vamos fetichizar esses corpos 230

PARTE III **Testosterona e outros supertrunfos** 259

9. No princípio era a fúria 261

10. Raiva erótica 291

11. É preciso um bocado de tristeza   323

12. Eu quero tocar fogo neste apartamento   355

Agradecimentos   381
Notas   383
Créditos das imagens   415

Apresentação

> Posso ouvir minha voz feminina: estou cansada de ser homem.
>
> Ana Cristina Cesar, "16 de junho"

No dia 17 de julho de 1944, o escritor francês Albert Camus enviou uma carta aflita à sua amante; nos últimos dias, dizia ele, vinha sentindo "uma tristeza repugnante". A razão era a recusa da moça em se despencar de Paris para visitá-lo no interior, onde estava abrigado havia pouco mais de duas semanas.[1] "Ah, minha pequena Maria, creio mesmo que você não entende que a amo profundamente, com toda a minha força, toda a minha inteligência e todo o meu coração", lemos na mensagem chorosa.

Na página seguinte, a coisa degringola: "Ah, Maria, terrível e distraída Maria, ninguém jamais a amará como eu. Talvez você perceba isso no fim da sua vida, quando puder comparar, ver e entender e pensar: 'Ninguém, ninguém nunca me amou daquele jeito'".[2] Tóxico, alguém diria hoje, talvez com alguma razão.

Camus tinha conhecido a jovem atriz espanhola Maria Casarès no ano anterior, e os dois haviam se tornado amantes apenas seis semanas antes da carta apaixonada. O fato de ele ser casado com outra mulher, de quem a guerra o mantinha distante, não choca; tampouco o fato de a relação com a moça ser tão recente. A diferença de idade entre os dois — ele tinha quarenta, ela, 21 — não surpreende nadinha. O drama da carta, sim.

É desconcertante, afinal, ler uma mensagem que escapa totalmente do estilo que se costuma associar a Camus, o "filósofo do absurdo",[3] que dizia preferir não ter nenhum bem, e viver e morrer em hotéis, a perder a liberdade.[4] Já celebrado por *O estrangeiro* e *O mito de Sísifo*, ambos de 1942, Camus nos assombra na carta por sua paixão desabrida, que contradiz a lucidez e a atitude de indiferença que marcam esses livros.

Não importa sabermos que é de bom tom distinguir autor, personagem, obra: nenhum discernimento impede a sensação ingênua de uma leve traição. O mesmo autor que havia feito seu anti-herói Meursault reagir com um "tanto faz" à proposta de casamento da namorada[5] agora se descabelava por uma mulher que havia acabado de conhecer. Tudo bem, é preciso lembrar que *O estrangeiro* é um romance de ficção, e portanto não espelha a vida real. Mas a gente se pergunta então onde é que estava, em julho de 1944, aquela percepção da falta de sentido que o autor havia descrito com tanto esmero no ensaio *O mito de Sísifo*, quando afirmou que "não há amor generoso senão aquele que se sabe ao mesmo tempo passageiro e singular".[6]

Camus, é justo dizer, também estava surpreso. "Um dia você me falou do meu cinismo, e estava certa. Mas para onde foi tudo aquilo?", se pergunta na carta. Ele também havia sido enganado pela própria obra — e pela literatura em geral? É possível: somos todos vítimas contentes da ficção. Como, afinal, nos desapegar dos ideais de beleza, das peripécias malucas, dos arrebatamentos, dos encontros extraordinários que ela nos faz experimentar? Como conceber uma vida sem os conflitos que põem em marcha as melhores narrativas? Camus havia escrito no *Mito*: "Todos os especialistas em paixão nos ensinam isso, não há amor eterno a não ser o contrariado. Não existe paixão sem luta".[7] Lá estava ele, enfim, pondo em prática a lição.

Mas deixemos Camus em paz, por ora. Quem nunca sofreu de forma desmesurada por um afago que não chegou e, no desespero, enviou a alguém um recado meio patético? No caso dele, tudo eventualmente deu certo, e sua história de amor com Maria Casarès acabou vingando, do jeito meio intelectual, meio francês do casal. Insistamos um pouco, porém, na discussão a respeito da difícil, quiçá impossível, arte de se equilibrar no fiozinho que separa a aventura intelectual de ler ficção e as ideias, intuições e desejos que tal aventura enfia nas nossas cabeças — não importando quão perspicazes estas são, ou quão profissionais.

Mais especificamente, nos questionemos acerca dos efeitos que a experiência de uma tradição literária longamente masculina produz nas consciências dos leitores — e das leitoras. Não é tão inofensivo assim, afinal, experimentar ficcionalmente a vida dos personagens. Se toparmos um leve exagero e aceitarmos que a leitura é uma experiência suavíssima de alucinação, nos perguntamos: quantas vezes nós, mulheres, alucinamos ser homens? E que espécies de aventura — muitas delas interditas a nós na vida real — vivenciamos na pele virtual deles? Por meio da nossa imaginação, homens ficcionais existem, e carregam efeitos dessa existência para nossas vidas concretas.

Trago então de volta Camus, que em sua obra, aliás, não construiu personagens femininas lá muito interessantes — com uma exceção notável, Martha. A personagem, interpretada justamente por Maria Casarès na primeira montagem de Le Malentendu (O mal-entendido, de 1944), cuida de um hotelzinho, numa cidade triste e escura no interior da Europa. Sozinha com a mãe idosa após a morte do pai e a partida do irmão, a moça é obcecada pela ideia de ir embora rumo a um lugar ensolarado, à beira do mar. Para isso, precisa de verba, e a estratégia que ela e a mãe concebem é matar os poucos hóspedes solitários para roubar seu dinheiro.

A peça é uma ode às tragédias do acaso: quando o irmão há muito afastado volta para resgatar a mãe e Martha, é confundido com um estranho e assassinado. A mãe, culpada, decide se suicidar, e Martha, prestes a ficar sozinha no mundo, grita sua revolta contra a dor da mãe pelo filho: "Tudo o que a vida pode dar a um homem lhe foi dado. Ele deixou este país. Conheceu outros lugares, o mar, seres livres. Já eu, eu fiquei aqui. Fiquei, pequena e triste, no tédio". Ela lamenta que ninguém a tenha beijado ou desejado, e que agora a mãe queira também tirar-lhe o amor materno, se matando. "Para um homem que viveu", conclui Martha, "a morte é algo sem importância."[8]

Martha e Maria são as musas dos ensaios que apresento ao longo deste livro. Ir embora, desejar desmedidamente, se entregar à raiva e à violência, transformar a melancolia em gesto sublime: Martha fez tudo, ou pelo menos quis tudo, o que os livros escritos por homens nos mostraram que é bonito fazer e querer. Já Maria, bem, Maria fez o charmoso, brilhante, indiferente Camus perder as estribeiras e lembrar que a vida não é ficção, nem filosofia. Já é bastante.

Apresentação

No MOMENTO EM QUE a crítica literária feminista ganhou força, sobretudo nos Estados Unidos dos anos 1960, um de seus gestos obstinados era o de investigar as imagens de mulheres apresentadas pela literatura canônica — majoritariamente masculina — e apontar a discrepância entre o que os autores traziam em seus textos e a realidade social, afetiva e existencial delas. Em meados dos anos 1970, já estava claro, porém, que procurar estereótipos femininos nas obras dos homens não era a coisa mais instigante do mundo.

O movimento seguinte, então, foi o de voltar os olhos para a literatura escrita por mulheres. As célebres — Jane Austen ou Emily Brontë, por exemplo — ganharam novas leituras, enquanto se resgatavam, e ainda resgatam, aquelas que haviam sido deixadas para trás e excluídas do cânone por não serem da elite branca nem europeias, por não se afiliarem à heteronormatividade ou por quaisquer outros desvios do padrão.

Por bons motivos, as discussões de gênero na literatura escrita por homens foram atraindo cada vez menos os olhos da crítica feminista. Há, porém, ótimas exceções. Uma delas é Shoshana Felman, professora de literatura comparada na Universidade Emory, nos Estados Unidos, que me empolga, como crítica e como leitora, por não resistir aos livros escritos por eles. Ela não desconfia dos homens, não abre suas páginas à procura de como representam equivocadamente a mulher; enfim, não lê literatura já sabendo aonde quer chegar. A experiência de leitura não pode ser concebida como autodefesa, ela nos diz, mesmo quando há uma disposição de "exorcizar a mente masculina que foi implantada em nós".[9]

É esse o ponto que me interessa. Como feminista, naturalmente quero perceber com clareza o modo como a defesa de certos privilégios penetra insidiosamente os mais diversos discursos, inclusive o literário. Quero distinguir os valores masculinos hegemônicos daqueles universais, se é que estes existem. No entanto, como mulher formada por essa cultura, preciso admitir que sou parte dela, que não há modo objetivo de isolar minha consciência feminina de todo o resto. Em outras palavras, não só ler literatura escrita por homens mas também ler *como um homem* — já que tantos livros foram escritos *para* eles — são experiências constitutivas do modo como entendo a mim mesma e o mundo.

Para uma mulher, crescer em uma cultura predominantemente masculina significa ocupar um lugar esquisito, em que é preciso se tensionar entre sujeito e objeto. As narrativas a que somos expostas frequentemente nos esticam (ou nos dilaceram) entre duas práticas e atitudes: entre, de um lado, o gesto de calçar os sapatos de personagens e autores homens, vivendo — como leitoras, ouvintes e espectadoras — suas aventuras e desventuras, e, de outro, o movimento de nos colocarmos no nosso devido lugar, à parte desse mundo mágico ou, no caso heterossexual, na posição secundária de objetos de desejo dos sujeitos.

A diferença entre querer ser e querer ter é só aparentemente simples. Eu me lembro bem do dia em que percebi o que há no meio do caminho. Tinha uns dezessete anos e estava no corredor da Faculdade de Direito, conversando com alguns dos rapazes da turma. Um deles fez, então, alguma piada grosseira e logo me pediu desculpas por falar aquilo na frente de uma garota. Outro colega, porém, disse para ele relaxar: "A Ligia é como a gente, não tem problema". Eu queria, sim, ser *como a gente* — poder fazer e ouvir piadas grosseiras etc. —, mas também queria, e muito, ser como as garotas diante de quem não se fazem piadas grosseiras. Eram elas, afinal, que eles queriam beijar.

No meu caso — uma menina nerd que gostava de submergir nos livros e no cinema, e que ouvia muito Bob Dylan e Chico Buarque —, romances, poemas, filmes e canções contribuíram bastante para eu viver esse lugar esquisito, de querer ser tanto o aventureiro que atravessa 2 mil quilômetros escondido em vagões de trem quanto a mulher fatal que faz com que ele finalmente se descuide e acabe morto. Queria ser o herói que tinha um cavalo que falava inglês e também a noiva do caubói. Ainda quero.

Duas décadas depois da conversa no corredor de faculdade, me vejo pensando se hoje entendo melhor os papéis reservados a cada um de nós e como eles aparecem nos discursos culturais. Acho que sim: tenho mais ferramentas teóricas, mais maturidade, mais autoconfiança e mais e melhores amigas, além de ter tido sorte no amor e a competência para aproveitá-la. Apesar disso tudo, a arte sempre pode nos dar uma rasteira. Ela não é um manual com respostas ao final, nem um espelho límpido da realidade concreta, muito menos algo a ser interpretado para se encontrar o sentido da vida. A experiência da arte é um negócio arriscado, para todos os envolvidos.

De alguma forma, leitores amadores conhecem esse caráter de risco melhor do que professores e críticos. Neste livro, tento ocupar uma posição intermediária entre estes e aqueles. Parto de experiências constitutivas da minha vida como leitora, com seus riscos e suas limitações existenciais, sociais e antropológicos, e considero os efeitos afetivos e intelectuais que elas produziram sobre minha vida. Tento então entender o que essas leituras dizem sobre os homens e sobre mim mesma, sobre o que quero, o que quero deles, e o que eles querem de si, do mundo, de mim.

"O QUE QUER UMA MULHER?" é uma das perguntas mais batidas da psicanálise, uma pergunta que pautou uma imensidão de produções culturais, discussões acadêmicas e conversas de bar. Penso que já passou da hora de nós, mulheres, revirarmos a situação e tomarmos para nós a tarefa de pensar o que querem os homens.

É preciso, porém, reconhecer que as respostas — tal qual as cartas desesperadas de Albert Camus — podem ser mais desconcertantes do que esperávamos, sobretudo quando tratamos de temas que são da natureza dos desejos e das paixões. Nesse universo, não há conclusões definitivas, não há generalizações possíveis; para adentrá-lo, precisamos, como defendeu Susan Sontag, não de uma prática intensamente interpretativa da arte, mas de uma "erótica da arte".[10]

Aqui, essa abordagem se mistura a um feminismo que me faz observar a masculinidade com olhos generosos — simplesmente porque me parece mais divertido e produtivo. Por essas e outras, registro logo um credo importante: personagens machistas não tornam o autor ou o livro machistas, não necessariamente. E mais: livros machistas não são necessariamente ruins. Se o homem tem tantas vezes dificuldade de se abrir para o outro — essa exigência da ficção —, me esforço para não cair no mesmo erro. Também critico, porém, a falácia segundo a qual obra e autor são entidades separadas por milagre. Não são, e às vezes temos que decidir se vamos sustentar gostar de um autor babaca.

Apresentação

Eu banco meus amores proibidos, mas também me dou o direito de rir dos homens de vez em quando. Gosto de pensar, porém, que estou rindo *com* eles: qualquer um com quem valha a pena conversar há de ter a clareza de que o mundo masculino cria armadilhas ridículas para todos nós. A ensaísta francesa Virginie Despentes escreveu algo que carrego como lembrete: diferentemente dos homens, ela diz, "meu poder jamais se baseará na inferiorização da outra metade da humanidade".[11]

Evoquei, há pouco, a pergunta freudiana sobre o que quer uma mulher. Encerro esta apresentação lembrando uma afirmação do outro grande teórico da psicanálise, Jacques Lacan. Nos anos 1970, ele cravou que "não há *A* mulher" — ou, como se popularizou dizer, "*a* mulher não existe".[12] Como tantas de suas frases, essa é tão complexa quanto provocativa e polêmica, produzindo reflexões e desencadeando fúrias sem fim.

Resumindo demais a questão, o que Lacan propõe é que, diferentemente do homem, sujeito à regra do gozo fálico — obstáculo pelo qual "não chega [...] a gozar do corpo da mulher" e que é "só falha, hiância" —, não haveria uma única forma de gozo por meio da qual a mulher pudesse ser definida. Por sua essência, escreve ele, a mulher "não é toda". Talvez por isso, diz Lacan, sejamos capazes de uma forma diferente de gozo, um gozo suplementar que escape à linguagem e que nos permita uma relação real com o outro, experiência sobre a qual nada podemos dizer a não ser que a conhecemos. Um pouco de piração psicanalítica, um pouco de projeção, enfim.[13]

No fundo da questão lacaniana penso encontrar a perplexidade do homem diante de uma outra forma de gozar.

E, ainda mais no fundo, está a inabilidade dele de conceber um gozo que não seja representado a olhos nus. Na superfície, porém, está simplesmente a fascinação com o diferente. Como Simone de Beauvoir já nos ensinou há tempos, para o pensamento ocidental masculino, "a mulher determina-se e diferencia-se em relação ao homem, e não este em relação a ela; a fêmea é o inessencial perante o essencial. O homem é o Sujeito, o Absoluto; ela é o Outro".[14] As consequências disso sempre foram nefastas para as mulheres, mas não precisam continuar a ser. A verdade é que dependemos do *outro* para definir quem somos para nós mesmas. "A categoria do Outro é tão original quanto a própria consciência", escreve Beauvoir. Esse Outro sempre apresentará ausências, oferecerá riscos, se mostrará, em alguma medida, como imperscrutável e ameaçador. Ele afeta o desconhecido em nós. Em outras palavras, o Outro, como realidade que nos escapa, nunca se entregará ao nosso conhecimento. Nunca existirá. Faz todo sentido que, para Lacan — psicanalista, homem e grande sedutor de mulheres —, não exista *a* mulher. Compreendo bem a sensação. Para mim e para este livro, é o homem que não existe.

PARTE I

Pra toda obra

1. Inútil lâmpada apagada

> É, até parece que o amor não deu
> Até parece que não soube amar
> Você reclama do meu apogeu, do meu apogeu
> E todo o céu vai desabar
> Ah-ah-ah
> Ai, desabou!
>
> Art Popular, "Temporal"

"Todos os caras estão sempre medindo o pau", diz a prostituta Lupe, explicando que seu cafetão confere as próprias medidas quase todo dia. "E com uma faca", completa. Enquanto os dois continuarem do mesmo tamanho, tudo certo: o costume "é bom pra sua macheza". Após lermos que faca e pau são "deste" tamanho, só nos resta imaginar qual é o tal tamanho, que Lupe certamente indicou com as mãos para os interlocutores. A reação do jovem poeta Juan García Madero ao gesto nos ajuda na tarefa: "Não exagere", diz ele.

O chileno Roberto Bolaño está, sem dúvida, sendo irônico com o hábito patético do macho em questão, vilão da primeira e da última partes do romance *Os detetives selvagens*, de 1998. O sujeito que, segundo Lupe, "não tem medo de porra nenhuma" na realidade tem, sim, um tremendo pavor, e é o mais estúpido possível: o pavor de que seu pau encolha de um dia para o outro.

O espanto de García Madero, em contrapartida, é um tanto enternecedor — ainda mais quando tenta consertar o lapso de sinceridade contestando que não existe "faca tão grande assim" ou quando argumenta, insistindo na metonímia e com alguma razão, que uma "faca grande assim é um trambolho". E é por causa do enorme pênis do cafetão, e não de sua faca, que o rapaz, antes animado a defender Lupe contra o sujeito, projeta nele um "caráter ameaçador" e repensa a própria valentia.

Tanto a caricatura do criminoso quanto a fragilidade pueril do poeta ilustram bem a esquisitíssima ligação que moleques, homens feitos e senhores têm com seu genital externo mais proeminente. Uma arma e uma causa permanente de inseguranças, uma fonte de prazer e um objeto de competição entre os pares. "E é verdade que o pau dele é tão grande assim?", insiste García Madero. E as mulheres que o escutam, essas terríveis algozes, caem na gargalhada.[1]

Pênis e seus donos evocam uma experiência totalmente alienígena a mim: me parece tão fácil imaginar como é ter um pau quanto como é ser um albatroz ou um ipê. O que me deixa realmente perplexa é a percepção de que, se quase sempre os homens demonstram o vínculo afetivo mais estreito possível com seus pênis, há ocasiões cruciais em que estes parecem ser capazes de vida e vontade próprias inacreditáveis. Alma masculina corporificada ou um estranho no ninho? Quem é essa criatura, afinal?

Amigos que são pais e mães de crianças pequenas já me relataram, desconcertados, o deslumbre demonstrado pelos pequenos ao manusear seus pintinhos, episódios o suficiente para eu não acreditar que o alcance dessa experiência se reduz a uma construção cultural. Essa mistura entre poder, violência e prazer despertada pela posse de um pênis parece ser muito divertida, mas, quando entram em jogo disputas e expectativas sociais, a coisa fica mais perigosa, inclusive para os homens.

Como disse uma vez uma psicanalista, ao comentar as atitudes histriônicas do affaire de uma amiga minha: deve ser mesmo muito difícil sustentar a dignidade em um palito. Não era questão de tamanho ou espessura. "Palito" denotava, apenas, a ideia de uma frágil haste de sustentação que vive sob a exigência da performance. O pênis é, afinal, um símbolo tanto de agressividade quanto de vulnerabilidade. Ereto, é "feliz e mau", como na canção "Outro", em que Caetano Veloso celebra a glória revigorante da superação de um fim de relacionamento. "Murcho e cabisbaixo", é descrito pelo poeta romântico Bernardo Guimarães numa "postura merencória e triste", na qual ele tanto encurva "o focinho" que parece que vai beijar, "lá no traseiro", seu "sórdido vizinho".[2]

No poema satírico de Guimarães "O elixir do pajé", de 1875, o sujeito lírico tenta lidar com a impotência — que o torna possuidor de uma "inútil lâmpada apagada" — por meio de uma poção mágica que "de novo ardor te inflama para as campanhas do amor".[3] Já na canção de Caetano, de 2006, o sujeito afirma que vai "... passar por você, de cara alegre e cruel, feliz e mau como um pau duro, acendendo-se no escuro".

Um órgão corporal que brilha com luz própria, eis um belo elogio. Os modos como essa admiração se demonstra, no entanto, não são nada óbvios, e as artes nos apontam bem as contradições. Estátuas gregas e romanas de nus masculinos de heróis e deuses de outras eras são apresentadas em museus ao alcance do olhar de milhões, e réplicas do *Davi* de

Michelangelo estão dispostas nos quatro cantos do mundo para quem quiser observá-las. Mas a coisa muda quando os personagens representados são mais próximos.

Em 2015, o Whitney, um dos museus mais importantes de Nova York, recusou uma escultura do artista plástico Charles Ray que apresentava, em enorme formato e figuração hiper--realista, os personagens Huck e Jim, do clássico de Mark Twain *Huckleberry Finn*. A obra, que havia sido comissionada pelo próprio museu para ser instalada à frente do prédio, apresentava as duas figuras, um menino branco e um homem negro, nus, em posições intrigantes, mas não sexualmente sugestivas. A instituição alegou que a escultura sofreria o risco de ser vandalizada.

A comparação entre gregos e latinos antigos, italianos renascentistas e norte-americanos contemporâneos não é mais do que anedótica, mas ilustra bem as tensões entre orgulho e pudor, ou entre beleza e violência, que podem acompanhar o desvelamento do pênis aos olhos do público. Uma tensão aliás muito bem representada pela censura ostensiva, e frequentemente driblada, às imagens de pênis em aplicativos de relacionamentos queer ou hetero — o que não é, em si, um problema, já que os nus femininos também são vetados —, enquanto é difícil encontrar uma mulher que não tenha jamais recebido em seu e-mail ou mensagem em rede social um close não requisitado (isso, sim, é problema).

Lembro uma velha máxima, mistura equilibrada de homofobia com misoginia, segundo a qual "quem gosta de pau é veado; mulher gosta é de dinheiro". Podemos gostar dos dois, nas situações e medidas apropriadas. E é legal falar desse assunto, mas tudo tem limite. Assim, embora o império peniano possa ser investigado de muitos ângulos diferentes, exploro apenas quatro. Começo, neste capítulo, pela queda, passo depois pela crise e chego enfim à glória — mas não sem falar dos frutos dela.

Antes de acompanhar a jornada desse herói, vale um breve comentário sobre a terminologia utilizada, que segue regras muito pessoais. *Pênis* é empregado em passagens que se propõem a ser mais objetivas ou — entre muitas aspas — científicas. *Falo* é o pênis ereto, geralmente tomado em seus sentidos simbólicos. *Pinto* é o órgão de homens que estão fora da minha esfera de atração sexual: pintos pertencem a pais, tios e outros parentes, a adultos que inspiram asco, a idosos bem caquéticos e, sobretudo, a crianças. *Pau* é o que uso para me referir a todos os outros homens, a não ser quando, no meio da frase, lembro que minha mãe vai ler este livro, e então uso *pênis*.

Heróis impotentes

Matrix Reloaded, o segundo filme da saga dirigida pelas irmãs Wachowski, é recheado de sequências e personagens intragáveis: vêm logo à lembrança a rave apocalíptico-sensual em Zion, o software francês libidinoso e seu cheesecake afrodisíaco, os capangas gêmeos desbotados. No entanto, em 2003, saindo da sala de exibição após assistir ao longa, meu namorado à época estava desconsolado com outro tipo de cena: "Não quero ir ao cinema para ver o herói brochar", ele desabafou.

Depois de descobrir que o mundo em que vive é apenas uma realidade simulada por máquinas que dominaram o planeta e que ele está predestinado a combater, o hacker Neo vive mil e uma aventuras até que, no segundo filme da série, finalmente fica a sós com sua amada Trinity. Eles chegam ao quartinho na subterrânea Zion cheios de tesão, mas na hora H o herói não dá conta. Trinity acha bastante compreensível, e a cena serve para mostrar a vulnerabilidade do messias. Mas meu jovem namorado ficou triste.

Adoro *Matrix* e, ao rever recentemente todos os filmes da série antes de assistir ao último, *Matrix Resurrections*, de 2021, me lembrei desse episódio. Vista como um todo, a saga é uma longa história de amor e, apesar de umas escolhas cafonas da direção, continuo achando legais as quebras de expectativas como a da tal cena de sexo (além da brochada, vemos o *derrière* de Neo, isto é, de Keanu Reeves, mas bem pouco do corpo de Trinity/ Carrie-Anne Moss), e instigantes até mesmo as diversas interpretações feitas a respeito da relação entre a trama e a transexualidade de suas diretoras.[4]

Poucas coisas podem ser mais diferentes entre si do que a lucidez no tratamento de gênero no clássico sci-fi *Matrix* e a misoginia escancarada da obra realista do escritor norte-americano Philip Roth. A única coisa que me permite saltar de um assunto ao outro na quebra de um parágrafo é o fato de que ambos me fizeram pensar na experiência da impotência. No caso de Roth, essa reflexão me levou o mais perto possível de entender o que é ter de concentrar a autoestima em um pedaço tão restrito do corpo. De fato, foi falando para o meu psicanalista sobre um dos romances de Roth que me vi dizendo um troço que nunca havia imaginado: "Quer saber? Me deu inveja de ter um pau".

É claro que não descobri, de repente, que queria possuir um órgão genital protuberante (o que continua me parecendo uma péssima ideia). Tampouco passei por uma súbita revelação de um trauma infantil recalcado ou de um desejo sexual não atendido, como interpretou a psicanálise de Freud, de que falo mais adiante. No romance de Roth *O avesso da vida*, de 1986, o que está em jogo não é exatamente o combo formado pelo mistério da penetração, o orgulho fálico, o sentido de virilidade e força, ou o prazer que ter um pênis supostamente proporciona — ou é tudo isso, só que em negativo.

O avesso da vida é o quarto romance protagonizado pelo escritor Nathan Zuckerman, uma espécie de projeção ficcional do próprio Roth. Há quem diga que, ao dar vida a seu mais profuso alter ego, o autor deu margem à construção de todo um campo autônomo da crítica, algo como uma falografia literária — na qual acho que me incluo agora. No primeiro romance da série, *O escritor fantasma*, de 1979, o aspirante Nathan tem 23 anos e acha que nada pode ser melhor na vida do que escrever livros, seduzir bailarinas e transar no chão. E a uma famosa definição do protótipo do escritor judeu como aquele que tem "os óculos no nariz e o outono no coração" ajuntava: "e sangue no pênis".[5]

Na aparição seguinte, *Zuckerman libertado*, de 1981, o personagem já é um autor de sucesso, reconhecido nas ruas, e usa a fama, entre outras coisas, para conquistar beldades (incluindo uma estrela hollywoodiana). Enquanto isso, tenta lidar com os efeitos que seu romance best-seller, baseado em sua própria vida sexual, produz sobre a família, também brutalmente exposta na narrativa.

Já no terceiro livro da série, *Lição de anatomia*, de 1983, Nathan é um cara em crise de meia-idade, divorciado e imobilizado por dores musculares nas costas e por um bloqueio criativo — e que nem por isso deixa de fazer muito sexo. Mas foi só em *O avesso da vida* que alguma coisa clicou aqui na minha cabeça. O quarto romance é um comentário engenhoso sobre o que é ficção e o que é realidade; sobre como a vida nunca é o que a gente espera, muito menos o que a gente decide construir; sobre judaísmo, sobre família e até sobre amor. É um romance cuja sinopse é impossível de escrever, porque é um troço meio descascável, em que cada camada vai desmontando e distorcendo o que veio antes, e ao final nos impede de ter em mãos uma totalidade narrativa. E é também um romance sobre disfunção erétil.

Como uma espécie de motivo central, temos a história de um homem que, virando a curva dos quarenta anos, precisa escolher entre uma cirurgia arriscada ou a frustração sexual. Não é só isso: nós também acompanhamos os muitos desdobramentos possíveis da operação. Mas também *não é só isso*. A cada seção do livro, encaramos sem aviso prévio uma variação desses mesmos acontecimentos e seus efeitos, como se Roth nos colocasse na posição de um autor bem no momento em que esse faz as escolhas ficcionais que comporão o romance que está escrevendo — o que inclui não só os acontecimentos narrados, como também quem narra e de que forma o faz.

Indo direto à narrativa talvez fique um pouco mais fácil entender. *O avesso da vida* se abre com a história do irmão do protagonista, figura lateral nos romances anteriores. Dentista bem-sucedido, bom filho, casado, pai de três, Henry Zuckerman nos é apresentado como um homem comum, com uma vida em tudo banal, que apenas nos parcos casos extraconjugais consegue dar vazão a algum senso de aventura. Ele, no entanto, descobre um grave problema cardíaco, cujo tratamento é à base de remédios que impedem as ereções, o que é descrito como uma punição pela vida comportada demais que havia levado até ali.

Henry é o primeiro impotente do romance — e não lida nada bem com isso. Ao longo dos primeiros meses em que não está para jogo, ele começa "a sentir as emoções de uma pessoa completamente sem atrativos, um desdém puritano, impaciente, ressentido" por aqueles ainda envolvidos em aventuras eróticas. Em meio à sua desventura sexual, o sujeito fica arrasado ao ouvir "Lay, lady, lay", de Bob Dylan.[6] Isso porque uma parte da letra diz algo que poderíamos parafrasear assim: "Moça, deite-se na minha cama, que vou fazer todas as cores possíveis brilharem para você".

O caso de Henry Zuckerman é bem mais deprimente do que o ressentimento pela satisfação sexual dos outros. O que o personagem não consegue mesmo superar é que, após um tempo sem ereções, ele "estava dando um jeito" de viver sem desejar ou transar.[7] Estava se acostumando. Sexo havia passado a ser só uma ideia. O problema é que, ao se tornar só uma ideia, o sexo se torna uma ideia difícil de suportar.

Quando Henry opta enfim pela cirurgia arriscada, explica ao seu médico que a impotência é a coisa mais difícil que já teve de enfrentar, ao que o médico responde, cruelmente: "Então não teve uma vida muito difícil, não é mesmo?".[8] Com ele somos, portanto, apresentados a uma questão que permeia todo o livro. O que é mais importante: viver ou desejar? E então: qual é a diferença entre viver e desejar? É essa a pergunta que nos propõem "os irmãos Zuckerman". E é nesse plural que está o truque, já que o impotente Henry é, descobriremos páginas depois, apenas um personagem (duplamente ficcional) do escritor (ficcional) Nathan Zuckerman.

Por que duplamente ficcional? Logo depois da decisão de Henry e do comentário de seu médico (cruel e bem articulado demais para ser verossímil?), em deslocamento indicado por uma alteração no estilo da fonte do livro — o texto começa em itálico e de repente perde essa marca —, percebemos que até ali vínhamos lendo uma versão ficcionalizada da história de Henry, escrita por Nathan à guisa de uma irônica homenagem fúnebre. Com isso descobrimos também que o dentista havia morrido durante a cirurgia cardíaca, e que Nathan estava ensaiando escrever a história do irmão.

Na segunda e na terceira partes do livro, a morte de Henry é "revertida", ou seja, abre-se uma outra possibilidade ficcional para a decisão de submeter-se à cirurgia, possibilidade segundo a qual o dentista, curado da impotência e dos problemas cardíacos, deixa os Estados Unidos e a família para buscar suas origens e um sentido da vida em Israel. Essas duas partes são narradas inteiramente por Nathan, que vai até a Judeia tentar trazer o irmão de volta. São muitas páginas incríveis, que entretanto não nos interessam aqui.

É na quarta parte de *O avesso da vida* que nos deparamos com outro deslocamento na narrativa. Ainda lemos a voz de Nathan, mas agora é ele o impotente. Tudo o que havíamos lido sobre Henry eram ficções dentro da ficção, e descobrimos que o personagem é, na realidade, uma figura lateral e insípida, sem problemas no coração nem no pênis. Nós nos voltamos então para a vida do irmão escritor. É Nathan afinal quem, um ano após começar o tratamento cardíaco brochante, começa a se ajustar à vida sem sexo, até que algo sacode sua tranquilidade. Ainda vivo e "em forma, livre enfim das visões caricatas de ereções e ejaculações masculinas", o sujeito conhece Maria, uma mulher que vai "testar ao máximo este tênue 'ajustamento'".[9]

Que seja o irmão criativo, desabusado e volúvel aquele que opta por uma cirurgia para não ter de tomar medicamentos brochantes é muito relevante. Peço perdão por corroborar os estereótipos, mas é do escritor, e não do dentista, que vem a ideia de impotência como punição por uma vida banal. É Nathan quem, afinal, havia transferido para um irmão ficcionalizado as angústias da impotência descritas na primeira parte do livro. E é Nathan, finalmente, quem acredita que a possibilidade de sexo adúltero teria sido, para o bonzinho Henry — paralisado em uma vida medíocre, preso em seus compromissos familiares —, aquilo que havia descrito, na primeira parte do livro, como "sua insurreição diária contra todas as suas virtudes arrasadoras".[10]

Lançando a catástrofe sexual sobre Nathan, e não sobre Henry, Roth faz coincidir realização sexual e vigor criativo. Quando *O avesso da vida* se desdobra em livro dentro do livro, o apaixonado e impotente Nathan não canaliza a sua libido — ou um espectro de libido — para a produção de uma nova obra literária, e sim ressente a impossibilidade de concretizar sua paixão para além do prazer sexual que pode proporcionar a Maria de formas alternativas. Ao não conseguir gozar do frágil desejo recém-descoberto, o escritor se vê em crise de criatividade, ou de possibilidades, e querendo poder ter o que nunca teve nem fez: um filho. E é aqui que a coisa me pega.

O desejo de procriar literalmente eu não entendo, mas a sensação de portas fechadas me é familiar. Eu me submeteria a uma cirurgia arriscada para garantir a eternidade tanto do tesão quanto de uma disposição enérgica rumo a novidades? É possível. Isso me leva a pensar se eu *naturalmente* sinto que tenho menos energia para atividades intelectuais em períodos nos quais os hormônios me deixam sem libido, ou se foi porque por muito tempo tive um interesse diletante por psicanálise que me vejo associando instintivamente realização sexual e vigor criativo. Ou, ainda, se foi a influência de Freud sobre o pensamento e as artes no século xx que fez com que essa conexão se construísse *culturalmente* como indissolúvel. E, se assim for, o que isso tem a ver com o fato de a psicanálise se fundar sobre uma noção de sexualidade que se desenvolve a partir da presença ou não do pênis?

Tantas perguntas me deixam tonta. Não sou nenhum Tirésias, o vidente mítico grego, para ter passado pela experiência de ser homem e mulher sucessivamente.[11] E é completamente estranho a mim aquilo que o filósofo transexual Paul B. Preciado descreveu como uma sensação fantasma de ter um membro latente, manifesta no desejo de performar, simbólica ou materialmente, a penetração. "Desde menina, possuo um pau fantasmagórico de operário", escreveu ele, enquanto passava pelo processo de transição para o gênero masculino.[12]

Eu, bem cis e nada mítica, não sei o que é ter tido um pênis para poder sentir falta dele, tampouco sou capaz de conceber a existência de algo despontando entre as minhas pernas. Ainda assim, poucas imagens me falam tão bem sobre a falta de impulso criativo quanto um pau cabisbaixo. O que Roth/Zuckerman me fez pensar foi o seguinte: sem ter um desses, onde diabos coloco a culpa pela falta de desejo e/ou de inventividade que de vez em quando deixa a vida tão entediante? (Meu analista diria: "Mas, Ligia, por que você está falando em culpa?".)

Inveja do pênis e outros desvarios

Freud também me puxa a orelha, e diz: mas você teve um pênis! Ou pelo menos achava que tinha, quando era bem pequenininha. A psicanálise, afinal, surgiu de dois conceitos disruptivos definidos por ele: o de inconsciente e o de pulsão, pensada a partir da revelação da sexualidade infantil. Não somos apenas animais, guiados por nossos instintos físicos, disse Freud, e sim seres humanos, cuja sexualidade é muito mais complexa que a mera reprodução, não havendo correspondência exata entre nossos corpos materiais e nossa subjetividade. O que nos move, nossas pulsões, não é definido só por nossos corpos, mas por como se desenvolve nossa relação com eles.

Na base disso tudo, para Freud, está o grande mistério da diferença sexual, e é por isso que ele foi observar a infância e tentar entender em que momento, e como, um bebê, sem identidade sexual determinada, se torna efetivamente uma menina ou um menino, e o que isso significa. É aí que entra a famosa divisão do desenvolvimento infantil em três fases, definidas pelo predomínio do investimento da libido em diferentes zonas erógenas: oral, anal e fálica.

Você tinha um pênis, Ligia, ou pelo menos achava que tinha, me diz Freud. No seu segundo ensaio sobre a teoria da sexualidade, "A sexualidade infantil", de 1905, o autor considera que até o momento em que a diferença é visualmente revelada (nas mulheres *vemos* que *falta* algo...), provocando o medo ou o complexo de castração, há uma suposição geral nas crianças de que "há o mesmo genital (masculino) em todas as pessoas".[13]

Em outros textos dedicados à sexualidade feminina, dos anos 1930, Freud afirma que, quando a menina entende que seu "viril clitóris", apesar do prazer que proporciona, é apenas um "pênis atrofiado",[14] ela fica assustada e se sente inferior aos meninos, renunciando, por longos anos, à exploração da sexualidade, até que consegue descobrir seu verdadeiro genital, a vagina, e usar o clitóris só como um gatilho para a excitação feminina "normal".[15]

Se é perturbadora a proposição psicanalítica de que nós, mulheres, sentimos nossos genitais como uma atrofia, uma ausência ou algo que nos foi roubado, vale lembrar que a coisa já foi muito pior. No século II, acreditava-se no modelo proposto pelo médico romano Galeno de Pérgamo, segundo o qual a mulher era um homem virado pelo avesso — a vagina era um pênis interior, os lábios eram o prepúcio, o útero era o escroto e os ovários, naturalmente, eram os testículos. Para Galeno, o que causava a inversão era a falta, nas mulheres, da energia vital suficiente para que essas estruturas vissem a luz. O modelo de Galeno perdurou até o século XVIII, quando caiu por terra pelo motivo mais estapafúrdio: finalmente (!) perceberam — ou admitiram — que as mulheres podiam engravidar sem ter atingido o orgasmo, logo a vagina não poderia funcionar como o pênis.[16]

É evidente que, em 2024, criticar a suposta ciência de afirmações tão peremptórias é chutar cachorro morto, e, no caso de Freud, é injusto com a complexidade da obra de um autor que apontou, afinal, como aquilo que entendemos por civilização é em larga medida um acúmulo de repressões e constrangimentos, e que não temos a menor ideia de quem realmente somos e por que fazemos o que fazemos.

Mas não estou aqui para ser justa, e sim para tentar entender alguma coisa sobre os homens, que para mim ainda são — me apropriando da expressão que Freud celebremente associou ao universo feminino — um "continente obscuro". E é válido pensar, não nas implicações clínicas desses "achados" freudianos sobre a sexualidade feminina, mas sim no que eles revelam sobre o modo como os homens se relacionam, via sexualidade, com o mundo e com seus corpos.

Se é para chutar cachorro morto, porém, é melhor fazer isso com gosto, e bem acompanhada. Ler a teoria psicanalítica junto com a filósofa e psicanalista belga Luce Irigaray cumpre bem os dois propósitos. Irigaray incomodou tanto a instituição psicanalítica, ainda tremendamente patriarcal mesmo muitas décadas depois de Freud, que sua tese de doutorado levou, em 1974, à expulsão dela da École Freudienne de Paris, onde realizava pesquisas e dava aulas, sob a direção de Jacques Lacan, o mais fiel discípulo de Freud.

Nunca consegui apreender de fato os motivos apresentados para a medida drástica contra Irigaray. O texto era filosófico demais e pouco psicanalítico? O estilo de escrita era pouco científico? Pessoalmente, acho que ela, por vezes, incorre no mesmo erro que aponta, essencializando a identidade feminina, mas isso não impede que faça um belo escrutínio de seus objetos de estudo. Uma lida na primeira seção de *Speculum: De l'autre femme* (Espéculo: Da outra mulher) — dedicada à noção do feminino em Freud e intitulada "O ponto cego de um velho sonho de simetria" — mostra que ela não estava para brincadeira no esforço de mostrar como a psicanálise nasceu, em boa medida, da inabilidade de pensar a sexualidade senão a partir do paradigma masculino. Mais especificamente, Irigaray aponta a incapacidade de Freud em perceber esse viés nas suas observações clínicas e nas conclusões a que ele chega por meio delas.

As armas da autora são inspiradoras: atenção, erudição e deboche. Ela lê minuciosamente os escritos de Freud e responde a ele de forma cuidadosa, mas nada submissa. O que especialmente a irrita, além do impossível gesto de tentar compreender o outro a partir de si próprio, é o fato de que Freud não percebe como ele parte de uma *lógica* baseada na superioridade do visível sobre outros dados sensíveis: o feminino é o misterioso, imperscrutável, o que não se dá a ver. Irigaray é irônica: "A luz tem que vir de algum lugar", afinal, "não se pode abrir mão tão facilmente" de metáforas visuais depois de tanta energia que já foi gasta com elas.[17] (Em outro capítulo, ela vai até Platão para apontar a obsessão masculina com as alegorias visuais.)

Segundo Freud, é, afinal, quando a criança *vê* que tem ou *não tem* um pênis que se constituem as subjetividades. Como diz Irigaray, tornar-se mulher significará basicamente "reconhecer e aceitar seu membro atrofiado" (enquanto o homem é sempre já o homem, só precisando superar o medo de perder seu pênis).[18] Ela volta-se para o sujeito Freud, o cara que, no tratamento de mulheres histéricas, e por meio das falas delas, parte das suas observações para elaborar teorias que apresenta como objetivas. Um *detour* sobre a noção de histeria é, portanto, fundamental.

Foi tratando clinicamente mulheres que apresentavam quadros histéricos que Freud desenvolveu suas teorias psicossexuais. Essas pacientes chegavam ao consultório apresentando sintomas somáticos — movimentos involuntários, dores inexplicáveis, paralisias — que o psicanalista procurou explicar em termos de uma transposição de conflitos psíquicos para o corpo.

Primeiramente, ao ouvir as mulheres, ele acreditou que os sintomas histéricos seriam uma resposta a situações sexuais traumáticas, cuja lembrança teria sido reprimida. Um pouco mais tarde, porém, Freud conta ter percebido que os relatos tinham um componente fantasioso determinante — eles tratavam, pensava o psicanalista, mais daquilo que elas desejavam, inconscientemente, que houvesse acontecido que daquilo que de fato ocorrera. Em suma, não tinha havido, de acordo com Freud, um agente externo causador de um trauma (um pai abusador, por exemplo), e sim a própria mulher recalcara uma fantasia sexual não realizada, interditada pela imposição de uma lei masculina.

É em uma de suas *Novas conferências sobre psicanálise*, de 1933, que Freud descreve essa mudança de percepção. Luce Irigaray lê atentamente o texto e se liga em elementos que, para outros leitores ou leitoras, poderiam passar batidos. "Vocês se lembrarão de um episódio que me causou muitas horas *angustiantes*", diz Freud a respeito dos relatos das mulheres histéricas. "*Minhas* pacientes *me* contaram que haviam sido seduzidas pelo *pai* delas", diz o texto. Irigaray destaca os pronomes em primeira pessoa e o termo "pai" e nos propõe: imaginem que Freud fosse ele próprio o paciente e dissesse essas coisas no divã. Como o analista dele interpretaria essa fala? Seria importante que o analista, homem ou mulher, não soubesse que se tratava de Freud, ou correríamos o risco, segue Irigaray, "de ele ou ela já ter sido seduzido pelo *pai* da psicanálise".[19]

Soa um pouco forçado, mas não acho que isso seja um problema, afinal as certezas no texto original de Freud também são desmedidas. De qualquer modo, o que interessa é a sacada de que falta à leitura freudiana a percepção de que ele próprio interfere nas tais fantasias relatadas por essas mulheres (se é que eram fantasias e que o autor não foi um precursor do gaslighting, como outras autoras sugerem). Não se trata, obviamente, de condenar Freud por ser um homem de seu tempo, e sim de ele não ver os pontos cegos de sua própria teoria, por não conseguir enxergar além do próprio ~~pênis~~ umbigo.

"Só mais tarde reconheci", diz o psicanalista, que "essa fantasia de ser seduzida pelo pai era a expressão do típico complexo de Édipo na mulher", mas a verdade, continua ele, é que na fase "pré-edipiana das meninas, o sedutor é a mãe" e, "aqui, a fantasia toca o solo da realidade, pois foi realmente a mãe que em suas práticas de higiene corporal da criança inevitavelmente estimulou, e talvez até despertou pela primeira vez, sensações de prazer em seus órgãos genitais".[20]

Irigaray vai direto ao ponto: seduzida pela mãe, rejeitada pelo pai... "Tornar-se uma mulher realmente não parece ser um troço fácil. Ao menos não no modo como foi concebido pelas fantasias, fobias e tabus que um homem (Freud, no caso) tem a respeito da sexualidade da mulher".[21] E não adianta alguém argumentar, diz ela, que as mulheres histéricas de fato traziam ao divã muitas reclamações, recriminações e acusações contra suas mães. Ninguém está duvidando disso. O problema é que não nos damos ao trabalho de interpretar os determinantes dessas queixas em termos de transferência e contratransferência, isto é, avaliando em que medida as pacientes transpunham para Freud, na posição de analista (e de "pai da psicanálise"), seus sentimentos e atitudes com relação a seus próprios pais e, em vetor oposto, de que modo as reações inconscientes de Freud contribuíam para essa transposição.

Muita água correu desde então. Hoje a relação entre sexualidade e psicanálise não é mais entendida, por boa parte dos teóricos, como intrínseca. O psicanalista e pesquisador inglês Peter Fonagy, por exemplo, coloca a coisa nestes termos, em texto de 2006: "Não consideramos mais a sexualidade algo fundamental em todos os casos ou mesmo relevante para as teorizações atuais [...]. As descobertas de Freud são um emblema, um símbolo de uma tradição respeitável, mas de pouca relevância, de fato, para a prática ou o entendimento clínico".[22]

Para Fonagy e outros, o foco se deslocou da sexualidade para os relacionamentos, e quando se pesquisam os termos mais frequentemente utilizados em artigos científicos nos periódicos acadêmicos mais respeitados — sobretudo nos de língua inglesa —, aqueles referentes a partes erógenas do corpo ou a atos sexuais deram lugar a palavras como "amor", "intimidade" ou "conexão".

Fonagy anota dois paradoxos interessantes. Em primeiro lugar, o fato de que, enquanto a sexualidade deixa de aparecer no discurso psicanalítico, ela é um assunto mais e mais discutido na cultura ocidental. Além disso, observa que a própria popularidade do movimento psicanalítico no último século "inoculou" os pacientes contra interpretações sexuais simplistas. E isso tem a ver com o "profundo viés de gênero" da teoria psicossexual freudiana (as aspas são de Fonagy, não minhas),[23] cuja reputação foi abalada pelo sucesso dos movimentos feministas da segunda metade do século XX, bem como por observações clínicas de que, em geral, em crianças pequenas a tal "inveja do pênis" é tão comum em meninas quanto o desejo de ter seios ou de ter um bebê é comum entre garotos.[24]

A inveja do pênis, no entanto, ainda cutuca o imaginário. Ben Lerner, poeta e romancista norte-americano — e filho de psicólogos —, cede a voz à sua mãe para abordar o tema em seu romance de 2019, *Topeka School*. Duas coisas me interessam particularmente em Lerner. Em primeiro lugar, ele reelabora a cada romance uma questão teórica inacabável — a relação entre realidade e ficção — ao construir suas narrativas com base em experiências pessoais. Além disso, Lerner é exatos oito dias mais jovem que eu, e é interessante ver quais são as escolhas que um homem da minha idade, com uma profissão afim à minha — ainda que de origens e sucesso bem diferentes —, faz ao transformar vida em literatura.

Em *Topeka School*, ao narrar os episódios de assédio moral que a mãe, Harriet, recebeu ao publicar um livro feminista — cujo mote central era levar as mulheres a respeitar e usar a própria raiva para reorganizar seus relacionamentos —,

Lerner constrói literariamente uma conversa entre ele e a mãe, que trata do assunto em primeira pessoa, enquanto o filho intervém apenas em pequenos comentários ou perguntas pontuais. Na verdade, não são Harriet e Ben, mas seus duplos ficcionais, Jane e Adam. A simples troca de nomes, no entanto, trai uma operação muito mais complexa; afinal, como contá-lo é tão importante quanto o que é contado. E é crucial ler a experiência de Harriet na voz de Jane (e não na de Adam ou de um narrador não envolvido).

Não são apenas os episódios de agressão verbal vinda de homens desconhecidos que Jane vivencia e relata. No instituto de saúde mental em que trabalha, ela começa a fazer análise com um cara de quem tem de aturar muita "merda absurdamente sexista". Em uma sessão, conta, após uma reunião da equipe em que ela havia apontado a disparidade salarial entre homens e mulheres no instituto, o psicanalista a "encorajou a refletir sobre como esse tipo de preocupação poderia estar relacionado com a inveja do pênis". Outras questões surgem, sempre com a mesma reação, até o ápice de Jane ser acusada de sentir inveja do pênis por reclamar de que nem tudo é inveja do pênis.[25]

Isso tudo realmente aconteceu com Harriet Lerner? Ben Lerner inventou algumas passagens ou preencheu alguns buracos da memória da mãe para obter o efeito literário desejado? Não é *coincidência demais* que as lembranças toquem questões em voga hoje (diferença salarial, assédio moral)? Nada disso importa. É um romance, não uma reportagem. O que me interessa é perceber o desconforto que um homem da minha idade e da minha bolha sente hoje diante das experiências de violência sexista vividas por sua mãe (e por extensão pelas mulheres brancas de certa elite social e intelectual), de modo a fazer essas escolhas narrativas.

Esse desconforto é expresso também na narrativa, quando Jane/Harriet relembra um episódio vexatório protagonizado por Adam/Ben após uma profusão de telefonemas de homens que a agrediam verbalmente: certa noite, o menino, aos oito ou nove anos de idade, apareceu no quarto dos pais com o pinto e o saco completamente cobertos por um chiclete. Para Jane (e para o romance, mas não necessariamente na *realidade*), aquilo foi uma evidente tentativa de se diferenciar daqueles homens machistas e violentos. A inveja do pênis da mãe se converteu, na autoficção de Lerner, em vergonha do pênis no filho.[26]

Um século antes disso, porém, Freud não se constrangia em escrever, todo pimpão, que quando a menina manifesta o desejo de que "preferia ser um garoto, sabemos que *falta* esse desejo pretende remediar".[27] Nos seus últimos escritos sobre psicanálise, no final da década de 1930, Freud não havia evoluído muito a esse respeito e afirmou que o anseio "insaciável" da mulher de possuir um pênis pode ser bem-sucedido se ela "conseguir ampliar o seu amor ao órgão e torná-lo amor ao seu portador".[28] Quando a mulher fracassa, na melhor das hipóteses é assombrada pelo desejo mal resolvido de ter um filho de seu próprio pai. E, se a menina insiste na ânsia de ser menino — isto é, se não desiste ainda pequena da estimulação clitoridiana —, torna-se "homossexual manifesta", ou no mínimo escolhe "um trabalho masculino".[29]

Será a escrita deste livro o gesto em que exerço a minha própria vocação masculina, inflamada por um complexo de castração mal resolvido ou um excesso de masturbação infantil? Claro que não. Mesmo assim, se na psicanálise séria a inveja do pênis não é hoje mais do que um clichê, é fundamental reconhecer o quanto a teoria psicanalítica influenciou o pensamento ocidental do século xx — e como parece incontornável falar de psicanálise quando se fala em ereção ou na falta dela.

Imagem do fluxo vital

Quando Jacques Lacan fez sua leitura de Freud, em meados do século xx, a obra do austríaco já havia sido amplamente discutida, e autores como Karen Horney, Melanie Klein e Ernest Jones tinham questionado, de diferentes modos, a forma como originalmente a sexualidade feminina fora sempre definida por meio do paradigma masculino (homem é o que *tem* pênis, mulher é o que *não tem* pênis). A partir desses autores, noções como as de complexo ou de medo da castração também já haviam se tornado alvo de questionamento. Lacan sabia, portanto, que desenvolver a ideia de trauma inicial do indivíduo somente a partir do medo de perder esse pênis, ou da frustração de não o ter, não era mais suficiente.

Na segunda metade do século xx, houve também uma mudança importante nos termos das discussões sobre o ser humano e suas relações. A partir do que ficou conhecido como "virada linguística", observamos um conjunto de reflexões, em diferentes campos das humanidades, guiadas pela convicção de que é por meio dos usos que fazemos da linguagem que podemos chegar a compreender a natureza do eu e o funcionamento das subjetividades. Para a psicanálise, a interação por meio da linguagem aponta para a condição interpessoal do desenvolvimento humano.

"O inconsciente é estruturado como uma linguagem", afirmou famosamente Lacan, em diversos momentos, e é por isso que, diz ele, a ambiguidade das palavras usadas pelos pacientes é o caminho que o analista deve percorrer para acessar o que, em meio às falas conscientes, emerge do inconsciente recalcado. Não se pode ter acesso direto ao real do sujeito, real que é bloqueado pela própria entrada do indivíduo na sociabilidade mediada pela linguagem; mas, apesar ou por causa disso, é nos entrecaminhos dessa mesma linguagem, nos duplos sentidos, nos lapsos, nas associações espontâneas que se podem descortinar brevemente traumas, desejos, pulsões.[30]

O que o pênis tem a ver com essa história toda? Para Lacan, experimentamos todos, homens ou mulheres, um estado de incompletude fundamental, uma sensação latente de que não somos inteiros, pois ao entrarmos no mundo na e pela linguagem necessariamente renunciamos a uma relação imediata com ele. Dá para pensar em algo como: ao lidarmos com as coisas que nos cercam dando nomes a elas, não somos mais uma coisa entre as coisas, perdemos esse contato íntimo. Para Lacan, esse contato perdido, indissociável da nossa relação corporal com a mãe, tem caráter originalmente sexual. A esse elemento de contato do qual a linguagem nos separa Lacan chama *falo*, termo por ele "escolhido como o mais saliente do que se pode captar no real da copulação". Recuperando a importância do falo para os antigos, já levantada por Freud, Lacan explica que, "por sua turgidez, ele é a imagem do fluxo vital".[31]

Em outras palavras, até certo ponto do desenvolvimento infantil vivíamos uma ligação íntima — intrinsecamente erótica — com o mundo. A partir do momento em que esse vínculo se rompe, instala-se uma falta, um vácuo. É preciso dar um nome a esse elemento ausente, um elemento que evoque, mais que qualquer outro, a união sexual. Para Lacan, só um nome é possível: falo.

Não se trata, ele se esforça em nos explicar, do pau duro real com que nos encontramos (ou não) no dia a dia. Homens podem até ter *pênis*, mas *falo* ninguém tem, e todo mundo quer. Que as imagens coincidam — falo é, afinal, o pênis ereto — não é casual. É o próprio Lacan quem admite que, para ele, o pênis ocupa, sim, "uma posição dominante na conformação da imagem corporal". E provoca: se os "defensores da autonomia da sexualidade feminina" não conseguem lidar com o fato de que isso não pode ser atribuído apenas às construções culturais, isso é problema deles (delas).[32] Eu gosto quando Lacan é honesto e direto, e tenho certa pena dos possuidores de pênis que não conseguem conceber um mundo em que estes não são a coisa mais interessante que existe. Nunca deixarei de me espantar com a pobreza da imaginação desses sujeitos.

No fim das contas, Luce Irigaray tinha razão o tempo todo: o problema aqui, tão grande quanto o machismo paradigmático, é a incapacidade de perceber que a visão é só um dos sentidos, só uma das formas de apreendermos o mundo. E os desdobramentos culturais dessa incapacidade são tão perniciosos que me atingem diretamente, ao ler sobre as brochadas dos irmãos Zuckerman e pensar "Que inveja de ter um pau!". Porque é isso que está em jogo: só aceitar como real aquilo que é visível, e tomar como uma extravagância ou um capricho (ou histeria?) o que não está disponível aos olhos, apesar de suas consequências.

Vale tentar um esquema meio tosco: Nathan com um pau que não sobe = Nathan com bloqueio criativo. Ligia sem pau = Ligia sem conseguir justificar por que está com bloqueio criativo. (Aqui "bloqueio criativo" serve como expressão geral para estados de desânimo intelectual. E nunca é demais lembrar que não, o clitóris não é um pênis atrofiado). Alguém dirá que nada disso é novo, e que desde Freud tratamos dessa relação entre desejo e criatividade por meio da noção de sublimação: o deslocamento da energia da pulsão sexual original para uma atividade não sexual, geralmente intelectual ou artística. Sem tesão não há energia a escoar para outros lugares. (Ou, como dizia o título de um livro popular nos anos 1980 ou 1990, que havia na estante da minha casa quando eu era pré-adolescente e me perturbava um bocado: *Sem tesão não há solução*.)

A noção de sublimação, porém, é muito problemática. Aos 51 anos, Freud parecia ter deixado para trás a possibilidade de converter tesão em trabalho intelectual e reconhecia que os encontros sexuais atrapalhavam seu trabalho teórico. Em uma carta a Jung, planejou: "Quando eu houver superado completamente minha libido (no sentido comum do termo), começarei a trabalhar em uma [teoria da] 'Vida amorosa do ser humano'".[33]

Freud não está falando de impotência, mas da própria falta de tesão, que surge como condição para a empreitada intelectual. Então seria preciso parar de sentir desejo para conseguir se concentrar numa obra ambiciosa? Havia ele se convencido de que apenas forças superiores o impediriam de ceder aos apelos da carne em detrimento do tempo dedicado ao espírito criativo? Tudo me soa ridiculamente despropositado: poucas coisas produzem mais tesão do que um encontro intelectual extraordinário; e, em contrapartida, sem libido ("no sentido comum do termo"), prefiro crer que não poderei mais produzir coisa nenhuma e estarei prontinha para desligar os aparelhos.

Potência e possibilidade

É hora de pensarmos a fundo na ideia de impotência. Esqueçamos, por meio minuto apenas, a primeira imagem que vem à cabeça ao ouvirmos essa palavra, e nos daremos conta de que costumamos restringir a essa imagem algo que é imensamente mais importante. O *Houaiss* primeiro define "impotência" como "falta de poder, força ou meios para realizar algo", até simplesmente resumir: "impossibilidade". Pronto, agora podemos retornar à imagem corriqueira.

Após a digressão psicanalítica, voltemos também a Philip Roth. A impotência dos Zuckerman em *O avesso da vida* me trouxe, de fato, como uma pequena revelação, a ideia de que a potência sexual masculina não se resume à possibilidade de penetrar sua parceira ou parceiro, mesmo que se considerem aí embutidas todas as consequências afetivas, morais e sociais que advêm diretamente da falta dela. E consequências há, eu sei. Mas não, a potência sexual *não se resume*. Potência *é* possibilidade.

Antes que às mulheres eu soe machista e aos homens, tapada, explico meu ponto: embora eu não saiba como é ter um pênis, sei muito bem como é me sentir potente e experimentar a intuição de possibilidade total, e definitivamente não preciso de um membro em riste para justificar essa sensação. Como disse Audre Lorde, em seu mais que maravilhoso "Usos do erótico", trata-se de "uma dimensão entre as origens da nossa autoconsciência e o caos dos nossos sentimentos mais intensos", e, depois que "reconhecemos o seu poder, em nome de nossa honra e de nosso respeito próprio, esse é o mínimo que podemos exigir de nós mesmas".[34]

Mas, quando o acesso a essa dimensão por qualquer motivo se fecha, quando sinto a frustração da impossibilidade, ao contrário dos homens não tenho um órgão visível a responsabilizar, e isso deixa o processo bem mais complicado. Não é nem preciso falar em impotência fisiológica — às vezes as coisas dão errado porque a cabeça da gente é traiçoeira.[35] Além das desordens hormonais, também as mulheres passamos por acidentes de percurso tristes, porém pouco visíveis — ainda que muito perceptíveis a qualquer um que saiba usar os dedos e não só os olhos para os identificar. Mas jamais ouvi uma mulher responsabilizar a vagina, como algo alheio ao nosso corpo, por intercorrências assim.

No começo de *O avesso da vida*, o narrador nos joga dentro da consciência de Henry, que se pergunta que diabos havia feito para, ainda tão jovem, ter sido acometido pela doença cardíaca e os efeitos adversos de seu tratamento: "era a consequência", ele conclui, "de não ter conseguido ter a crueza necessária para pegar o que queria".[36] Já sabemos que é Nathan quem escreve, e ele está censurando o irmão Henry por não ter trocado a esposa por uma outra mulher pela qual havia se apaixonado. Olhem com muita atenção o que está posto aqui:

toda a frustração por não ter tido coragem de largar sua vida sem paixões é reduzida a um membro bem visível.

É, repito, o escritor Nathan quem interpreta a vida do irmão nesses termos. Só alguém que entende que desejo e vida se confundem e que também já refletiu obsessivamente sobre isso pode afirmar que uma vida na qual "todas as questões estão resolvidas" é uma vida "manietada" — porque previsível.[37] É nesse ponto que compreendo Nathan, e é nesse ponto também que, para mim, a psicanálise acaba escrevendo certo. Se a inquietação fundamental de todo ser humano é simbolizada por um falo (um pau duro!) ausente pelo qual todos ansiamos, a visão de um pênis impotente simboliza a pasmaceira que é uma vida sem anseios, ou ao menos sem a possibilidade de levá-los a cabo. Nathan, afinal, especula que a impotência acaba por destruir o próprio desejo: longe dos olhos, longe do coração.

Foi a ficção de Roth — e não a psicanálise — que me convenceu de que, ainda que a visão não seja o único dos sentidos e talvez nem o mais importante, ela é o mais simples. O que existe não é apenas o que conseguimos ver, mas ser visível é o modo mais indisfarçável de existência. Irigaray, me perdoe. Freud foi, sim, preguiçoso ao conceber a mulher como a criatura sem-pênis. Quem, no entanto, não quer poder usufruir do luxo da preguiça de vez em quando? Diante de um pau que não fica duro, não há dúvida de que existe um problema, mesmo que não se conheça sua causa.

Em uma simpática série brasileira chamada *Homens?*, de 2019, concebida e estrelada por Fábio Porchat, essa questão é representada de forma ostensiva. A trama se desenrola em torno de um sujeito que está impotente e de três amigos que tentam ajudá-lo a superar o problema. Na cena de abertura do primeiro episódio, o pênis aparece como um personagem à parte — um ator ridiculamente fantasiado — que, choroso, lamenta: "Só sirvo pra mijar agora". Eu gostaria que Freud me explicasse o que levou meu inconsciente a, depois que assisti a isso, sonhar que eu transava com Porchat, e por que não com Keanu Reeves após a brochada de Neo em *Matrix*. Um complexo de salvadora que não tinha vez num universo já ocupado por Trinity? Solidariedade com o patético? Inveja de um fracasso tão sordidamente manifesto? Que inconsciente canalha.

Há uma passagem na versão ficcionalizada da vida de Henry Zuckerman em que ele não consegue obter uma ereção com sua jovem amante Wendy, e é ela quem se sente culpada por não ser mais "suficiente". Em determinado momento, quando ela tenta com sexo oral reviver o adormecido, o exasperado Henry acaba por obrigá-la a desistir da empreitada agarrando sua mandíbula. É uma situação medonha para todos os envolvidos, mas Henry ao menos sabia localizar exatamente o problema que lhe roubava a segurança. A dificuldade é que, mesmo ao assistir a uma cena erótica no cinema, "preferia agora fechar os olhos e descansar a vista", pois nem mesmo o desejo dava as caras mais.[38]

Volto à questão: qual é a diferença entre viver e desejar? Qual a diferença entre viver e ter um pau que, de um segundo a outro, pode ficar duro? A literatura é um troço muito perigoso, uma grande amiga minha costuma dizer. Afinal, para alguém que, como eu, sempre gostou muito de ler, não são os valores existenciais associados ao estereótipo de dentista os mais dignos de admiração. Li tantos romances e poemas escritos por homens que não consigo me desapegar da coincidência entre vida e pau duro. Porque o pau duro é mesmo um símbolo da potência. Ponto para a psicanálise? Talvez.

Dizem os mitos que, quando Zeus e Hera confrontaram Tirésias sobre quem sentia mais prazer no sexo, o adivinho não titubeou: as mulheres sentem nove vezes o prazer do homem. Hera não gostou — o gozo erótico é da alçada de Afrodite — e cegou o coitado.[39] Fico com Tirésias. Nunca foi do domínio da inveja o que sinto diante de um pênis ereto — uma mulher não precisa de um objeto sobre o qual depositar toda a sua potência; é bem mais divertido interagir com ele. Nossa potência se espalha pelo corpo inteiro, e essa é a melhor sensação que se pode experimentar. O problema aparece nos momentos em que a tal potência anda em baixa e não temos um objeto singular sobre o qual jogar a responsabilidade pelas nossas frustrações, como um chefe abalado que faz bobagem e coloca a culpa em um pobre funcionário.

2. Duas cabeças, duas medidas

> A medula, que é dotada de alma e recebe respiração, ao criar no órgão por onde se ventila um apetite vital de ejaculação, engendra o desejo amoroso criador. É por isso que a natureza das partes íntimas dos homens é desobediente e autônoma, semelhante a um ser vivo desobediente da razão.
>
> PLATÃO, *Timeu*

No segundo episódio de *Pam and Tommy*, o baterista Tommy Lee, sob efeito do ecstasy e do arrebatamento amoroso, conta a seu pênis o plano, recém-concebido por ele, de pedir a atriz Pamela Anderson em casamento. A minissérie, lançada em 2022, conta a história do relacionamento entre os dois, e a cena se dá logo após a primeira noite que o casal passa junto. O pênis não fica nada satisfeito com a resolução: encarnado por um dispositivo robótico preso por entre as pernas do ator Sebastian Stan, controlado por joystick e dublado por outro intérprete, o membro protesta com meneios e argumentos, defendendo que seu dono aproveite por mais tempo a vida de solteiro.

O protesto é inútil, e pelo menos dessa vez os interesses do homem triunfam sobre os do pau — como se este não estivesse feliz em interagir com a Pamela Anderson (interpretada pela linda Lily James) e, principalmente, como se paus tivessem mesmo ideias próprias e imperativas, alheias a seus portadores e contra as quais nada há a fazer senão sucumbir.

Esse papo sobre a autonomia do pênis é antigo. Agostinho de Hipona, entre os séculos IV e V, se inquietava com o fato de que os membros expressamente criados para fins de procriação não respondessem às demandas da vontade racional e se sujeitassem ao desejo sexual para se ativarem, o que incluía também as ereções indesejadas, mesmo nos mais pios entre os homens. A explicação, para ele, tinha a ver com uma de suas maiores e mais influentes criações teológicas: a noção de pecado original. Segundo Agostinho, a falta de domínio sobre o pênis (assim como a dor do parto nas mulheres) seria consequência do primeiro ato de desobediência de Adão e Eva, que, ao comerem o fruto da árvore proibida, aprenderam o desejo e perderam a liberdade.[1]

Um pensador bem diferente, diante da mesma inquietação, resolveu tomar o partido do pênis. Em um ensaio sobre a força da imaginação, Michel de Montaigne, no século XVI, usou nosso objeto de estudo como exemplo de vítima dos descaminhos da mente. As pessoas têm razão, escreveu o francês, quando apontam a "liberdade indócil desse membro", que falha quando é requisitado e irrompe quando não é, "contestando imperiosamente nossa vontade e recusando com tanto orgulho e obstinação nossos pedidos mentais e manuais".[2]

No ensaio, o autor relata o episódio de impotência de um de seus amigos e explica como ele próprio, Montaigne, resolveu a questão por meio de um estratagema de fundo psicológico. Conta o autor que, em plena noite de núpcias, o infeliz amigo — conde de uma família muito distinta —, tendo se sentido intimidado pela presença de um antigo rival na festa de casamento, foi feito refém de sua insegurança e brochou. Um pequeno contratempo; afinal, segundo Montaigne, a imaginação, se intensamente provocada, é capaz de nos causar doenças e até mesmo a morte.

Se podem acabar com uma vida, como os devaneios da mente não afetariam também o pobre e singelo pênis? Até aqui nada de surpreendente. Um pouco adiante, contudo, o ensaio fica mais interessante. A partir da constatação da indisciplina do pênis, Montaigne assume o papel de seu advogado de defesa, afirmando que ele é apenas vítima de um complô das outras partes do corpo, invejosas de sua importância e do prazer que ele pode proporcionar.

O autor se dirige então a um júri imaginário, pedindo que considere se há alguma parte do corpo que obedeça sempre à vontade e só funcione quando demandada. Montaigne enumera as pequenas rebeliões — expressões do rosto traem pensamentos secretos, pelos se eriçam, mãos tremem — e demanda que o pênis seja absolvido.

O tom é irônico, mas isso não enfraquece um ponto fundamental: se os homens só concedem ao pênis a qualidade de autônomo (ou rebelde), não é porque seja o único órgão a agir segundo suas próprias vontades, e sim porque seus sucessos e fracassos provocam mais prazer ou sofrimento. A careta que fazemos sem querer quando ouvimos uma bobagem ou o braço que se arrepia ao ouvirmos uma história comovente não nos fazem repensar quem somos e qual é nosso lugar no mundo. Já um pênis que não atende quando é convocado pode causar estragos à autoestima, do mesmo modo que aquele que deflagra em momentos impróprios produz embaraços memoráveis. Me lembro de um garoto que, animando-se ao abraçar uma amiga comprometida, para se justificar saiu-se com esta: "Eu sou jovem, qualquer ventinho que bate *nele* faz isso".

Cinco séculos depois de Montaigne, já estamos um tanto cansadas do uso desmedido de explicações que procuram desincumbir da responsabilidade o cidadão e concentrá-la num órgão sem consciência, ora celebrado por seu arrojo, ora denunciado por seus motins. Os homens, no entanto, parecem considerar o assunto inesgotável, e a playlist que venho montando desde que comecei a escrever este capítulo é um bom indicativo. Há hits para todos os gostos: do hino à quiromania infantil de Chuck Berry "My Ding-a-Ling" (1972) até a sarcástica e barulhenta "Cigaro" (2005), do System of a Down, que começa com o mote *"My cock is much bigger than yours"* ("Meu pau é muito maior do que o teu").

Fiquei chateada quando me dei conta de que "The Lemon Song" (1969), do Led Zeppelin, que eu ouvi até furar o disco quando tinha uns treze, catorze anos, traz os versos *"Squeeze me baby, 'till the juice runs down my leg"* ("Me aperte, meu bem, até que o suco escorra pela minha perna"). A frase é antiga e foi emprestada de "Travelling Riverside Blues", que o lendário cantor e compositor de blues Robert Johnson gravou em 1937. Não custa lembrar que o blues faz uso frequente de versos com conotação sexual e de duplo sentido.

Grupos de humor, ainda bem, fazem troça dessa obsessão. No filme *O sentido da vida*, de 1983, os ingleses do Monty Python apresentaram a concisa "Penis Song", cujo primeiro verso pergunta, singelo: *"Isn't it awfully nice to have a penis?"*, algo como "Não é legal à beça ter um pênis?". Mais recentemente, gargalhei vendo o clipe de "Jizz in my pants" (2005), do grupo The Lonely Island (do bonitinho Andy Samberg), um synth-pop safado cuja letra trata de dois marmanjos que gozam nas calças em diversas situações, sob estímulos mínimos, e colocam a culpa do acidente nas mulheres (claro), mas também em canções, uvas e até no famigerado ventinho. Parece idiota, e é, mas também muito engraçado, e muito certinho: os sujeitos da canção/clipe são tão ridículos quanto é ridículo responsabilizar o ar ou uma fruta por uma ereção ou uma gozada inconveniente.

Uma canção da banda King Missile — que não é paródia, mas também brinca com o absurdo — merece um comentário mais longo. Em "Detachable Penis", de 1992, ouvimos a história de um cara que, acordando de ressaca após uma noitada, percebe que perdeu o pênis "de novo". Ele explica: "Acontece toda hora; ele é removível". Ter um pênis removível, canta o vocalista, é bem útil às vezes. Dá para deixá-lo em casa para evitar problemas, e até alugá-lo para garantir uma graninha extra. O problema é que, volta e meia, depois de bebedeiras, ele some e reaparece em lugares inusitados — tipo uma feirinha de objetos usados, onde o narrador da canção o compra de volta, por dezessete dólares.

A recomendação para ouvir "Detachable Penis" partiu do meu marido. Apesar disso, ele está repetindo diariamente, enquanto escrevo isto aqui, que *nem todo homem* tem essa relação obsessiva com seu pau. Suponho que não, mas são mesmo os mais neuróticos que levam o mundo adiante. Afinal, a letra do King Missile apenas joga para o terreno do nonsense os onipresentes temas da emasculação e da conexão desconectada entre homem e pênis. "Trouxe para casa, lavei e coloquei ele de volta no lugar. Eu estava feliz novamente. Completo", comemora o vocalista no final da canção.

Em contrapartida, é em desespero que Robert Plant grita que deveria ter ouvido sua "outra cabeça", em vez de ter deixado a amante partir, na já mencionada "The Lemon Song". O bordão das duas cabeças dá título, aliás, a uma divertida e bem apurada história cultural do pênis, publicada nos Estados Unidos, que recebeu o título de *A Mind of Its Own* (Uma mente própria). Recomendo a publicação para quem quiser conhecer melhor as peripécias do nosso amigão (ou amiguinho) através dos séculos, história que extrapola meus objetivos aqui.[3]

O que eu não recomendo é a leitura de um livro de ficção que leva esse tema às últimas consequências: *Eu e ele*, do Alberto Moravia. Gosto muito do autor, em geral, e um de seus romances deu origem à obra-prima de Godard *O desprezo*. Mas nesse romance de 1971 a "homenzice" descarrilha. O título não trai o tema: *ele*, o pênis do protagonista Rico, tem até nome, Federicus Rex. Juro.

O mote primeiro do livro tem algum potencial: um roteirista muito bem-dotado quer finalmente dirigir seu próprio filme. O projeto é atrapalhado por sua obsessão por sexo, então ele se separa de sua mulher e vai viver sozinho em um pequeno apartamento. Isso não resolve nada, pois quem manda nele ainda é o pau. O primeiro capítulo chama-se "Dessublimado!" e começa com mais exclamações: "Encrenqueiro! Sorrateiro! Traidor! Covarde! É assim que ele cumpre suas promessas!".[4] E dá-se início ao embate entre as duas cabeças. Em outro capítulo, Rex "obriga" Rico a tocar com o pé as pernas de uma desconhecida numa agência bancária. E por aí vai.

O livro é ruim, mas a discussão me interessa. Até onde vai, de fato, esse suposto império fálico? E onde começa o uso da autonomia da vontade do pênis como mera justificativa de comportamentos esdrúxulos (quando não criminosos)? Não posso acreditar que sentir tesão seja assim tão diferente entre homens e mulheres — ou melhor, o modo como se deseja pode até ser distinto, mas afirmar que o pênis é responsável pelos atos de seu proprietário, acima da consciência e de quaisquer outras partes do corpo, é um pouco demais. E, o que é ainda mais grave, essa postura desautoriza a urgência do desejo de quem não possui um desses poderosos membros.

Heróis, orifícios e mau feminismo

A longa carreira — de escritor e de pau — de Nathan Zuckerman, nosso protagonista do capítulo anterior, se encerra com *Fantasma sai de cena*, romance de Philip Roth de 2007 em que o personagem já idoso sofre de incontinência e impotência. Em um artigo na revista *New York*, lemos que, com o último livro, morria "o personagem preferido de todo mundo: o herói altivo de toda a sua obra, a vara divinatória de sua visão ficcional, a fonte de onde jorra a famosa vitalidade, a coluna de força pulsante no centro da elaborada arquitetura de seus livros, o pistão que perenemente bombeia seu motor propulsor narrativo — a veia principal, por assim dizer, da imaginação intumescida do autor".[5]

É preciso admirar o esforço do crítico ao compor essa sequência metafórica engraçadinha — e eu sou da turma que curte uma infâmia. O que me espanta é a afirmação de que o pau de Nathan é o "personagem preferido" de todos os leitores. Entendo o exagero da provocação, mas a simples ideia de separar membro e dono já me soa bobagem masculina, e que isso venha revestido de uma ode às dimensões da criatura só deixa tudo mais emblemático. Personagem preferido de todos os leitores, talvez, mas não de todas as leitoras. No século XXI, ainda não perceberam que, para nós mulheres, essa separação entre uma pessoa e seus genitais simplesmente não faz sentido.

Escrevi há algumas páginas que Nathan atravessou o período em que foi acometido por dores musculares transando um bocado. Dizer isso é muito pouco. Em *A lição de anatomia*, terceiro romance da saga, Roth deixa seu protagonista deitadinho de costas em um tapete de atividades infantil (!), com a cabeça apoiada em um dicionário, enquanto Diana, Gloria, Jenny e Jaga, cada uma a seu tempo e com seu estilo, "falavam dos problemas que tinham, tiravam a roupa e baixavam os orifícios para que Zuckerman pudesse ocupá-los".[6]

Vale aqui um aparte teórico-literário, porque a questão é quente e complicada e atravessa todos os capítulos deste livro, afinal não serão poucos os protagonistas ou coadjuvantes com os quais teremos relações tensas (ou abertamente antagônicas). Quando falei do romance de Moravia, *Eu e ele*, descartei-o como um libelo machista, pois utiliza um tom autoirônico para fazer graça de atos de um personagem bocó que merecem desprezo ou repulsa, não gargalhadas. O que há de diferente nas obras de Roth que não me faz atirá-las longe e, sim, ao contrário, recomendar a leitura? É preciso discutir rapidamente um conceito central à teoria literária, o de personagem.

Quando estou lendo obras literárias com turmas de graduação, invariavelmente meus alunos e alunas dizem coisas como: "Nossa, fulano deve ser um péssimo filho"; ou: "Credo, espero que sicrana não se case com beltrano". Se na primeira história os pais de fulano não aparecem e na segunda ninguém faz um pedido de casamento, eu simplesmente respondo: fulano não existe fora das páginas que vocês leram — o que significa que podemos elucubrar livremente sobre os aspectos do texto (e da vida!) que fizeram os comentários surgirem, mas não podemos chegar a conclusão alguma. E, de qualquer forma, o interessante — em uma aula, ao menos — é entender de que modo o texto nos levou àquele ponto do debate.

Comentários assim são exercícios irresistíveis — do mesmo modo que é natural nos identificarmos com este ou aquele personagem (ou nos diferenciarmos deles). Mesmo feitos apenas de palavrinhas impressas em papel, personagens, quando postos em movimento na nossa imaginação, são mesmo bem parecidos, se bem construídos, com pessoas reais. Essa é, afinal, a graça da ficção, esse maravilhoso universo do "como se": lemos as histórias *como se* elas fossem verdadeiras. Elas não são; apenas os efeitos que elas produzem sobre a gente é que são, e isso já é bastante coisa.[7]

A norueguesa Toril Moi, feminista, crítica e estudiosa de teoria literária, introduz a questão de um jeito ótimo. Ela enumera coisas que podemos fazer e coisas que não podemos fazer com os personagens. Podemos amá-los, odiá-los, pensar neles quando queremos entender nossas próprias vidas. Também podemos inventar novas aventuras para eles (viva a fanfic!), ou imaginar o que fariam no nosso lugar. Podemos até imaginar que conversamos com eles. Mas eles não podem nos responder. Não podemos difamá-los e eles não podem nos processar. Não podemos nem matá-los nem nos casar com eles. "Entender tudo isso", diz Moi, "é entender o que é a ficção".[8]

Nathan Zuckerman é um machista autocentrado. É profundamente desconfortável ler passagens como a que mencionei mais acima, em que ele fica deitadinho esperando suas amantes encaixarem nele seus "orifícios". Considerando que quem constrói narrativamente a coisa desse jeito não é Nathan (ele não existe na vida real: não podemos matá-lo nem nos casar com ele), e sim Philip Roth, é razoável, mas não obrigatório, pensar que também Roth era um bocado machista (e era mesmo). Agora, é uma operação bem diferente nos descolarmos de personagem e autor para classificar a saga Zuckerman como uma obra machista e descartá-la como desinteressante, perniciosa ou irrelevante.

Isso pode ser feito, é claro, e eu não seria nem a primeira nem a última a gritar contra o machismo de Roth. Mas, como leitora e teórica, essa atitude não me interessa. É claro que toca na minha cabeça o alarme, sempre à espreita, de "Má feminista!"; tento desligá-lo. E a razão é de viés individual: de que outro modo eu poderia calçar os sapatos de um narcisista misógino? Porque é essa a diferença entre Zuckerman e o Rico do romance de Moravia: este último é previsível, unidimensional, não nos convence como alguém real. Já Zuckerman existe na minha memória como uma experiência vivida: não apenas como alguém que conheci, mas como alguém que, enquanto lia, realmente *fui*.

De que outro modo, se não lendo esses livros, *eu*, *Ligia*, poderia ficar deita*do* enquanto mulheres abrem as pernas e se sentam no *meu pau*, se não me transportando, imaginativamente, para a experiência desse personagem que Roth constrói tão irritantemente bem? De que outro jeito eu poderia não entender mas *sentir* o que é estar brocha? Uma obra que me faz compreender, de dentro, o corpo masculino e a mente machista deve mesmo ser jogada fora como inquestionavelmente nociva? Penso que não.

Em um ensaio de 2015 intitulado "Oitenta livros que nenhuma mulher deveria ler", a escritora e ativista Rebecca Solnit — a quem devemos o incontornável termo "mansplaining" — assume uma postura diferente da minha. Criticando uma lista da revista masculina norte-americana *Esquire* que propunha aos leitores os oitenta livros que todo homem deveria ler (apenas um deles escrito por uma mulher), a autora joga com a ideia de uma outra lista possível, que dá nome a seu ensaio.

Embora afirme acreditar que "todo mundo deva ler o que quiser", Solnit pondera que muitos dos livros considerados fundamentais pela *Esquire* são "manuais de instrução" que ensinam aos homens o desprezo pelas mulheres ou "a versão da masculinidade que consiste em ser bruto e insensível".[9] Roth não poderia escapar da lista, assim como os outros "misóginos de meados do século" (expressão cunhada por Emily Gould e mencionada por Solnit): Saul Bellow, Norman Mailer e John Updike. Acho Bellow excelente, Mailer irritante e Updike... Bem, o machismo de Updike já foi ridicularizado demais para eu gastar tempo com ele — entre outras trouvailles, ele escreveu que o modo como os homens urinam é mais eficiente do que o nosso.[10]

Solnit afirma provar que não é misândrica começando sua lista com o livro de uma mulher (a pavorosa Ayn Rand). Eu não sei como provar, e nem faço questão, que não sou uma andrófila otária, mas me dá arrepios ver alguém que tanto admiro colocar Ernest Hemingway em sua "zona de não leitura". Para a autora, além de ser "homofóbico, misógino e antissemita" e "matar animais de grande porte", Hemingway escreve de maneira "afetada, pretensiosa e sentimental"; e "o sentimental macho", completa ela, "é o pior tipo de sentimental".[11] Abomino homofobia, misoginia, antissemitismo e caça esportiva[12] como qualquer ser humano decente, mas, otária ou não, adoro a literatura dos sentimentais machos. Sobretudo, não me parece que esses motivos — com exceção da prosa "afetada, pretensiosa", avaliação de que discordo — têm a ver com a leitura de narrativas de ficção.

Em uma entrevista a respeito de *Topeka School*,[13] romance que comentei no capítulo anterior, quando o assunto era inveja do pênis, o autor Ben Lerner discorre sobre os problemas que cercam a literatura escrita por homens brancos. Por longos séculos tomadas e propostas como vozes de valores universais, as obras masculinas são hoje, com alguma razão, objeto de desconfiança. É justo e enriquecedor que cada vez mais livros escritos por mulheres, bem como por pessoas queer, trans e não binárias, ocupem as prateleiras, as conversas, as páginas da crítica acadêmica e dos jornais. Mas é arriscado e empobrecedor que as vozes de homens brancos sejam cerceadas.

Escrevendo no século XXI, Lerner já sabe muito bem que "qualquer coisa que um homem branco escreva será desfigurada por sua posição subjetiva". Ele reconhece, porém, que há uma versão boa e uma versão ruim para as consequências da crítica à pretensão de universalidade na escrita dos homens.

Na versão ruim, o pobre homem, frustrado pela impossibilidade de atingir o universal, abandona a literatura e suas quimeras. Lerner aposta na outra saída, que inclui "testar quais são as partes da consciência passíveis de compartilhamento".[14] Eu digo: *Ufa*.

Quem é responsável pelo outro lado do compartilhamento de consciência na literatura somos nós, leitoras e leitores. A leitura empática — essa forma de penetrar a experiência dos personagens, em vez de suspeitar deles e rejeitá-los de antemão — é condição para que de fato leiamos literatura, e não simplesmente analisemos textos literários ou, o que é ainda mais triste, os encaremos como documentos sociológicos.

Em tempo: a lista de livros da *Esquire* citada por Solnit inclui muitas obras legais, algumas maravilhosas, mas vem acompanhada de descrições e justificativas que me fazem querer vomitar. Se alguém gostar de *Vinhas da ira*, de John Steinbeck — um romance que trata das condições degradantes enfrentadas por trabalhadores rurais —, por causa dos seios que aparecem em uma cena, é bom procurar ajuda médica.

Uma personagem diferente

Ler um romance de forma não desconfiada não significa, porém, que não podemos de quando em quando dar um passinho para fora da narrativa e refletir sobre o que está proposto ali. Quando saio da imaginação para a reflexão a respeito da maratona sexual do imobilizado Zuckerman em *A lição de anatomia*, me espanto diante da desconexão entre o indivíduo Nathan e seu pau, que quase não se confunde com o corpo e a consciência do dono. E fico perplexa, sobretudo, ao perceber que, no caso das suas parceiras sexuais, a representação é invertida: as mulheres encaixam nele seus "orifícios" como se houvesse um outro tipo de descolamento entre elas e suas vaginas, sendo agora estas as desprovidas de desejos autônomos. É como se o desejo masculino residisse unicamente nos genitais, e o feminino habitasse todo o corpo exceto o sexo.

Em 1996, treze anos depois do romance de Roth, Eve Ensler apresentou sua peça *Os monólogos da vagina*, na qual reunia e costurava depoimentos de mulheres cis a respeito desse órgão (e seu entorno). Me lembro bem do estardalhaço em torno do espetáculo e do meu próprio pudor a respeito — aquela coisa bem careta de "precisamos mesmo escancarar esse tema?". Pouco tempo depois já não tinha dúvidas de que sim.

A peça ganhou versão brasileira em 2000. No ano seguinte, passando os olhos por um mostruário de cartões postais com reproduções de obras de arte famosas, descobri um trabalho de 1920 da fase dadaísta do francês Francis Picabia. O cartão me chamou a atenção porque, em vez de apresentar uma pintura, resumia-se a um retângulo branco, com um grande buraco redondo no meio, acima do qual se lia *Jeune fille* — em português, simplesmente, "Garota". Eu era uma garota de 22 anos e comprei o postal. Passados alguns anos, ganhei de presente de uma amiga um quadrinho composto por uma moldura preta profunda, na qual a pequena reprodução foi posta dois dedos à frente de um fundo vermelho. Duas décadas depois, ele ainda ocupa um lugar central na sala da minha casa.

Nesse meio-tempo, descobri que, além do sentido literal "garota", a expressão *jeune fille* pode ter sido usada também, naqueles tempos, como uma gíria nem tão improvável para anel peniano, um apetrecho sexual utilizado para prolongar a ereção e/ou retardar a ejaculação. Preferi ignorar. Também ignorei críticas de que a obra seria misógina, por reduzir uma garota à sua vagina, e sua vagina a um buraco.

Sempre senti que boa parte de ser garota, ou mulher, significava mesmo ter uma abertura no meio do meu corpo. Não pensava nisso em termos políticos ou psicanalíticos, mas proprioceptivos. Uma abertura no meio do corpo era uma forma de estar e me sentir no espaço — que não tinha nada a ver com falta ou ausência, e sim com a presença de uma entrada, porosa e maleável (o que, vale ressaltar, não quer dizer passiva).

Em um ensaio no qual retoma algumas das questões de sua tese de doutorado, Luce Irigaray afirma, com muita razão, que a ideia de Freud de que a mulher experimenta a sexualidade apenas como expectativa de enfim possuir um equivalente do pênis é não apenas arrogante, mas completamente estranha à vivência real do prazer e do gozo femininos. Em *Este sexo que não é só um sexo*, Irigaray lembra que a mulher vive o autoerotismo de modo completamente diferente de como o homem o experimenta. Enquanto este, para se tocar eroticamente, precisa de um instrumento externo — a própria mão, o corpo de uma parceira ou parceiro — e ao menos certo grau de atividade voluntária, a mulher se toca "sozinha, e nela mesma, sem a necessidade de uma mediação, e antes de toda separação possível entre atividade e passividade".[15]

Adoro como Irigaray usa em suas próprias assertivas o mesmo tom categórico de Freud — e ela foi realmente muito criticada por outras feministas por utilizar as "armas do patriarcado", ou seja, uma linguagem teórica dedicada a criar uma definição igualmente circunscrita do que é o *feminino* (essa discussão ficou infinitamente mais complexa com a entrada em cena da teoria queer). Há razão na crítica, mas também há alegria, para mim, ao ler em Irigaray que ninguém pode proibir uma mulher de "se tocar o tempo todo", já que é a própria anatomia que o determina, dada a composição dos lábios da vulva, continuamente em contato um com o outro.[16] Quando falo de uma forma de existir no mundo definida pela sensação de porosidade e a abertura proporcionadas pela presença de uma vagina, é um pouco disso tudo aí que estou falando, ainda que a ideia de que eu possa estar "me tocando o tempo todo" seja mais perturbadora do que propriamente prazerosa.

Fun fact: um conhecido, ao ler cuidadosamente este capítulo, após fazer diversas considerações pertinentes, as quais agradeço muito, achou por bem me explicar em termos anatômicos a diferença entre vagina e vulva. Aqui fica o aviso: eu sei, e sei também que, na hora do vamos ver, é difícil dizer onde termina uma e começa a outra (a abertura vaginal é parte do conjunto da vulva, afinal).

É mesmo uma estrutura complexa, e pouco comentada, ainda que recentemente isso venha mudando. Não é surpreendente, portanto, que os homens tenham sempre se mantido atentos a esse modo de estar no mundo, tão incontrolável por eles e tão diferente da relação mediada por seus paus, como Irigaray pertinentemente observou. Também não surpreende que, diferentemente do meu amigo, tenham entendido muita coisa errado e reagido com violência ao que não compreenderam.

A poeta Anne Carson escreveu dois ensaios incríveis a respeito da perplexidade dos homens da Grécia antiga diante da relação das mulheres com o mundo, marcada pela ideia de que faltava a elas/ nós a qualidade do autocontrole. Além de poeta, Carson é professora de literatura clássica e tradutora, portanto triplamente atenta à sutileza das palavras e à fragilidade das linhas que demarcam a diferença entre gêneros textuais (e entre o que é ficção e o que é realidade). Em "Desejo e sujeira: Ensaio sobre a fenomenologia da poluição feminina na Antiguidade", de 2000, ela explora o modo como diferentes textos gregos — poemas, tragédias, leis — tratam da mulher como uma criatura que, por sua própria constituição, não respeita fronteiras.

E fronteiras eram essenciais para os gregos, tanto em termos pessoais como sociais ou políticos, de modo que qualquer coisa que não respeitasse limites era vista como perigosa. As mulheres, nesse contexto, eram uma ameaça singular à higiene física e moral. Carson lembra, por exemplo, que o poeta Hesíodo, em *Os trabalhos e os dias*, recomenda que um homem não se lave com a água utilizada antes por uma mulher para se banhar (ele também recomenda, verdade seja dita, que um homem não chegue perto do altar da casa com o pênis salpicado de esperma).

Segundo Carson, para os gregos as mulheres eram, fisiológica e psicologicamente, seres úmidos. Hipócrates, o famoso médico nascido no século v a.C., afirmava que, enquanto os homens se desenvolviam bem quando próximos ao fogo e alimentando-se de comidas secas e quentes, as mulheres floresciam em ambientes úmidos, beneficiando-se de alimentos frios, macios e molhados.

Um século depois, Aristóteles refletia sobre as implicações disso: em um tratado no qual conclui também que o sêmen tem alma, ele afirma que o molhado é aquilo que não tem fronteiras por si próprio, mas que pode ser delimitado, ou controlado, de fora para dentro. Carson resume: diferencia-se a mulher do homem como o úmido do seco, o descontrolado do controlado, o conteúdo da forma e o contaminado do puro.

Olhando para os mitos e para como as mulheres, neles, com uma frequência enorme, transformam-se em outras coisas (animais, monstros, plantas), a poeta afirma no ensaio que, nessas histórias, os contornos da mulher são maleáveis, porosos, mutáveis. "Ela incha, encolhe, vaza, é penetrada, sofre metamorfoses" e é marcadamente mais suscetível ao desejo sexual do que o homem.[17] Hipócrates e Platão, aliás, definiram como a causa da histeria feminina o anseio desesperado por sexo.

Anne Carson oferece uma explicação para essa relação que gregos estabeleciam entre lascívia e umidade: esta, bem como a maleabilidade, tornaria a mulher mais vulnerável ao assalto do desejo erótico; por outro lado, seria também uma arma que a mulher — e só a mulher — detém para enfrentar "a secura e o calor excessivos que podem acompanhar o desejo".[18] Difícil não pensar que os gregos eram simplesmente literais demais. Tanto que em outro ensaio, sobre tema afim, "The Gender of Sound" (O gênero do som), Carson mostra como, também pela crítica às vozes das mulheres, os gregos colocavam as diferenças entre os gêneros em termos de autocontenção ou ausência de autocontenção — e como essa incapacidade de se conter afetava tanto a boca quanto a vulva/vagina. Boca e vulva, aliás, eram denotadas pela mesma palavra (*stoma*), com a diferença indicada pelo uso de advérbios relativos a "de cima" (*ano*) e "de baixo" (*kato*).[19]

Carson lembra ainda o uso frequente, para remeter à sexualidade da mulher, da imagem de um vaso furado, com conteúdo que vaza de forma descontrolada. Do mesmo modo, a comparação entre as vozes das mulheres e a de monstros aponta para a ideia de que homens passam suas falas pelo filtro da racionalidade, enquanto as mulheres deixam escorrer suas emoções, muitas vezes em sons (ou movimentos) ininteligíveis. Nesse ponto do ensaio, ela salta para Freud e questiona: o que está na base do tratamento da histeria, conforme preconizado no início da psicanálise, senão a ideia de que gestos e ruídos precisam ser transformados em discurso racional?

Muitos dos esforços do feminismo francês das décadas de 1970 e 1980 foram no sentido de criar (ou deixar nascer) uma fala e uma escrita femininas, menos circunscritas aos limites da lógica convencional. É o caso de Hélène Cixous, no clássico *O riso da Medusa*, por exemplo. A coisa não exatamente vingou e nem me parece ser uma empreitada que faz sentido — há algo de recusa impossível à história do mundo tal como ela se deu. Mas, lendo os gregos via Carson, e pensando no quanto eles estão na origem da nossa concepção de mundo, é fácil ver que entre os traços definidores do Ocidente está o assombro diante da sexualidade das mulheres, e que isso tem a ver com a diferença entre genitais masculinos e femininos — e, no caso destes últimos, por causa de sua relação (incontida, molhada) com os fundamentos da natureza. Talvez eu esteja, porém, assim como fez Irigaray, ainda tentando definir o feminino em contraposição ao discurso masculino, e ainda à sombra dele. Como fugir disso?

Às vezes brigando, às vezes dando risada. Um dos contos de Clarice Lispector de que eu mais gosto escolhe o segundo caminho e apresenta um exemplo daquilo que tentei descrever com palavras imprecisas como porosidade ou abertura. Em "Devaneio e embriaguez de uma rapariga", que abre o volume *Laços de família*, de 1960, lemos uma narradora de sotaque português e inflexão gaiata contar uma noitada que passou no Centro do Rio, ao lado do marido e a convite de um parceiro comercial deste. Dizer "noitada" pode ser exagero: foi apenas um jantar regado a vinho verde; nada além de conversas e refeições. Dentro da rapariga, no entanto, há uma festa.

Ela, de "vestidito novo", "borrachona a mais não poder, mas sem perder o brio de rapariga", conversa sem parar com aquele "homem tão mais fino e rico" que o próprio marido, enquanto este, deferente ao anfitrião, o deixa cantar de galo. E ela aproveita, sem se incomodar que o sujeito encoste o pé na perna dela por baixo da mesa. E ri ao pensar que, estando embriagada pelo vinho, "tudo o que pela própria natureza é separado um do outro — cheiro d'azeite dum lado, homem doutro, terrina dum lado, criado de mesa doutro — unia-se esquisitamente pela própria natureza, e tudo não passava duma sem-vergonhice só, duma só marotagem".[20]

Sempre que leio esse conto, sorrio de ponta a ponta e, relendo-o agora, em meio a tudo o que venho discutindo neste capítulo, o sorriso se desprende em gargalhada; é como se Clarice, sob a face tão circunspecta, estivesse sempre a caçoar de todos os homens desde a Grécia antiga, e entendendo-os tão bem, em seu medo do que foge ao controle. Nossa rapariga do conto não parava de falar, "pois que lhe não faltavam os assuntos nem as capacidades. Mas as palavras que uma pessoa pronunciava quando estava embriagada era como se estivesse prenhe — palavras apenas na boca, que pouco tinham a ver com o centro secreto que era como uma gravidez".[21]

Da sua boca, "misteriosamente", uma gargalhada responde aos gestos galantes do negociante: uma gargalhada vinda "daquela segurança de quem tem um corpo" e daquela "maldadezita de quem tem um corpo". Não há menção direta ao sexo — e não há nenhuma necessidade, o corpo é todo um só —, mas a moça não hesita em se comparar a uma lagosta, com a "carne alva" e "doce". Ela percorre os olhos pelo ambiente e pensa como sente "desprezo pelas pessoas secas do restaurante".[22]

Como não se lembrar da ideia que os homens gregos faziam de suas mulheres, e de como se assustavam com elas? "Mulher é a criatura que joga para o lado de fora aquilo que está dentro", resumiu sobre isso Anne Carson, não sem criticar a virtude patriarcal do autocontrole: o que a Grécia antiga chamava de *sofrósina* (prudência, moderação), diz ela, Freud rebatizou de *repressão* (ou recalque, a depender da tradução).[23] E encerra "The Gender of Sound" — provavelmente meu texto feminista preferido de todos os tempos — afirmando que talvez haja um modo mais generoso de encarar a virtude, a convivência e a subjetividade humanas do que em termos de uma dissociação entre o interior e o exterior.

Acho que, mais do que contato contínuo entre lábios, prazer ou gozo, porosidade ou abertura, a palavra que me parece mais pertinente quando me entendo como ser que dispõe de uma vagina é "atenção" — não ao pênis, mas ao mundo. Ainda mais eloquente, porém, do que Irigaray, Clarice ou Carson (ou eu), é uma figurinha de WhatsApp que recebi dia desses e que apresenta a imagem de um passarinho com as perninhas afastadas e os dizeres: "A periquita chega a abrir sozinha".

Esse livre-arbítrio na resposta a estímulos diversos não é afim à insubmissão do pênis à vontade de seus soberanos: mesmo que nos leve a fazer coisas de que depois nos arrependamos, a resposta da vagina é sempre só uma reação localizada de um processo que se espalha por todo o nosso corpo. A relação de homologia entre a boca de cima e a boca de baixo — conforme a tosca nomenclatura grega que Carson nos apresentou — não passa de uma alucinação marcada pela aversão, a violência e o pânico. A *boca de cima* e a *boca de baixo* não são rivais, não tomam o lugar uma da outra: não seguem a lógica da guerra entre a *cabeça de cima* e a *cabeça de baixo*.

A autobiografia do *bad boy* profissional Tommy Lee — uma das fontes que inspiraram a minissérie *Pam and Tommy*, que citei no início deste capítulo — se abre com um diálogo entre ele e seu pau. "Bom dia, amigo", diz o humano, ao que o membro responde: "Já estou de pé há algum tempo. Estou sempre de pé antes de você". Segue-se uma pequena discussão, em que Tommy pergunta por que o seu pau sempre o acorda antes da hora. A resposta é um clamor de liberdade: "Estou de pé porque quero estar de pé. Não tem nada a ver com você. Você simplesmente está anexado a mim, cara". O pau, então, conclui: "Você é meu copiloto".[24]

Em seu ensaio sobre imaginação, lá no século XVI, Montaigne tratava da autonomia do pênis também com bom humor, mas de forma bem mais sofisticada. Para resolver a impotência de seu amigo conde em plena noite de núpcias, o autor conta ter elaborado um plano para driblar a mente do sujeito, de modo a fazer o pênis cumprir sua missão sem entraves psicológicos. Trata-se de um truque simples: entregando uma moeda "mágica" ao desafortunado conde, Montaigne lhe ensina uma complicada simpatia, composta de diferentes atos e detalhes, para que, concentrando-se no passo a passo do feitiço, o noivo se esquecesse do rival, do ciúme e do medo de brochar. O autor garante que funcionou.[25]

Uma década depois, em um ensaio lindo que dedica ao poeta romano Virgílio — mas que na verdade se concentra sobre o amor sexual, o desejo e a velhice —, Montaigne já não está mais tão peralta: ele descobriu que há causas não emocionais, menos negociáveis, para a impotência. "A natureza devia contentar-se em ter tornado miserável essa idade, sem torná-la também ridícula", escreve o autor, aos cinquenta e poucos anos.

Agora é ele quem está sendo afligido, não mais um amigo enciumado e inseguro, e narra o melancólico episódio em que não conseguiu *entreter* uma mulher, que, frustrada com a brochada, o tratou de modo "descortês e ilegítimo", causando-lhe "um dano enorme". Montaigne afirma, como havia feito no outro texto, que cada uma de suas partes, tanto quanto qualquer outra, faz dele quem ele é. Mas admite, finalmente, que nenhuma delas mais que o pênis o torna, propriamente, um homem.[26]

3. O mundo em uma gota

> Hera e Zeus [...] decidem alugar alguns vídeos e se acomodar para assistir a eles na privacidade do lar. O primeiro que alugam escandaliza Hera. Mostra um pênis em close ejaculando no rosto todo de uma mulher, e a mulher agindo como se o sêmen fosse um presente dos deuses. Hera critica a falta de realismo do filme. Zeus fica surpreso com a reação dela. Ele gostou da demonstração fálica de poder; o fez pensar em seus raios.
>
> <div align="right">LINDA WILLIAMS, <i>Hard Core</i></div>

"ESPREMENDO! ESPREMENDO! Espremendo pela manhã adentro — espremi aquele esperma até quase me derreter e me fundir com ele; espremi aquele esperma até que uma estranha loucura se apoderou de mim." Assim Ismael, narrador do clássico *Moby Dick*, descreve a experiência de, junto a seus companheiros de navio, espremer os nódulos formados em meio ao fluido colhido da cabeça de um cachalote recém-abatido. A passagem é famosa, sobretudo, e não surpreendentemente, por seu tom homoerótico: sob a superfície do valioso óleo, as mãos dos marinheiros se tocam, e Ismael as aperta "sem parar", olhando "comovido" os olhos dos outros, como se quisesse dizer: "Vamos todos nos apertar uns nos outros; vamos nos apertar universalmente no próprio leite e esperma da bondade".[1]

É realmente maravilhoso imaginar aquele bando de homens de diferentes origens e etnias, brutalizados por seu ofício, brevemente unidos não mais pelo espírito do dever, da ambição ou da simples labuta, mas pelo prazer de fazerem seus dedos deslizar em uma substância emoliente e tocarem-se sob ela. O mais incrível, porém, é a esperteza em se valer do duplo sentido da palavra usada para denominar tal substância, criando uma cena que transita do masturbatório ao religioso sem perder a ternura.

Em seu romance de 1851 sobre a perseguição marítima do capitão Ahab ao cachalote Moby Dick, o nova-iorquino Herman Melville alterna dois termos para se referir ao precioso óleo. Quando descreve informações objetivas sobre baleias e cachalotes, emprega *spermaceti*; quando há personagens conversando informalmente sobre a substância, ou reflexões mais líricas de Ismael, a palavra que aparece é *sperm*. Na tradução para o português, se convencionou usar sempre "espermacete". Uma pena, pois isso enfraquece bastante algumas passagens belas e bem-humoradas.

Espermacete — do latim medieval *sperma ceti*, ou esperma de cetáceo — é o nome dado a um material gorduroso presente na cabeça de baleias e cachalotes e usado para fabricar desde velas até cremes cosméticos. Em inglês, aliás, cachalote — um cetáceo que se diferencia das baleias por possuir dentes — chama-se *sperm whale*, baleia do esperma. O nome é todo equivocado: além de não ser uma baleia, esse mamífero não tem, evidentemente, uma cabeça recheada de esperma. O espermacete nada tem a ver com o que Melville define, no livro, como o "humor fecundante"[2] secretado pelos genitais masculinos, de função reprodutiva (o bom e velho sêmen).

O próprio autor, em *Moby Dick*, elucubra a respeito do porquê do termo. "Sob uma perspectiva filológica, é um absurdo", diz Ismael, explicando que, quando se começou a coletar o espermacete, séculos antes, pensava-se que o material era, de fato, o fluido reprodutivo de certo tipo de baleia. Quando o erro foi corrigido, o nome se manteve, "sem dúvida para aumentar seu valor por uma noção estranhamente significativa de sua escassez".[3] Para reforçar o propósito de valorização, numa quase licença poética, traduzo sempre nestes parágrafos *sperm* por esperma, em vez do insípido espermacete.

Moby Dick é o romance mais esquisitamente perfeito que já li, e antes de chegar ao fim dos 135 capítulos (e um epílogo) já sabia que seria sempre um dos meus livros preferidos. O final é simples e acachapante, mas o conjunto é desengonçado, cheio de informações náuticas excessivamente detalhadas postas num estilo meio jornalístico e entremeadas a ruminações metafísicas. Não acontece muita coisa, além de encontros entre navios e seus tripulantes, arpões sendo atirados contra cetáceos, e botes e pernas-de-pau sendo destruídos e refeitos.

Quem só estiver interessado no confronto entre o capitão Ahab e seu rival cetáceo terá de esperar as últimas dezenas das quase setecentas páginas, escritas num estilo um tanto empolado e tremendamente verborrágico. As interpretações do romance que se concentram apenas na grandiosidade de Ahab não ajudam muito; não faz mais sentido reverenciar sua intensidade heroica, que supostamente representaria de forma *universal* o drama da existência humana. Poucas mulheres, ainda mais no século XIX, repetiriam o que o capitão afirma quando entende finalmente: "Minha maior grandeza está em minha maior dor".

Moby Dick tem, porém, um supertrunfo: o narrador Ismael é puro carisma. Ele é melancólico, mas irônico; se deslumbra com a potência da natureza selvagem e, ao mesmo tempo, é fascinado pela obsessão de Ahab em conquistá-la; apresenta-se como um presbiteriano fiel, mas torna-se amigo íntimo de Queequeg, o arpoador antropófago vindo de uma ilha do sul do Pacífico (e a amizade começa quando os dois compartilham uma cama, mas isso é outra história). Por fim, nosso narrador descreve-se como a personificação do livre-arbítrio, mas é capaz de viver experiências que beiram o místico, como a descrita na passagem que abre este capítulo.

Era tarefa de Ismael e de seus companheiros apertar os caroços formados no esperma do cachalote para que se tornassem novamente fluidos. "Que deliciosa tarefa oleosa!", ele exclama. "Depois de ter mergulhado as mãos nele uns poucos minutos, meus dedos mais pareciam enguias. Era como se pudessem serpentear e espiralar." O esperma é opulento "como polpudas bagas maduras que se desfizessem em seu vinho"; cheira como violetas ou almíscar; faz com que Ismael se sinta livre de todo rancor ou maldade.[4]

O capítulo descreve uma experiência da linhagem dos grandes êxtases místicos, que sempre têm algo a ver com o gozo sexual. "Quem dera pudesse continuar a espremer aquele esperma pelo resto de meus dias!", exclama Ismael em dado momento. Melville sabia bem o que estava fazendo, e pensar em sêmen quando a substância é apenas gordura de cachalote não é algo que estou fazendo como se fosse um pré-adolescente com hormônios em polvorosa. É inconcebível que o efeito causado pela homonímia de *sperm* seja puramente casual.

Em uma passagem mais adiante, o navio do capitão Ahab, o *Pequod*, em sua busca por Moby Dick encontra outra embarcação, extraordinariamente bem-sucedida na caça, que vem na direção oposta, voltando para casa, repleta de esperma de cachalote. O contraste entre os dois navios é brutal: "um com todos os júbilos pelas coisas passadas, o outro com todos os augúrios quanto ao que estava por vir".[5] O nome do exultante baleeiro do qual quase parece transbordar esperma é *Solteiro* (*Bachelor*).

Apesar do aceno cômico, as duas passagens citadas são certamente mais belas do que engraçadas. Elas remetem ao contraste entre, de um lado, a vivacidade e a opulência representadas pelo esperma e, de outro, a pulsão de morte que guia Ahab, e com ele sua tripulação, na direção do projeto de vingança contra Moby Dick — o cachalote, em um embate anterior, havia arrancado o pedaço de uma perna do capitão. Como se sabe, o novo encontro, que encerra o livro, não termina muito bem para os humanos.

O que me interessa aqui, no entanto, não é o velho e gasto tema homem versus natureza. Em *Moby Dick*, por meio do termo "esperma", os dois se confundem, associando-se não apenas à potência vital, mas à maior dessas potências. Valioso, o esperma, porém, não aparece no romance de Melville como algo sagrado a ser protegido de olhos ímpios. Pelo contrário, a substância é trazida aos baldes, penetrada por mãos desenvoltas, catalisadora de contatos, torrencial.

Espremer, espremer, mas não muito

Esperma foi um grande tema na segunda metade dos 1800 nos Estados Unidos, mas todo o esplendor sensorial evocado por Ismael ao tratar do esperma(cete) nada tem a ver com o tom circunspecto com que se deu a discussão sobre o esperma humano no domínio da pseudociência da época. Do racismo grotesco ao puritanismo ridículo, na virada para o século xx havia estudos para justificar todo e qualquer preconceito ou moralismo.

Nessa salada de despautérios, não faltaram médicos a encontrar "evidências" de que o desperdício de sêmen seria prejudicial à saúde do homem, e a inventar soluções malucas para restringir o sexo aos fins reprodutivos. Os *corn flakes* da Kellogg's, por exemplo — esses mesmos que são consumidos até hoje —, foram inventados e comercializados, a partir de 1906, com o objetivo alegado de diminuir a libido geral.[6]

Nascido em uma família influente, John Harvey Kellogg se formou em medicina, em 1875, graças à ajuda financeira da Igreja Adventista do Sétimo Dia, à qual os Kellogg eram ligados e que mantinha um sanatório baseado no uso de hidroterapia, vendida pela instituição como panaceia para os mais diferentes distúrbios. A água terapêutica não fez sucesso, mas o dr. Kellogg sim: o sanatório de Battle Creek, em Michigan, logo passou a ser comandado por ele, e não era coisa só de gente bitolada. Em 1900, havia espaço na instituição para 7 mil pacientes, e por lá passou gente como a aviadora Amelia Earhart e os empresários J. D. Rockefeller Jr. e Henry Ford.[7]

No hospital, Kellogg administrava diversos tratamentos, baseados em práticas austeras de exercícios físicos e alimentação, além da abstinência sexual, incluindo a proibição da masturbação, já que a ejaculação fora da relação sexual, voluntária ou não, supostamente trazia males que iam de convulsões a tuberculose. Para combater o distúrbio, era indicada uma dieta dedicada a controlar o desejo sexual, que excluía carnes e destacava alimentos integrais e os tais flocos de milho (mas não a versão açucarada que conhecemos como sucrilhos). A história de Battle Creek é famosa nos Estados Unidos: foi ficcionalizada por T. C. Boyle, em 1993, no livro *The Road to Wellville*, que virou filme (*O fantástico mundo do dr. Kellogg*), no ano seguinte, com direção de Alan Parker e Anthony Hopkins como o dr. Kellogg.

A preocupação com o desperdício de sêmen não é exclusividade da era moderna, e o próprio termo "onanismo", que muitas vezes se usa erroneamente como sinônimo de masturbação, tem origem bíblica, referindo-se ao bom e velho "gozar fora". A história está no Gênesis.[8] Onã e Er eram filhos de Judá (bisneto de Abrãao), de cuja tribo séculos adiante nascerá Jesus. Pouco depois de se casar com uma moça chamada Tamar, mas antes de ter filhos, o primogênito Er aborreceu Deus/ Yahweh com alguma ação que o texto bíblico não se dá o trabalho de contar, e foi fulminado. Judá fez então o cabível: mandou o irmão de Er, Onã, transar com Tamar para que esta pudesse gerar descendentes para a família.

O problema era o seguinte: se de fato fecundasse a cunhada, seus filhos seriam considerados filhos de Er, e Onã não estava a fim de fazer esse papel. Nos termos bíblicos, a solução que ele encontrou foi, ao se deitar com Tamar, deixar que o sêmen caísse no chão. Yahweh não era bobo e percebeu a estratégia: no versículo seguinte, é Onã quem cai morto. No fim da história, Tamar perde a paciência, engana Judá e é com o próprio sogro que gera descendentes.

O encantamento do homem com o esperma é antigo e, nessa história, há passagens involuntariamente engraçadas. No século IV a.C., Aristóteles refletia cuidadosamente sobre a reprodução dos animais e se questionava se o sêmen tinha ou não alma — entendida aqui não no sentido cristão, mas como aquilo que dá vida à matéria — e concluía que, sim, o esperma era o responsável pela forma e o movimento do embrião, enquanto a mulher contribuía apenas com o material a ser moldado e posto em ação.[9]

Na Idade Média, o poder do sêmen tornou-se algo mais ambíguo. Santo Agostinho afirmou no começo do século V que por meio do esperma o pecado original era transmitido de geração a geração. No meio de uma complicadíssima discussão teológica sobre a natureza humana e a graça divina, ele questionou seu oponente, que defendia a ausência de livre-arbítrio: se doenças como a gota passam de pai a filho, perguntava ele, não vale dizer que o pecado original também passa assim, através do sêmen?[10]

É engraçado como os teólogos cristãos transitam suavemente de questões espirituais e abstratas, tipo o que é a eternidade ou a alma, para preocupações materiais, e mesmo literais, tipo a via de transmissão do pecado ou a perplexidade diante do modo como demônios são capazes de inseminar humanos. Sim, porque, se a comparação do pecado com a gota já era bizarra o suficiente, o esperma não transmitia apenas doenças e culpa: ele também tinha o papel de engendrar novos membros para o exército de Satã.

Muitos neurônios se queimaram por longos séculos para entender de que modo demônios, sendo seres sem vida, imateriais, poderiam fazer com que mulheres engravidassem. A resposta veio de outro santo e doutor, Tomás de Aquino, no século XIII, e foi retomada em um livro altamente influente no período mais cruel da Inquisição, a que chamamos hoje de Caça às Bruxas, entre o fim do século XV e o início do XVII. O *Malleus maleficarum* — literalmente, o martelo dos malfeitores — foi escrito por dois frades dominicanos e publicado em 1486 na região de Colônia, hoje parte da Alemanha.

Os membros da Ordem Dominicana da Igreja católica tinham como principal incumbência acabar com a heresia e reforçar a ortodoxia junto à comunidade. Assim, além de não ficarem reclusos em mosteiros, frequentavam universidades, de modo a reunir um arsenal de conhecimentos teológicos forte o bastante para descobrir e punir qualquer desvirtuamento. Eram grandes estudiosos da escolástica, a tradição de pensamento cristão da Idade Média, na qual autores como Agostinho e Tomás de Aquino tentavam conciliar as questões de fé com o conhecimento racional, buscando na filosofia grega clássica e no neoplatonismo os fundamentos lógicos da doutrina religiosa.

Com o aval do Vaticano expresso em uma bula papal, *O martelo das feiticeiras*, como ficou conhecido o tratado, foi concebido nesse espírito, e também com o objetivo de provar a existência de feiticeiros e (principalmente) feiticeiras e entender suas práticas, bem como reverter seus efeitos e, de modo geral, resolver o problema mostrando como levar todo mundo para a fogueira. O resultado são proposições como a de que, uma vez que não têm nada em comum com os corpos humanos, os demônios precisam usar instrumentos (os feiticeiros) para afetá-los. Isso porque Aristóteles — que não tem ligação com essa história, mas é convocado como argumento de autoridade — afirma que "toda ação acontece por meio do contato".[11]

O lado divertido de ler *O martelo* é ver dois marmanjos levando muito a sério questões do tipo "como feiticeiras conjuram tempestades e lançam raios sobre animais domésticos" ou "como recuperar um pênis arrancado por uma feiticeira" (*spoiler*: era apenas uma ilusão, e basta se confessar).[12] O lado sombrio é que eles realmente levavam essas coisas a sério. E é a sério que evocam Agostinho, Tomás de Aquino e, de novo, o pobre do Aristóteles para explicar que, a fim de engendrar um novo ser humano maléfico, um demônio precisa, primeiro, entrar no corpo de uma mulher, fazê-la seduzir um homem e colher o esperma dele, para então sair da mulher e entrar em outro homem, que finalmente vai ejacular em uma segunda mulher e fecundá-la com o esperma modificado pelo demônio.[13] Pare, respire, leia de novo. E as pessoas ainda fazem troça do sagrado feminino.

É doido pensar que, no mesmo momento em que os frades dominicanos escreviam que os pecados das feiticeiras eram piores que os de Satã — entre outros motivos, porque encantavam rapazes para que não conseguissem ver os próprios pênis —,[14] Leonardo da Vinci estava em seu estúdio estudando anatomia e começando uma longa lista de obras-primas: a célebre *Madona dos rochedos* foi concluída no mesmo ano de 1486.

Até Da Vinci, porém, foi influenciado por ideias antigas. Mais ou menos na mesma época, desenhou um modelo anatômico do pênis em que há dois dutos por meio dos quais o sêmen vê a luz: um vindo dos testículos, e outro da medula espinhal.[15]

Mesmo um gênio como Leonardo da Vinci acreditou na fábula antiga: em seus primeiros estudos anatômicos — mais tarde refeitos e corrigidos —, desenhou um modelo no qual o esperma era diretamente transportado do cérebro ao pênis, descrito por ele como um "animal [que] com frequência tem uma alma e um intelecto separados do homem".

O erro vem de uma longa tradição de médicos que, por séculos, acreditaram na participação do cérebro na produção de esperma. Alguns anos após o primeiro esboço, a partir de seus estudos anatômicos, Da Vinci refez o modelo, corretamente. Não fosse a caça às bruxas, poderíamos crer que, no auge do Renascimento, havíamos chegado enfim a uma época menos dada a ilusões. Ou podemos reconhecer que até hoje ilusões são utilizadas para eliminar forças muito materiais que não explicamos nem temos como controlar.

Saltemos pelas muitas outras linhas riscadas para valorizar ou demonizar a *seiva da vida*, até chegarmos à França do século XVIII. Vejamos o que os iluministas têm a dizer sobre o universo peniano. Não estamos em um momento que valoriza explicitamente as paixões e os impulsos sensuais — muito pelo contrário —, mas também presenciamos aqui um declínio crescente da influência da religião, de modo que ir para o inferno não estava mais tão na moda entre os cidadãos letrados. O que poderia atrapalhar a alegria dos marmanjos? Em termos de aventuras com mulheres, a vida estava tranquila (ao menos para eles). Mas a coisa muda de figura quando o assunto é o prazer solitário.

Um panfleto publicado na Inglaterra atravessou o canal da Mancha e também o Atlântico, sendo reproduzido aos milhares e advertindo os jovens dos riscos morais e físicos da ejaculação autoinduzida. Como já vimos, isso vai ter consequências até os séculos seguintes. Mas no século e na terra do esclarecimento, apesar do teor religioso do impresso, o tema virou uma febre entre médicos e gente que deveria ser menos bocó. Tipo Jean-Jacques Rousseau, que em seu tratado sobre educação, *Emílio*, afirma que o jovem que aprender "a enganar seus sentidos e a suprir as oportunidades de satisfazê-los" estará perdido e "carregará para o túmulo os tristes efeitos desse hábito".[16]

Na famosa *Enciclopédia* de Diderot e D'Alembert há duas entradas, uma delas moral e uma "científica", para (ou melhor, contra) a masturbação. A primeira define a *pollution* como um crime contra natureza.[17] A segunda, *manustupration*, que poderíamos traduzir por algo como "manestupro" (estupro com as mãos), é um hino de louvor ao sêmen: "De todos os humores que estão em nosso corpo, nenhum há que seja preparado com tanto esforço e cuidado quanto a semente, o humor precioso, a fonte e a matéria da vida". O corpo inteiro do homem, diz o texto, trabalha na produção desse finíssimo elixir, e se ressente de seu desperdício. Por isso, aprendemos, a masturbação pode causar "uma infinidade de doenças graves" e levar até à morte.[18]

Para o historiador Thomas W. Laqueur, que escreveu uma história cultural da masturbação intitulada *Solitary Sex* (Sexo solitário), foram os iluministas que inventaram a noção moderna dessa prática — uma prática que, para eles, representava tudo o que mais detestavam e/ou temiam: a autonomia do indivíduo (em detrimento dos esforços coletivos), a privacidade indevassável, a imaginação sem limites, a insaciabilidade.[19] Quanto a esses atributos, aliás, a leitura de romances tem muito em comum com a masturbação, e também foi encarada com suspeita no século XVIII.

Como já vimos com o caso dos *corn flakes*, a desconfiança recebeu novas vestes no século XIX. E não só nos Estados Unidos: há pelo menos dois personagens do inglês Charles Dickens que fazem defeitos morais e sinais físicos coincidir com o hábito da masturbação: Uriah Heep (de *David Copperfield*) e Bradley Headstone (de *Our Mutual Friend*) são pálidos, pegajosos e dissimulados. Em certa passagem do primeiro livro, o jovem David vê que Uriah está trabalhando tarde da noite e o encontra "lendo com ostensiva atenção um livro imenso, o qual percorria linha a linha com o indicador comprido, deixando rastros úmidos (ou pelo menos assim os imaginava) como os de uma lesma".[20]

Lesmas e glândulas

Publicado em 1913, o primeiro volume de *Em busca do tempo perdido*, de Marcel Proust, retoma a conexão entre a masturbação e a imagem da lesma, sem mais associá-la a problemas terríveis de caráter. Em *No caminho de Swann*, o narrador se perde em devaneios e metáforas bem dramáticas para relembrar a adolescência e a descoberta do desejo e do prazer solitário, e conta que, após as "hesitações heroicas do viajante que empreende uma exploração ou do desesperado que se suicida", finalmente deixa "um rastro natural como o de uma lesma".[21]

O século XX trouxe consigo mudanças na relação dos homens com o próprio corpo, e mais mudanças ainda no que pode ou não ser tema de páginas literárias. Menos de uma década depois, outro romance, completamente diferente, mas tão importante quanto a obra-prima de Proust, já trazia um discurso sobre sexo e esperma bem menos teatral. Em *Ulysses*, de James Joyce, depois de se masturbar enquanto observa uma jovem, Leopold Bloom recompõe a camisa molhada e sente que aquilo está "começando a ficar frio e melado". Depois do que é descrito como uma "bengala de fogos" que estoura por entre as árvores, havia restado a ele esse "efeito colateral desagradável".[22]

No famoso monólogo da esposa de Leopold, um longo monólogo interior que conclui o romance, o sêmen volta a aparecer, de modo ainda mais direto. Molly Bloom faz uma comparação que jamais me passou pela cabeça, mas que talvez soasse menos absurda no começo do século XX. Ao repassar na memória a transa recente com seu corpulento e peludo amante Boylan, ela pensa que "ele não tem tanta porra assim lá dentro quando eu fiz ele tirar e fazer em cima de mim".

Para quem não conhece *Ulysses*, vale a observação de que, no capítulo, Molly está deitada em sua cama e, sonolenta, diverga sobre suas experiências amorosas e sexuais, refletindo sobre se vale ou não a pena dar uma chance ao casamento com Poldy (como chama o marido). O texto replica o ritmo de seus devaneios, sem sinais de pontuação nem respeito à sintaxe. É assim que, mais adiante, ela pensa que, se Boylan fosse casado, "ele ia ter um filho bem fortinho mas eu não sei o Poldy tem mais porra".[23] Esta é uma das marcas do monólogo pensado de Molly, além da liberdade sexual que alvoroçou os censores: todo o tempo ela pensa que o marido, apesar de frustrá-la em muitas coisas, tem outras vantagens, e a maior quantidade de sêmen parece ser uma delas.

Eu dei esse Google para você não precisar dar: desde que caiba no intervalo considerado normal — algo entre uma colher de café rasa e uma colher de chá cheia —, quantidade de sêmen não tem nada a ver com fertilidade. O que importa é a contagem de espermatozoides, a forma e a mobilidade deles, e a direção que eles tomam (um espermatozoide perdido no meio de um monte de sêmen sem saber aonde ir não adianta nada).

Tive de escrever este livro para entender que a produção de esperma e de sêmen é um processo bem mais complicado do que eu imaginava. Confesso minha prévia ignorância, e me dou o direito de culpar um alvo fácil: Woody Allen e seu *Tudo o que você sempre quis saber sobre sexo... mas tinha medo de perguntar* me fizeram pensar que o processo de ejaculação envolvia basicamente cabeça, testículos e pênis. Só que tem muito mais coisa pelo caminho.

Não é das gônadas dos testículos que o espermatozoide vivido por Woody Allen sai, apavorado, rumo ao pau do personagem do filme. Em uma versão "realista", ele estaria morando no epidídimo, um órgão de maturação e armazenagem de esperma. Quando a coisa esquentasse, contrações fariam com que de lá passasse ao duto deferente para ser então submerso por fluidos produzidos por outros três órgãos, em um processo que me foi descrito mais ou menos como pedir um sanduíche no Subway.

É uma metáfora forçada, mas aquilo que sai pelo pau que goza é mesmo uma mistura, produzida *on demand*, formada por diferentes ingredientes, bem distintos entre si. Estes, juntos, viram aquele troço melado, meio doce (para alimentar o esperma durante sua breve missão), meio adstringente (para proteger o esperma da acidez da urina, que sai pelo mesmo canal, a uretra).

A quantidade de fluido ejaculado depende de muitos fatores e não é garantia de nada, muito menos de virilidade. A associação entre valores relacionados à masculinidade e as características do esperma já foi, inclusive, alvo da crítica feminista dirigida ao discurso científico. Em um artigo de 1991 muito influente, a antropóloga Emily Martin, professora da Universidade de Nova York, afirma que, no tratamento do comportamento fisiológico do óvulo e do espermatozoide, a ciência "construiu um romance baseado em estereótipos femininos e masculinos".[24]

Martin analisou uma série de livros de medicina clássicos, publicados até os anos 1980, e descreveu o modo como neles os corpos das mulheres são frequentemente evocados por meio de linguagem negativa. Um exemplo: tanto nossos óvulos quanto os espermatozoides deles são largamente desperdiçados, já que tanto mulheres quanto homens produzimos muito mais do que precisamos para gerar um ou dois filhos. A proporção, no entanto, é alucinante: enquanto uma mulher que gera duas crianças terá desperdiçado no fim da idade reprodutiva algumas centenas de óvulos, um homem terá produzido mais de 1 trilhão de espermatozoides à toa.

Ainda assim os livros, diz Martin, se maravilham com a produtividade masculina enquanto batem na tecla de que o corpo feminino já nasce com todos os folículos de onde se produzirão os poucos óvulos saudáveis, e que estes serão desperdiçados em tristes processos de envelhecimento e perda, sendo a menstruação o mais visível (e portanto terrível). Agora deixo para a imaginação de vocês a noção de quanto esperminha gasto o corpo do homem tem que reabsorver e descartar, considerando-se que ele produz 100 milhões de espermatozoides por dia.

Por que as imagens positivas são negadas aos corpos das mulheres? É o que se pergunta a antropóloga. Para ela, a linguagem científica naturalmente reproduz o padrão cultural: o óvulo se comporta "femininamente" e o esperma se comporta "masculinamente". Ela explica, citando trechos de tratados médicos: "O óvulo é visto como grande e passivo. Ele não se move, nem viaja, mas passivamente 'é transportado', 'é arrastado', ou 'desliza'". O espermatozoide, por outro lado, é um primor de esperteza, sendo "pequeno, 'dinâmico', e invariavelmente ativo". Ainda segundo os livros estudados por Martin, ele "'entrega' seus genes ao óvulo, 'ativa' o programa de desenvolvimento do óvulo" e é superveloz, com sua cauda "forte" e cheia de energia que permite acessar os mais recônditos recessos da vagina, onde encontrará os pobres óvulos indefesos.

A crítica feminista à linguagem médica não é pura implicância discursiva. Não se trata apenas de questionar como os padrões masculinos são reproduzidos até mesmo em um discurso que deveria tentar ser neutro. A partir de textos como o de Emily Martin e outros pesquisadores, por exemplo, passou-se a dar mais atenção ao modo como o óvulo funciona e a como ele não é tão passivo assim. Uma estrutura conhecida desde 1895 agora finalmente aparece nas descrições dos óvulos: as microvilosidades são como pequenos tentáculos que ajudam a capturar o esperma.

Ainda assim, pesquisadoras feministas como Londa Schiebinger afirmam que reformular os termos desse modo é apenas uma emenda quase pior que o soneto. Podemos ver esse novo óvulo energizado como uma "narrativa de masculinização", diz ela, em que só são valorizadas as qualidades "ativas". É como se o óvulo, com suas microvilosidades, fosse uma *femme fatale* pronta para agarrar o esperma e fazer dele o que quiser.²⁵ Do alto da minha ignorância científica, a implicância me parece um pouco exagerada — ou talvez eu tenha apenas curtido essa versão agressiva do óvulo. O ponto de Schiebinger, no entanto, é que manter o foco nos valores associados ao masculino prejudica as pesquisas científicas no que diz respeito às mais importantes qualidades do óvulo, que contribui para o desenvolvimento do zigoto com nutrientes, organelas como mitocôndrias e ribossomos, a membrana celular e proteínas cruciais.

O que interessa realmente é que a crítica feminista à ciência impulsiona as pesquisas adiante. Isso se dá também por meio do erro: uma hipótese pode ser testada e se provar falsa, mas também essa descoberta é algo positivo. Talvez as microvilosidades não sejam o elemento mais importante da fertilização: fiz meu dever de casa e pesquisei importantes manuais de fisiologia recentes, assim como artigos científicos, e ao que tudo indica a fusão entre espermatozoide e óvulo ainda é cercada de mistérios. De qualquer forma, os termos já não parecem tão efusivamente celebratórios ao esperma em detrimento dos óvulos. E temos certeza de que a quantidade de porra, para falar como Molly Bloom, não é uma variável a ser considerada seriamente. Ainda assim, em produções que vão de *Ulysses* aos filmes pornográficos dos séculos xx e xxi, ela é a estrela.

No caso do pornô, a ejaculação em cena é chamada *money shot*, ou seja, é a tomada que vale mais grana, e há séries de filmes dedicadas apenas a isso, com títulos como *Teenage Spermaholics* (Adolescentes viciadas em esperma) ou *Cum Overload* (Sobrecarga de porra). Mesmo sem ser grande fã de filmes do gênero, já vi o suficiente para me lembrar com certo horror de imagens de mulheres que parecem querer beber sêmen (uma colherinha de chá) como se fosse a última coca-cola do deserto, ou dos rostos de homens que, ao gozar, parecem estar disparando metralhadoras.[26] Um dos atores mais populares da indústria pornô norte-americana atual usa, aliás, o nome Tommy *Pistol*.

Ídolos seminais

É impressionante como a necessidade de dar valor ao pênis (e a seu "mais nobre" produto) parece maior do que a alegria que ele é capaz de oferecer. Mesmo lá nos séculos XVIII e XIX, porém, encontramos exceções que vale mencionar, e é com elas que quero terminar este capítulo. Um cachalote morre, afinal, cada vez que se utiliza o argumento de que no passado era ok ser misógino ou reprimido porque "naquela época todo mundo era assim".

Denis Diderot, sobretudo, era bem mais legal que a média. Em um de seus textos mais importantes (e bonitos), o diálogo filosófico *O sonho de D'Alembert*, ele usa o amigo matemático como personagem ficcional para discutir questões referentes à sua defesa de uma concepção materialista do cosmo, como a possibilidade de emergência da vida e do intelecto a partir de matéria inerte. O assunto é longo; vamos ao que interessa.

Na segunda parte do diálogo, D'Alembert está dormindo, numa espécie de delírio febril, o que alarma a mulher com quem ele mora, Mlle. de Lespinasse. Trata-se de outra personagem real, ficcionalizada por Diderot no diálogo, e nem no texto nem na vida real sabemos se eles tinham alguma relação erótico-amorosa, ou se apenas coabitavam. Aflita, a moça chama então um terceiro personagem, o médico Bordeu, a quem lê as anotações que fez do desvario do matemático. A certa altura da noite, relata, D'Alembert havia começado a sonhar agitadamente, dizendo coisas a respeito de uma rápida sucessão de diferentes espécies de animais que ele parecia enxergar em um microscópio imaginário.

Numa gota d'água ele "via a história do mundo", conta Mlle. de Lespinasse ao médico. O delírio então havia crescido até deslizar em um suspiro: "Oh, pequenez de nossas visões! Não há nada de sólido, exceto beber, viver, amar e dormir...".[27] O que se passa a partir daí, apesar de Diderot não o expressar abertamente, é uma cena de masturbação, e provavelmente a mais elegante que já li. E não só isso: é sobretudo uma cena doce e feliz.

A personagem ficcional Mlle. de Lespinasse relata que D'Alembert perguntou por ela e, ao se assegurar de sua presença, recuperou a cor do rosto. Os indícios de uma *manustupration* são muitos: ela não sabe onde ele escondeu a mão; o corpo dele passa por uma espécie de convulsão; a respiração é rápida; depois vêm três profundos suspiros, ele relaxa e adormece, sorrindo. Mlle de Lespinasse então revela: "Eu o observava com atenção; fiquei emocionada, sem saber por quê; meu coração batia forte, e não era de medo".[28] Com essa conclusão, tão bonita, o filósofo-escritor redimia, uma década depois, a falsa medicina e o moralismo triste de sua própria enciclopédia.

É mais ou menos o que Herman Melville e o poeta Walt Whitman fazem nos Estados Unidos do século seguinte, quando a fobia da masturbação se estabelece por lá. *Moby Dick* demorou décadas a ser reconhecido como o clássico que é hoje, mas isso tem mais a ver com a composição excêntrica do livro do que com as referências ao esperma de baleia. Ainda hoje, contudo, a obra é objeto de comentários culturais equivocados, como na minissérie da Netflix *The Chair* (2021), em que a personagem de uma professora universitária jovem e pop estimula os alunos a transformar em tema de um rap caricato não assuntos como a ausência de mulheres no navio (baleeiro! em meados do século XIX!) e o já mencionado homoerotismo de certas passagens, que certamente merece uma atenção mais cuidadosa que a de um chiste espertinho.

Já Whitman morreu pobre, em 1892, mas décadas depois passou a ser lido como um dos mais importantes poetas norte-americanos, por sua vasta coleção de versos que celebram o país e seu povo, é verdade, mas também por aqueles que cantam os deleites sensórios, todos reunidos no reverenciado *Folhas de relva*. Na seção de poemas "Filhos de Adão",[29] o poeta celebra o corpo e seus sentidos. No poema "De rios contidos e doídos", lemos versos como: "Da minha voz que ressoa, cantando o falo,/ Cantando a canção da procriação,/ Cantando a ânsia por crianças altivas e então adultos altivos,/ Cantando o ímpeto muscular e a fusão".[30] No emblemático e belo "Eu canto o corpo elétrico", ele pergunta: "E se o corpo não for a alma, o que é a alma?".[31]

À sua maneira, uma espécie de hippie *avant la lettre*, Whitman retomou a partir dos anos 1850 a conjunção entre o prazer sexual (o solitário, o hétero e o homoerótico) e a percepção de pertencimento a algo maior, uma conjunção que permeava, de modo bem distinto, o sonho de D'Alembert/ Diderot e que também aparece, ainda que mais dubiamente, no delírio untuoso de Ismael. Cada um à sua maneira, os três são meus heróis espermáticos. Nada de sêmen com alma, ou carregado de pecado original, ou precioso demais para ser desperdiçado "apenas" por prazer. Esperma é um troço natural, associado à vida e ao gozo, e pronto. Pode fecundar, pode cair no chão, pode ficar na camisinha; pode ser engolido, pode ser cuspido. Não é preciso complicar.

Whitman sabe disso melhor que ninguém. O poema "Eu espontâneo" traz uma sequência de dezenas de imagens da natureza, em que se vai construindo a visão de um sujeito lírico que primeiro resiste ao impulso de se masturbar — "Essa fisgada aqui dentro"[32] — até se entregar ao prazer, que ganha uma dimensão cósmica. Essa eclosão não se dá, porém, por meio de uma argumentação que se pretende racional, tampouco pela descrição factual, mas sim pelo esforço de transformar em linguagem algo que é do domínio de uma experiência por princípio incomunicável.

Quem explica o que é o desejo? E o que é a sensação do orgasmo? E como eu, em meu corpo de mulher, poderia compreender como é, para um homem, sentir tesão e gozar? Se alguém chegou perto de me fazer entender, foi Walt Whitman, porque ele não tentou explicar, e sim produzir em mim essas sensações. Whitman não foge da valorização do sêmen, o "límpido líquido dentro do jovem".[33] Por que, afinal, fugiria? Tirando da jogada um deus todo-poderoso ou demônios sedutores, sem recorrer a cientificismos malucos, transformando o esperma no que é, o poeta o valorizou como ninguém, sem tornar cada gota dele algo a ser economizado ou posto num altar. O que lemos no final do poema é o contrário dessa besteira toda, e por isso o orgasmo é posto em cena como algo tão bonito: "O salutar alívio, repouso, contento,/ E esse troço arrancado ao acaso de mim,/ Ele fez sua parte — eu o lanço sem cuidado para cair onde for".[34]

4. Alguns centímetros a mais

> O sr. Chamberlain abriu a jaqueta e afrouxou o cinto, depois abriu o zíper. Ele enfiou a mão para afastar uma camada interna e disse: "Bu!". [...] O troço tinha uma espécie de cabeça, como um cogumelo, e era de um roxo avermelhado. Parecia tosco e estúpido se comparado, digamos, aos dedos das mãos e dos pés [...]. Bruto e tosco, a cor feia como a de uma ferida, parecia-me vulnerável, bobo e ingênuo, como um animal de focinho largo cuja aparência simples e ridícula é uma espécie de garantia de boas intenções.
>
> ALICE MUNRO, "Lives of Girls and Women"

No Carnaval de 2015, na inconspícua porém adorável cidade mineira de Juiz de Fora, uma marchinha de temática peculiar tomou as ruas, fazendo rir um público que, embora restrito, gosta um bocado de treta. O alvo da canção era um renomado intelectual que, segundo diferentes delatoras, tinha desenvolvido o hábito de enviar a mulheres um tipo de imagem que, em certos casos, foge ao decoro esperado. A marchinha conta a história de uma moça casada que, ao adicionar o douto cidadão em uma rede social e iniciar uma conversa inocente, recebe uma surpresa. A estrofe é ótima: "Querida, um momento/ Vou enviar um documento/ Ela se assustou/ Não era um texto do Foucault!".

O mistério que se impõe é: o que faz um sujeito se expor desse jeito? Que autoestima é essa? Acho que nem eles sabem muito bem. No refrão de uma música de 2010 chamada "Runaway", Kanye West urge sua amada a fugir dele "o mais rápido que conseguir". E explica por quê: *"She find pictures in my email/ I sent this bitch a picture of my dick/ I don't know what it is with females/ But I'm not too good at that shit"*. Em português: "Ela achou umas fotos no meu e-mail/ Mandei pra uma vagabunda uma foto do meu pau/ Não sei o que acontece com as mulheres/ Mas não sou muito bom nessa merda". Realmente.

Acho "Runaway" uma das grandes músicas do século XXI, e o clipe é um dos meus preferidos da vida toda — a despeito, e não por causa, dessa letra. Mas também não sou da turma que diz que não sobrará nada do cânone ocidental se não pudermos tratar as coisas por seus nomes. No caso, machismo e misoginia. Não dá para tratar do mesmo modo o que foi dito ontem e o que foi escrito há vinte séculos. O incômodo que Kanye West me provoca, e que só tolero porque ele é talentoso demais, não tem nada a ver com o que sinto quando leio, na epopeia suméria que conta a história do herói Gilgámesh, que este leva ao desespero os meninos e as meninas de Úruk.

Nesse poema — descoberto pelo Ocidente moderno apenas no século XIX —,[1] a energia lúbrica e o portento do herói são evocados por um jogo cuja relação com seu equipamento genital não é nada discreta. Na versão canônica registrada na Babilônia do século XIII a.C., Gilgámesh "assedia os jovens de Úruk sem razão" e "não tem rival se levanta *seu taco*".[2] Ele atazana tanto as filhas e filhos da cidade que as mães rezam aos deuses por uma solução. Esta é dada na criação de um companheiro à altura: o selvagem Enkídu, cuja chegada é prevista nos sonhos do herói na forma pouco sutil de um machado e uma rocha.

A saga de Gilgámesh, cujo tema principal é a busca por imortalidade, não tem um final muito feliz. Na última seção que compõe a narrativa, somos apresentados a um episódio em que *a bola e o taco* do herói caem no Érsetu, o submundo mesopotâmico em que habitam os mortos. Quem sai em socorro a Gilgámesh é seu querido amigo Enkídu, que — evocando um tema muito caro aos antigos — desce vivo até a morada subterrânea e acaba ficando preso por lá até ser ajudado por uma deusa. De volta, relata ao companheiro o que aprendeu sobre o mundo dos mortos: "Amigo meu, o pênis que acariciavas e teu coração alegrava, como vestimenta velha vermes o devoram". Ao descobrir o que o espera no além, Gilgámesh diz "Ai!", e se joga no chão, em desespero.[3]

Contra ladrões e outros perigos

Apesar do portento de Gilgámesh, nenhuma figura representa melhor a exposição ostensiva da potência masculina, ainda que de modo dúbio, do que o deus greco-romano Príapo, do qual se derivou o nome da condição urológica dolorosa em que o pênis fica ereto por horas sem que seu portador sinta desejo sexual. Mas a origem de Príapo não é óbvia para nossa sensibilidade contemporânea, e por um motivo muito simples: para os gregos antigos, o ideal era ter um pênis pequenino.

Quem lê hoje a comédia *As nuvens*, em que Aristófanes caçoa de Sócrates, lá no século v a.C., se por um lado reconhece lugares-comuns que ainda permanecem — o texto começa com uma piada sobre flatulência —, por outro se dá conta de como certas coisas mudaram, e muito. Por exemplo: ao fim de uma fala de um personagem (que corporifica o "raciocínio justo") sobre a relação entre os hábitos dos jovens e seus atributos corporais, temos que voltar atrás e reler para ver se entendemos direito mesmo.

Defendendo a educação antiga e criticando a nova, que relaciona ao método socrático (argumentação construída em diálogos, muitos diálogos), o tal raciocínio justo explica que, se o jovem passar seu tempo se exercitando nos ginásios e apostando corridas ao ar livre, terá sempre o peito forte, a pele dourada, os ombros largos, as nádegas musculosas e... o pênis miúdo. Se aderir às novas modas e ficar discutindo filosofia com seus colegas, ficará pálido, com os ombros caídos, os quadris pequenos e o pênis bem grande.[4]

Aristófanes não estava fazendo uma piada absurda, ainda que pesasse a mão: basta ver representações figurativas em vasos da época arcaica — nossa principal janela visual para o período — para perceber que, ali, heróis e deuses exibiam, orgulhosos, seus genitais impressionantemente diminutos. Isso significava, entre outras coisas, dar mais destaque ao resto do corpo masculino, extremamente valorizado, mas também queria dizer algo sobre a qualidade do autocontrole dos "melhores" gregos, cujo impulso sexual não deveria jamais triunfar sobre a força moral.

Esse cuidado com as proporções não impedia que, em ritos religiosos, os gregos louvassem estátuas fálicas gigantescas —

signos de poder e de fecundidade —, algumas das quais ainda podem ser vistas na ilha de Delos, representando Dioniso, sobre colunas de pedra. Ao se criar um deus como Príapo, cujo membro era enorme, dá-se origem a uma figura cujo valor é, portanto, ambíguo. E não é à toa que essa divindade *menor* não aparece nos principais poemas gregos: não é mencionado por Homero na *Ilíada* ou na *Odisseia*, nem tem seu nascimento descrito na *Teogonia* de Hesíodo, na qual se contam as origens das principais divindades da mitologia olímpica.

Aparentemente, Príapo era um deus popular nas áreas rurais, por sua relação com a fertilidade. Pausânias, que no século II viajou por diversas cidades da Grécia, registrando suas impressões, escreveu que no monte Hélicon, ao lado da estátua de um boi, havia uma imagem de Príapo "que vale a pena ver".[5] Em seguida, ele anota que esse deus era adorado onde havia criações de cabras e ovelhas, como na cidade de Lâmpsaco, que o celebrava como filho de Afrodite e Dioniso.

Com essa ascendência, era de esperar que fosse bastante bonito, mas não foi bem assim. Na verdade, pelo que apreendemos dele por meio dos romanos, era uma figura meio ridícula. No século I a.C., uma das *Sátiras* de Horácio tem por narrador uma estátua de Príapo, que — tendo sido então convertido em deus de pomares e jardins — servia de "espantalho de pássaros e ladrões", os quais afugentava "com o pau vermelho que se ergue obsceno" em sua virilha.[6] Ovídio, nas *Metamorfoses*, o define como "o deus que aos ladrões espanta com foice ou com falo".[7] Em outros textos, ficamos sabendo que o esplendor de seu falo era reforçado pelo fato de que o resto de seu corpo era menorzinho. Pensem em algo como um duende de pau duro.

Esse tipo de representação, no entanto, não é a única que encontramos de Príapo. Em murais preservados do século I em Pompeia, o deus aparece bonitão, com o rosto circunspecto, quiçá melancólico, enquanto exibe seu enorme diferencial. E um século antes disso, em uma das belas elegias que o poeta latino Tibulo dedica a um jovem, o sujeito lírico recorre a Príapo em busca de conselhos sobre como conquistá-lo. "Que *ardil* teu cativou os belos?", pergunta ele, mas o itálico é meu.[8]

Observando a mudança de status por que passa Príapo dos gregos aos romanos, podemos facilmente concluir que estes últimos não se incomodavam nem um pouco com um pênis grande, que associavam a saúde e a uma agressividade positivamente viril — ainda que permanecesse a valorização pública da disciplina e da contenção. Assim, mesmo que não se admirassem os homens que se entregassem completamente à esbórnia, o pênis assumia um papel menos discreto. E, como define o historiador Paul Veyne, para o macho romano tudo era questão de "espetar e não ser espetado".[9]

Em um poema latino anônimo, escrito em algum momento próximo à virada para a era cristã, lemos como explicação de Príapo para sua nudez localizada o fato de que nenhum deus esconde sua principal arma: "Por que em mim não tem veste a parte obscena, indagas?/ Indaga se algum deus seus dardos cobre:/ às claras o senhor do céu detém seu raio,/ não se oculta o tridente ao deus das águas".[10] Se Júpiter não camufla os raios, e Netuno não recolhe o tridente, por que diachos ele cobriria o pênis ereto?

A valorização das dimensões genitais na cultura latina não aparece só atrelada a Príapo. Quem assistiu à série *Roma* prova-

Nesse mural do século I, em Pompeia, Príapo mostra um visual diferente daquele comumente associado a ele. Não mais um baixinho feioso e sardônico, o deus ganha aqui um ar mais misterioso e sensual. Quer dizer, não tão misterioso assim.

velmente se lembra do presente que a aristocrata Atia enviou a uma inimiga para selar a paz: um escravo cujo avantajado membro vinha adornado com um belo laçarote. Se pênis enormes parecem ter sido um must entre as nobres entediadas, também eram motivo de admiração entre os homens. Num epigrama que se passa nos banhos romanos — que tinham o clima de uma praia carioca —, Marco Valério Marcial faz graça com seus colegas: "Nos banhos em que aplauso ouvires saberás,/ Flaco, que ali está a vara de Marão".[11]

Em uma língua na qual o mesmo termo — *fascinum* — pode ser traduzido tanto por "pênis" como por "feitiço", é possível imaginar o embaraço em que os tradutores se viram em eras mais pudicas que a nossa, e o quanto muitos poemas divertidíssimos foram lidos por séculos como insípidos versinhos. Isso, aliás, aconteceu também na pintura. Uma amiga que coordenou o Ano da França no Brasil, em 2009, me contou que jamais esquecerá o momento em que, no meio de um dia de trabalho, recebeu uma ligação em que a informavam de que, no processo de restauro de uma tela de Nicolas Poussin, haviam "descoberto" o pau de Príapo (sempre ele).

Na versão restaurada da obra do século XVII, que faz parte do acervo do Masp, o Museu de Arte de São Paulo, vemos um grupo festejando ao redor da estátua de um homem barbudo com uma cara meio safada envolta em flores. Seu corpo não é bem delineado. Na verdade, é uma estrutura de pedra retilínea e lisa, sem relevos — apenas com uma protuberante exceção. Intitulado *Himeneus travestido assistindo a uma dança em honra a Príapo*, o trabalho recebera uma série de camadas da chamada "repintura de pudor", as quais haviam escondido o verdadeiro motivo de ser da celebração representada.

Em uma festa de mulheres, o que há de melhor a fazer senão celebrar o falo do deus Príapo? É ele que atrai os olhares no centro dessa tela de quase quatro metros de largura, concluída por Nicolas Poussin em 1638. Intitulado *Himeneus travestido assistindo a uma dança em honra a Príapo*, o quadro havia recebido diversas camadas de pintura para encobrir o portento divino, redescoberto recentemente e agora em plena exibição no Masp.

A tela se inspira numa história greco-latina, na qual Himeneu era um jovem que estava vestido de mulher para poder estar próximo de sua amada em um festival feminino devotado ao deus fálico. Quando o Masp apresentou sua coleção, nos anos 1950, críticos entenderam que a obra representava uma dança em homenagem a Baco, deus do vinho, ou a Himeneu, agora na qualidade de deus dos casamentos (nomes e papéis às vezes se confundem na mitologia antiga). Pudera: no lugar do falo da estátua se via apenas uma sombra. O processo de restauro apontou essa e outras intervenções na obra, e, agora, o falo de Príapo reina soberano no centro da enorme tela de quase quatro metros de largura. Que Poussin, sobrenome do pintor, seja o termo francês para "pintinho" — o filhote da galinha — só deixa a história mais pitoresca.

Outro pintor, um século e meio antes de Poussin, na vizinha Itália, já havia se dedicado a pensar a importância do pênis para os homens — e para as mulheres. Em seus estudos sobre anatomia, Leonardo da Vinci anotou que elas frequentemente têm um desejo inverso ao deles: "a mulher gosta que o tamanho do órgão genital do homem seja o maior possível, e o homem deseja o oposto no da mulher".[12] Não sei bem quais eram as referências do artista, mas acho que ele deu uma exagerada: se o padrão das estátuas gregas não é mesmo muito atraente, o "maior possível" tampouco é muito cômodo, e muitas de nós já passamos por desagradáveis apertos.

A questão dos tamanhos vai longe e é bastante afetada pelo racismo, tanto pelo viés da fetichização quanto pela relação inventada entre pênis grande e moral e inteligência diminuídas, e vice-versa. Minha experiência — mais variada que vasta —, bem como uma pesquisa rápida em artigos científicos a respeito do tema, mostra, no entanto, que a variação de tamanho entre diferentes raças e povos é praticamente irrisória.[13] Isso não impede que indivíduos boçais façam piadas com asiáticos, cuja suposta racionalidade singular é exaltada, em detrimento de outras qualidades.

Já o inverso, ao longo da história, não afetou apenas os negros, mas também diferentes povos semitas. Em outro epigrama situado nos banhos, o romano Marcial menciona, por exemplo, um escravo que carrega um "peso judeu sob a falta de pele".[14] Como todo preconceito, os relativos a tamanhos de pênis têm fundo político e moral e não físico, e os acusados viram acusadores num piscar de olhos. No livro atribuído ao profeta Ezequiel, no Antigo Testamento, a cidade de Jerusalém é comparada a uma mulher devassa que se entrega aos prazeres do sexo sem exigir dinheiro em troca, e que tem predileção pelos membros avantajados dos povos não judeus.

Até aí, só a boa e velha obsessão com sexo que é marca dos grandes moralistas. O que o texto de Ezequiel — uma figura histórica do século vi a.C. — está descrevendo alegoricamente em termos de ninfomania é a incapacidade dos israelitas de então resistir à sedução dos deuses dos outros povos, que assumiam a forma de ídolos fascinantes. Misturas de humanos com animais, seres alados, dragões protetores competiam com um deus que não se dava a ver mas exigia completa fidelidade e não media castigos quando se sentia traído.

No livro 16 do profeta, esse Deus pede que Ezequiel advirta verbalmente a cidade de Jerusalém como se falasse a uma mulher que, feita bela pela vontade divina, acaba por abrir "as pernas para todo e qualquer transeunte", incluindo "os filhos dos egípcios, teus vizinhos, os de carne grande".[15] No livro 23, a coisa descarrilha, e Jerusalém é acusada de se colocar "sobre os caldeus, cujas carnes são como [carnes] de burros e como órgãos genitais de cavalos são os órgãos genitais deles".[16]

Pau é legal, exceto quando não é

É uma doideira. Mas, se pensarmos bem, o que pode ser mais doido do que uma aliança entre Deus e o homem formalizada pela retirada de um pedaço de pele do pênis? Voltemos ao Antigo Testamento, mais especificamente ao Gênesis. De uma linhagem que parte de Adão, passando por seu filho Set, e mais adiante Noé e seu filho Sem, chegamos, finalmente, vinte gerações após a criação, a Abraão.

Não sabemos se ele existiu de verdade — provavelmente não: há zero evidência arqueológica; se tivesse existido, estaria na base das religiões monoteístas. Com uma criada, teve o filho Ismael, primeiro das linhagens árabes. E, já velhinho, finalmente teve um filho com sua esposa, Sara, também idosa: Isaac, que dará origem ao judaísmo e, depois, ao cristianismo. Antes, porém, Deus — ali referido no hebraico Yahweh — garantiu inúmeras vezes a Abrãao que, por mais que ele se lascasse e que os descendentes dele fossem sofrer, ser escravizados, exilados e o que mais pudesse dar errado, ele próprio, Deus, estaria cuidando deles, e no fim tudo iria dar certo.

Abraão acreditou e fez tudo para mostrar a Yahweh que confiava nele, incluindo quase matar o filho preferido. Sacrificou animais, deixou sua terra com a esposa Sara e, lá pelas tantas, cortou o próprio prepúcio — a prega de pele que recobre a glande do pênis. Aliás, não só o próprio, mas o de todos os homens e meninos da casa, incluindo os escravos e Ismael, então com treze anos.

A regra era clara: "De tua geração em diante, todos os meninos, ao completarem oito dias de vida, terão de passar ao fio da circuncisão", proclamou Yahweh. "Minha Aliança, marcada em vossos corpos, será uma Aliança perpétua!".[17] Alguns anos depois, quando, por graça divina, aos noventa anos, Sara deu à luz Isaac, Abraão não titubeou e cortou o prepúcio do pequeno, oito dias após o nascimento. Gostos pessoais à parte, concentrar um dos eventos fundadores de todo um povo no prepúcio mostra bem a longa história de fixação do homem em seu pênis.

A circuncisão não aparece apenas no domínio da fé. Muito tempo após Abraão, nos Estados Unidos do século XIX, o procedimento passou a ser recomendado a toda a população masculina, primeiramente por conta do risco de fimose, depois de forma generalizada para evitar doenças que pudessem acometer os pênis e seus donos. A "lógica" era mais ou menos a seguinte: se a medida funciona tão bem no caso da fimose, deve prevenir outros males também — um deles era a masturbação, como já falei no capítulo anterior.[18]

A prática da circuncisão generalizou-se tanto entre os norte-americanos que apenas recentemente tem sido questionada, com ativistas acusando o procedimento em bebês de ser uma espécie de mutilação genital. Ao menos até outro dia, o assunto era tema de séries de TV em chave cômica: me lembro da Charlotte de *Sex & the City*, em 1999, reclamando, após uma transa frustrante, que um pênis não circuncidado "parecia um sharpei". Elaine, em *Seinfeld*, foi mais enfática em 1993: com o prepúcio, seu alvo "não tinha nenhuma cara, nenhuma personalidade".

Em outro episódio, Elaine vivencia algo que podemos considerar como o precursor das selfies não requisitadas de pau. Sim, porque antes do smartphone não estávamos a salvo da visão indesejada. O nude fotográfico só veio se somar às possibilidades de exibição (e de assédio). Lembro, inclusive, o choque na primeira vez que uma conhecida reportou, nos idos de 2007 ou 2008, o recebimento de uma foto fálica em seu e-mail — o imbecil ainda por cima havia clicado as partes íntimas no banheiro da faculdade em que ele era funcionário e ela, aluna.

No episódio de 1994, Elaine sai com um amigo de Jerry Seinfeld, e o encontro parece estar indo muito bem até que, do nada, ele coloca *aquilo* para fora. A série e o episódio são cômicos, mas na verdade a passagem é um tanto violenta: os dois estão no carro e, prestes a dar um beijo de boa-noite no cara, ela se depara com aquele elemento-surpresa. A cena é interrompida aí, e passamos para o dia seguinte, em que ela conta para Jerry e os outros amigos (e protagonistas da série) o ocorrido.

Todos tratam do ato como algo absurdo; Elaine está certamente indignada, e Jerry, espantado; Kramer, o bizarro do grupo, considera que talvez *aquilo* estivesse precisando tomar um pouco de ar. George, o mais amoral dos amigos, reflete que nem a ele havia ocorrido fazer um troço desses: "Passo tanto tempo pensando em como tirar a roupa das mulheres, e nunca pensei em tirar a minha". Ainda que ninguém, na trama, confronte ou sequer trate do assunto diretamente com o exibidor, o episódio em si ridiculariza o ato e, espero, há de ter tido um efeito educativo sobre alguns telespectadores. Quem passa vergonha é, afinal, o cara, e não Elaine.

Nunca sofri esse tipo específico de agressão, em que alguém conhecido, num espaço restrito, acha por bem botar *aquilo* para fora sem ser requisitado, mas já fui obrigada a ver uns dois ou três pintos de estranhos, exibidos em salas de cinema e vagões de metrô. Eu era jovem, e não tive outra reação a não ser me esquivar. Hoje faria diferente. Mas não chamaria a polícia nem nada do tipo; gosto de pensar que eu teria sangue-frio o bastante para gargalhar da cara e do pinto do abusador.

Acredito cada vez menos na justiça punitivista, e sei de histórias suficientes em que foram as vítimas e denunciantes que se viram processadas e julgadas. No caso do intelectual indecoroso do início deste capítulo, digo sem hesitar que não tenho interesse algum em vê-lo preso ou objeto de uma pena convencional, sequer conheço detalhes suficientes do acontecido; sei apenas que, como diz a música do Carnaval, "foi um rebuliço/ ele disse que não era nada disso".

Se sua responsabilidade fosse de fato comprovada, meu sonho, porém, seria a aplicação de uma lição que me parece mais apropriada: que o culpado tivesse de ficar sentadinho diante de uma imagem colossal de Príapo e encarar por horas sua expressão tipicamente sardônica e seu pau tipicamente monstruoso, enquanto de alto-falantes potentes soassem os versos burlescos da marchinha. "Tudo natural/ uma piroca consensual".

PARTE II

Espelhos do desejo

5. Que cara é essa?

> Ao sentir que a barba caía sob a tesoura, tive a impressão de que arrancava uma máscara. Não importa! Quando, em seguida, me olhei, a emoção que me invadiu, e que eu reprimi como pude, não foi alegria, mas medo. [...] Achava minhas feições bem bonitas... não, o medo me vinha de que pudessem ver nu meu pensamento, que eu, de repente, achara que devia ocultar.
>
> ANDRÉ GIDE, O imoralista

QUANDO COMECEI A NAMORAR o sujeito com quem acabei me casando, tive de fazer uma intervenção na crise estética que ele enfrentava havia anos. O relacionamento era novo, mas já corria risco: eu não aguentava mais ouvi-lo reclamar do tamanho descomunal da própria cabeça. Fotos eram um drama; espelhos vistos de relance desencadeavam mau humor; ir ao cinema era um exercício de autocomiseração e de constrangimento diante dos espectadores atrás de nós.

Um dia, ajeitando meu próprio cabelo com grampos, resolvi fazer um experimento para checar se o problema dele era mesmo craniano e não simplesmente capilar. Batata. Com o volume nas laterais e na moleira contidos pelas pecinhas, a cabeça rapidamente passava a dimensões convencionais. Diagnosticado o problema, não houve saída senão ir a um salão decente, e não mais ao barbeiro que ele frequentava desde os cinco anos de idade. Voltou para casa sendo o feliz proprietário de uma cabeça dentro dos parâmetros de normalidade. O novo visual foi elogiado por todos, ele se tornou mais autoconfiante e passou a sair sorridente nas fotos. Depois disso tudo, se deu conta: "Meu cabelo era igual ao da minha avó".

Permanece, porém, o mistério: como alguém, já chegando à quarta década da vida, não conhece a própria cabeça bem o suficiente para fazer as intervenções necessárias a uma existência esteticamente sustentável? Eu já tive cabelos tristes, é claro (como esquecer aquele corte pirâmide? Aquele ruivo berrante?), mas foram erros de julgamento, não pura negligência, o que me leva a investigar a estranha relação entre um homem e o espelho.

O caso do meu marido não é uma anomalia tão grande: a ficção me ensinou que a relação dos homens — ao menos a maior parte dos heterossexuais — com a própria imagem é a coisa mais esquisita do mundo. Na Inglaterra do final do século XIX, um escritor chegou a criar um personagem cuja aparência jamais aparecia no espelho. Sim, vampiros são lenda milenar, mas a ausência de reflexo foi coisa do Bram Stoker, em *Drácula*, de 1897.

Três décadas depois, o italiano Luigi Pirandello escreveu um romance sobre a fragilidade da identidade humana — *Um, nenhum e cem mil* —, no qual o protagonista faz desmoronar a vida inteira após descobrir que seu nariz é meio torto. E, bem mais recentemente, o brasileiro Daniel Galera criou um personagem que sofre de uma disfunção neurológica que o impede de reconhecer seu próprio rosto no espelho, no incensado *Barba ensopada de sangue*, de 2012.

Esses romances têm mais em comum do que a crise fisionômica. Antes de tratar disso, porém, é bom lembrar que fomos ensinados e ensinadas durante milênios que o espelho tem diferentes significados para homens e para mulheres: para nós, é um instrumento para a apuração da beleza e um signo da frivolidade feminina; para eles, papéis mais nobres, seja o de despertar elucubrações metafísicas, seja o de refletir os viris valores da alma — ou, mais cinicamente, os viris valores de uma classe social. Na melhor das hipóteses, não tem papel algum: não é coisa de homem ficar se olhando no espelho.

O filósofo estoico Sêneca, que gostava muito de dar conselhos, insiste, por exemplo, em tratar o espelho como algo que deve ser usado pelos homens para o conhecimento de si, enquanto censura o uso fútil feito por mulheres: por um único desses espelhos de prata ou ouro polido, adornados por pedras preciosas, as mulheres são capazes de gastar uma quantia equivalente ao dote que, antigamente, o Estado oferecia às filhas dos generais empobrecidos, escreveu ele nas *Questões naturais*, no começo do século I.[1]

Sêneca passa páginas e páginas elucubrando o porquê de a natureza ter oferecido, na superfície das águas e dos metais, um meio de o ser humano refletir a imagem do mundo material. "Certamente não foi para que pudéssemos arrancar nossas barbas em frente ao espelho a fim de deixarmos nossa pele macia", diz ele, mas para que víssemos fenômenos que não podemos encarar diretamente, como o brilho do sol e os eclipses. Como bom moralista, Sêneca achava que *"nos velhos tempos"* tudo havia sido melhor: "Os homens arrumavam o cabelo e penteavam a barba, mas faziam isso para si mesmos", aposta ele, e devaneia: "Eram bonitos sem a ajuda de especialistas e sacudiam seus cabelos assim como os animais nobres sacodem suas jubas".[2]

Foi só depois, afirma Sêneca, que o gosto pelo luxo tomou conta da civilização, e espelhos de corpo inteiro passaram a ser uma moda nefasta. Para o estoico, o cúmulo do despropósito foi o caso de um tal Hostius Quadra, que levou a vaidade a terrenos insuspeitos. Proprietário de terras, Quadra havia sido morto pelos próprios escravos e, apesar da aberração social em que isso consistia, o imperador Augusto determinou que o assassinato deveria ser encarado como execução legítima. Isso porque Quadra era cruel, avarento e... viciado em sexo.

Posso resumir a história dizendo que Hostius Quadra foi o inventor do espelho de motel. Ele cobriu paredes da sua casa com placas de metal espelhadas, porém com um *twist*: elas ampliavam os reflexos e, de acordo com o muito imagético Sêneca, faziam com que "um dedo parecesse mais comprido e mais grosso que um braço". O autor não se contenta com a metáfora sugestiva e explica que o espelho possibilitava que, quando Quadra "estivesse de costas se submetendo a um homem, pudesse ver todos os movimentos de seu parceiro", deleitando-se "com o tamanho ilusório de seu membro".[3]

Eu havia prometido a mim mesma, depois dos últimos quatro capítulos, não falar mais de *membros*. Mas Sêneca se empolga, e eu vou junto. "É repugnante falar daquilo que disse e fez aquele monstro, que deveria ter sido despedaçado pela própria boca", escreve ele. Achamos que vai parar por aí, afinal, por que se dispor a falar de coisas repugnantes? Mas não. Não mesmo. Quadra colocou os espelhos ao seu redor, continua o filósofo, para que pudesse "preencher não apenas sua boca, mas também os olhos". É pouco? Ele queria "se observar atentamente quando abaixava sua cabeça e agarrava-se à virilha do outro".[4]

Sêneca está deliciosamente escandalizado: "Não dá até para imaginar que ele ficaria contente se pintassem um quadro dele em meio ao ato?". Mas também revoltadíssimo: "Deveria ter sido sacrificado em frente ao próprio reflexo!". E provocativo: duvido, escreve ao leitor, que alguém ainda afirme que "os espelhos foram feitos só para ficarmos apresentáveis!".[5]

Duas almas

Saltemos ao século XVI. Já havia alguma produção de pequenos espelhos de vidro em Veneza, côncavos e caríssimos, porém o mais comum na Europa eram os espelhos metálicos, que incluíam agora os de aço, mais límpidos. E alguns pensadores já acreditavam que mulheres mereciam conselhos que ultrapassassem a censura a extravagâncias. No tratado que o valenciano Juan Luis Vives dedicou a Catarina de Aragão, então rainha da Inglaterra, nossa metade da humanidade passa a ser incluída entre os que têm a capacidade de se olhar no espelho *da maneira certa*. Mulheres solteiras, escreveu Vives em *Da educação da mulher cristã*, devem observar seus reflexos para "se assegurarem de que não há nada em seu rosto ou cabeça que possa parecer ridículo ou repulsivo", de modo a não afugentarem possíveis pretendentes.[6] Mais ou menos o que eu fazia, instintivamente, quando era adolescente.

O autor não era um babaca misógino. Pelo contrário, era amigo de gente relativamente progressista como Erasmo de Roterdã e Thomas More (que queimou "hereges", mas educou as filhas). Vives recomendou, no livro de 1523, que todas as mulheres, sem restrição de classe, recebessem educação, bem como defendeu que a inteligência delas era comparável, senão superior, à dos homens. A defesa do intelecto deixa ver, no entanto, o desprezo pela vaidade e pela beleza produzida de maneira artificial, características das mulheres que Vives definitivamente não aprovava.

O espírito, a inteligência e a beleza natural de Catarina de Aragão não bastaram para que ela garantisse a própria permanência no trono. Aos quarenta e tantos anos, nada disso interessava mais ao rei Henrique VIII, que, sem um herdeiro homem, simplesmente rompeu com a Igreja católica para poder se casar com a fértil Ana Bolena. Esta, pelo que conta a história, quando se olhava no espelho não era à cata de detalhes repulsivos. De qualquer forma, também não durou muito no trono (nem sua bela cabeça no pescoço).

No século seguinte, a Europa passou por profundas transformações políticas e de pensamento. Descartes afirmou a primazia da razão como forma de conhecimento; o telescópio mostrou o quanto éramos diminutos, ao mesmo tempo que o microscópio tornava possível ver que não conhecíamos minuciosamente nem a nós mesmos; Newton entendeu como funcionava a gravidade. Na Inglaterra, em meio a disputas políticas e religiosas, Thomas Hobbes e, mais tarde, John Locke contestaram a origem divina do poder, afirmando que a constituição do Estado era fruto do acordo entre os homens. As cidades cresceram, burgueses enriqueceram e, entre 1688 e 1689, o poder da monarquia reduziu-se drasticamente: a burguesia derrubou a dinastia dos Stuart e o Parlamento publicou uma declaração de direitos que impunha limitações às ações da Coroa.

Com a urbanização, as casas passam a abrigar famílias nucleares; os espaços se tornam mais privados; a privacidade conduz à introspecção. Em um quarto fechado, o homem comum se olha no espelho. Ou uma criança: nos anos 1940, o psicanalista Jacques Lacan falaria da importância do momento a partir do qual o bebê se reconhece, em sua imagem refletida, como um indivíduo separado dos outros, mas também como um "dentro" distinto de um "fora" — descoberta confirmada e reforçada pelo olhar do outro.[7] Uma distinção análoga a essa se marcava cada vez mais na revolução da vida social do século XVII e seguintes.

Dois movimentos ocorrem em paralelo. Filósofos e escritores continuam se preocupando com a questão da verdade por trás da aparência, agora mais complexa, dadas as transformações religiosas, sociais e políticas que tornam as identidades e relações menos óbvias. Popularizam-se os vilões dissimulados — cujo patrono é o Iago do *Otelo* de Shakespeare (1604) —, e a hipocrisia da vida em sociedade se torna tema de debate. "Que seja sempre honesto e, como homem de bem, só diga o que, no peito, o coração contém", responde o protagonista Alceste quando seu amigo lhe pergunta o que deve fazer para ter sua estima, no início de *O misantropo*, de Molière (1644). Philinte, o amigo, retruca que é preciso ceder e ser gentil para poder conviver, mas Alceste não quer papo: "Que os homens sejam homens e que, ao se encontrar, mostrem seus corações".[8]

A vida política mostrava uma cena bem diferente da idealizada por Alceste. Quando os ventos das transformações inglesas atravessaram o canal da Mancha, a monarquia francesa governava, desde 1682, no luxuoso Palácio de Versalhes, reconstruído e ampliado por Luís XIV. Quem chegasse ao palácio para ser recebido pelo rei passaria por uma longa galeria, de 73 metros de comprimento e dez de largura, ao longo da qual estavam dispostos nada menos do que 357 amplos espelhos planos e de vidro, a maioria dos quais ainda pode ser vista hoje. O espaço evidenciava a evolução da tecnologia francesa na fabricação de espelhos, a ostentação do poder real e, também, a importância da aparência em um momento da história em que as posições sociais e políticas já não eram mais estáveis.

Imaginem todos aqueles nobres — que um século depois perderiam o poder e/ou a cabeça na Revolução Francesa — observando-se uns ao lado dos outros e comparando-se. Agora não eram mais apenas as mulheres que deveriam passar horas se observando à procura de inadequações. A partir do momento em que a posição social não é mais autoevidente, em que é preciso ser *e* parecer, os homens também precisam cuidar com mais rigor da aparência. A popularização, na pintura dos dois séculos seguintes, de retratos sob encomenda também é marca desse processo, uma espécie de contrapartida comercial do ímpeto dos autorretratos e das autobiografias.

Enquanto nos retratos a imagem é moldada à semelhança do que se quer projetar, no gesto autorreflexivo nota-se o objetivo de investigar a si próprio. As famosas *Confissões* de Rousseau, finalizadas em 1769, se abrem com a promessa de "mostrar aos meus semelhantes um homem em toda a verdade de sua natureza". Esse homem, diz ele, "serei eu. Somente eu. Conheço meu coração e conheço os homens. Não sou da mesma massa daqueles com quem lidei; ouso crer que não sou feito como os outros. Mesmo que não tenha maior mérito, pelo menos sou diferente".[9]

Há uma cena em *O vermelho e o negro*, clássico de Stendhal de 1830, que mostra como isso vai afetar o homem do século XIX, auge das transformações iniciadas duzentos anos antes — e também a tensão entre como as coisas são e como um escritor as vê. Na passagem, o protagonista Julien Sorel se surpreende ao ver um rapaz que, observando seu reflexo em um grande espelho, não parava de "conceder bênçãos executadas lentamente mas em número infinito, e sem descansar um instante sequer".[10]

Julien é um belo jovem que — vindo de uma família de trabalhadores manuais e dotado de ambição, inteligência e curiosidade — torna-se protegido de um abade e consegue uma posição como preceptor dos filhos do prefeito. No momento em que encontra o rapaz diante do espelho, está ajudando a organizar a visita de um rei. O que o espanta na visão do religioso é tanto a repetição das bênçãos quanto a idade do homem, que logo ele perceberá ser o bispo local. "Tão novo, quando muito seis ou oito anos a mais do que eu!", pensa Julien — e imediatamente sente vergonha de sua aparência descuidada.[11]

Logo depois entende o motivo das bênçãos, que para o leitor do século XXI parece evidente: o jovem bispo está treinando o gesto para não fazer feio diante dos eminentes espectadores. Julien, no entanto, nesse ponto da narrativa ainda não havia entendido como funcionava a relação entre a aparência de um homem e sua posição na sociedade. Aliás, ele nunca chegará a compreender totalmente, e está aí a força do romance, que joga um herói romântico, ainda que cheio de defeitos, em um mundo cada vez mais artificial.

No Brasil de 1882, Machado de Assis faz uma brincadeira séria a respeito da mesma relação no conto "O espelho", que traz como subtítulo "Esboço de uma nova teoria da alma humana". Na narrativa, um jovem que acaba de ser nomeado alferes só consegue ver seu reflexo nitidamente reproduzido quando usa a farda recém-obtida. Sem o uniforme, vê apenas "as próprias feições derramadas e inacabadas, uma nuvem de linhas soltas, informes". Muitos anos mais tarde, o personagem relembra o episódio para afirmar que "cada criatura humana traz duas almas consigo: uma que olha de dentro para fora, outra que olha de fora para dentro".[12]

Um príncipe disfarçado

Na Inglaterra do finalzinho do século XIX, surge um homem sem sombra e sem reflexo que logo se torna um ícone da cultura popular ocidental. O *Drácula* de Stoker, trazia, na figura do conde que dá nome ao livro, uma ameaça às certezas do determinismo biológico que marcavam o espírito científico da época. E do espírito pseudocientífico também: Stoker era um grande aficcionado das teorias de frenólogos e fisiognomonistas, que afirmavam que o formato do crânio e os traços do rosto (ou o corpo todo), respectivamente, forneciam informações relevantes a respeito dos elementos interiores de seus donos.

A admiração era antiga e compartilhada por Walt Whitman, o poeta americano a quem duas décadas antes de escrever *Drácula* o jovem irlandês Stoker remeteu uma apaixonada carta. Nela, sabendo do apreço de seu ídolo pela fisiognomonia e a frenologia, o irlandês se descreve minuciosamente: "Tenho 1,88 metro de altura e, nu, peso 72 quilos, e a circunferência do meu tórax gira em torno de cerca de 105 centímetros. Sou feio, mas forte e determinado, e tenho uma grande protuberância acima das sobrancelhas. Meu maxilar é robusto e minha boca é grande, com lábios grossos, narinas sensíveis, nariz arrebitado e cabelo liso."[13]

Fotos dele mais velho mostram que não era tão feio assim, e que ficou mais gordinho. Já a protuberância na testa, segundo as teorias, era sinal de imaginação profusa. E até hoje ninguém sabe se a carta era uma declaração derramada de admiração ou uma confissão de amor e uma espécie de reconhecimento entre iguais. Penso que as duas coisas se confundem, e ficar investigando se Stoker saiu do armário ou se não havia armário de onde sair é ter uma percepção pobre acerca das possibilidades das paixões humanas.

De qualquer forma, me parece que Drácula é mais interessante que seu criador, com quem compartilhava apenas a testa ampla: o personagem é apresentado com uma "grande testa abaulada", porém com traços aquilinos, narinas arqueadas e uma boca de aspecto cruel.[14] Esse visual é observado por Jonathan Harker, o jovem advogado inglês que, logo na abertura do romance, está na Transilvânia para intermediar a compra, pelo conde, de imóveis na Inglaterra. Ele não sabe ainda quem é aquela criatura, embora comece a intuir algo errado por sua fisionomia. Os pelos nas palmas das mãos também ajudam.

A influência das teorias fisiognomônicas é evidente, embora a relação de Bram Stoker com elas não seja tanto. Desde a Índia e a Grécia antigas, havia estudos surgidos da crença de que o rosto traduzia a personalidade. No final do século XVII, no entanto, um pastor suíço escreveu um tratado modernizando as antigas teorias. Para Johann Kaspar Lavater, era necessário compreender padrões e desenvolver métodos a fim de praticar com "ciência" o que todo mundo já fazia de qualquer forma: julgar o caráter dos outros pela aparência. O tratado do suíço foi traduzido para o francês e o inglês e se tornou bastante popular na Europa; Stoker tinha em casa os quatro volumes.

Ao longo do século XIX, mais e mais a fisiognomonia foi perdendo espaço no discurso científico sério, à medida que pesquisadores como Charles Darwin produziam estudos mais criteriosos sobre a expressão humana. Por outro lado, brotavam e floresciam teorias que buscavam nas pseudociências bases, não importa quão frágeis, sobre as quais construir discursos acerca da hierarquia moral e intelectual entre as raças ou a respeito dos aspectos físicos que demonstrariam que a criminalidade era um traço inato. O rosto do próprio Drácula, no final do romance de Stoker, é definido como típico de um criminoso, conforme os critérios de Cesare Lombroso,[15] expoente do darwinismo social que afirmava que os criminosos se distinguiam por diversas anomalias físicas.

O tratado de Lavater era um prato cheio para esses autores: as páginas estavam recheadas de observações racistas sobre as características de povos não europeus. As mulheres também não escapam. Entre as "regras fisiognomônicas" encontramos a de "evitar, como a uma praga", mulheres que combinem um espaço muito afundado entre os olhos, seios fartos e os dentes caninos um pouco projetados. A recomendação vem de um sujeito que, algumas páginas antes, afirma que nunca se apaixonou, que teve pouca oportunidade de observar as mulheres e que a mulher que pensa livremente é mais repulsiva que a mulher com barba.[16]

Não estou aqui chafurdando em rancor feminista anacrônico. Um dos meus romances preferidos do século XIX, *O morro dos ventos uivantes*, também faz convergirem traços morais e caráter. No início do romance de Emily Brontë, de 1847, a ainda jovem Cathy leva seu problemático amado Heathcliff até o espelho e diz que, para ele ficar mais bonito, deveria desfazer as rugas da testa sempre franzida e transformar seus olhos — "dois demônios negros" — em "anjos confiantes e inocentes". O rapaz acusa logo o racismo: "Em outras palavras, devo desejar ter os grandes olhos azuis e a testa lisa".

Cathy rebate: "Um bom coração poderia ajudá-lo a ter um rosto bonito, meu rapaz", diz ela, e mais adiante conclui, ainda diante do espelho: "E agora que já se lavou, penteou e deixou o mau humor de lado, diga se não acha que está bem mais bonito? Pois eu acho que está. Parece até um príncipe disfarçado".[17] Cathy é leviana, e a história não acaba bem: Heathcliff é um dos personagens mais torturados e, também, mais cruéis da história da literatura ocidental. Talvez, se tivesse se dedicado a se arrumar melhor, tivesse sido mais feliz. O livro, porém, seria outro — e muito, muito ruim. Obrigada, Emily, por não deixar nosso herói se olhar demais no espelho.

Drácula também é uma espécie de príncipe disfarçado. Se os traços de um rosto tornam transparente o caráter de um homem, o que significa esse rosto não se refletir no espelho? Fascinada por vampiros, a pesquisadora britânica Sam George fez essa mesma pergunta, foi buscar as anotações de Bram Stoker e concluiu que se tratava de uma metáfora para o fato de vampiros não terem alma.[18] Para ela, a questão não é apenas espiritual — o que já sugeriam as fontes folclóricas —, mas tem a ver com o elemento incapturável de Drácula.

Em seu caderno, Stoker anotou: *"Could not codak* [sic] *him"* — algo como "Não conseguiria fotografá-lo com uma Kodak". A câmera portátil havia começado a ser comercializada em 1888. Na sequência, o autor escreve: "[A fotografia] sairia negra ou como o esqueleto de um morto". A referência provavelmente toca outra tecnologia: no ano anterior ao da publicação do livro, Wilhelm Conrad Röntgen havia registrado em uma placa fotográfica a primeira imagem obtida com raios X, que mostrava os ossos da mão de sua mulher, Bertha. A reação dela foi macabra: vendo uma parte de seu próprio esqueleto, exclamou: "Eu vi a minha morte!".[19]

Sem aparecer no espelho, sem poder ser capturado por imagens, sem sombra, o conde Drácula se esquiva à possibilidade de ser definido por sua aparência. Mais do que isso: esse ser cruel, capaz de se transformar em animais e mudar de tamanho, conquista suas vítimas — e, assim, "procria" — justamente por ser inapreensível. Stoker, no entanto, não queria ser revolucionário: as forças conservadoras do casamento e da racionalidade triunfam sobre a violência e a volúpia representadas pelo desejo irresistível de sangue. Por mais sedutora que seja a figura do vampiro, os heróis da narrativa de *Drácula* são os homens que o destroem e, sobretudo, Mina, a jovem inteligente, corajosa, doce e cristã que vai guiar os valentes companheiros até o castelo da Transilvânia.

Ainda assim, se a Inglaterra vitoriana precisava desse desfecho, hoje sentimos que todos esses outros personagens são insípidos diante da figura do conde milenar. Não à toa (e também para tornar a história mais vendável), ao transpor o romance para o cinema Francis Ford Coppola transformou a relação entre Drácula e Mina em uma história de amor, com a jovem inglesa sendo a reencarnação da amada do conde quando este ainda era mortal. Uma bobagem. No início do romance de 1897, há apenas uma brevíssima alusão a um amor perdido de Drácula, que diz a três vampiras que habitam seu castelo romeno, "em um suspiro suave: 'Sim, eu também sei amar; vocês mesmas sabem disso, basta lembrar o passado'".[20]

Muito depois disso, já na Inglaterra, o conde tem apenas dois encontros com Mina: no primeiro, aproxima-se enquanto ela dorme e morde seu pescoço sem que ela perceba. Duas noites depois, há um episódio crucial: o grupo de amigos de Mina e de seu marido Jonathan (o jovem advogado), ao entrar no quarto do casal, surpreende uma cena que muito apropriadamente já foi comparada a um estupro: enquanto Jonathan está grogue por magia de Drácula, este segura os pulsos de Mina com a mão esquerda, enquanto mantém a direita em torno da nuca da moça, forçando o rosto dela contra seu peito, de onde ela chupa o sangue que escorre de um corte.[21] A mesma Mina, quando finalmente o vampiro é destruído, diz que está feliz porque, ao livrarem Drácula da maldição, viu "no rosto dele uma expressão de paz, como nunca achei que fosse possível".[22]

Um distúrbio no universo

No começo do século xx, não há mais como sustentar a ideia de que o corpo é simplesmente a carapaça da identidade: as fronteiras entre a superfície externa e a interna vão sendo mais ostensivamente ultrapassadas. A medicina atravessa a pele, fotografa órgãos internos, mede batimentos, afere a temperatura, observa as bactérias que nos habitam. Descobre-se tudo o que, no corpo, pode dar errado — o que inclui, com Darwin, a possibilidade de regressão ao que há de primitivo em nós.

A incongruência entre as experiências do que somos por dentro e por fora chega ao absurdo a partir da Primeira Guerra Mundial. No estranhíssimo tratado *The Art of Being Ruled* (A arte de ser governado), de 1926, Wyndham Lewis dedica um capítulo à questão da virilidade no pós-guerra, irônica e pertinentemente intitulado "Call Yourself a Man!" (algo como "Seja homem!"). O pintor e autor inglês, admirado pelo influente poeta Ezra Pound, se joga no relativismo biológico: para ele, a aparência "grande, estufada e musculosa do macho" é o resultado não do trabalho braçal ou do exercício físico, mas de "agir durante milhares de anos como HOMEM" (as maiúsculas são de Lewis).[23]

Isso significa, para o autor, que os homens foram transformados "pela própria vaidade" em criaturas mais fortes e resistentes que as mulheres. Dá vontade de concordar, mas a gente sabe que a coisa é um pouco mais complicada, e a biologia não é um devaneio total, ainda que não justifique a milenar dominação masculina. Em *Inferior*, a jornalista especializada em ciências Angela Saini resume a questão assim:

"Os homens são, em média, quinze centímetros mais altos que as mulheres e têm duas vezes mais força que elas na parte superior do corpo. Mas podemos definir força de diversas formas. Quando se trata do instinto mais básico de todos — a sobrevivência —, os corpos das mulheres tendem a ser mais bem equipados".[24]

Saini afirma que o estilo de vida sedentário e os ideais de beleza feminina marcados pela valorização de delicadeza, magreza e fragilidade, e não da força e da robustez, nos fazem esquecer o que nossas ancestrais, nas sociedades de caçadores-coletores, eram capazes de suportar, incluindo longas travessias carregando crianças na barriga. Como bem sabemos, essa resistência — explícita na consistente maior expectativa de vida das mulheres — não deu conta de evitar a constituição de civilizações patriarcais. A questão que se coloca é como isso aconteceu.

Em um trabalho impressionante, ainda em andamento, a cientista social Alice Evans vem tentando identificar e compreender as relações entre os fatores envolvidos nesse processo, a partir dos resultados de pesquisadores em diversas áreas, da arqueologia à genética. Para começo de conversa, Evans recusa a ideia de uma "utopia feminista pré-neolítica", na qual homens e mulheres viviam uma divisão de trabalho igualitária. Segundo ela, estudos recentes mostram que, durante os 100 mil anos que nossos ancestrais passaram como caçadores-coletores, as meninas parecem ter sido forçadas ao casamento (inclusive poligâmico), além de espancadas e estupradas.[25]

Há elementos biológicos envolvidos nisso: a testosterona está relacionada a maior competitividade e agressividade;

a gestação e o cuidado infantil recaem fortemente sobre as mulheres; a força dos homens os tornou mais eficientes na agricultura; no conflito entre clãs patrilineares, os homens, por sua força, eram os guerreiros preferenciais. No entanto, lembra Evans, nada disso, em si só, tem implicações morais e comportamentais autoevidentes, e restam muitas perguntas a serem respondidas.

Em 1926, Wyndham Lewis já se mostrava perplexo, mas não em uma perspectiva exatamente feminista. O que interessava a ele era entender quais as vantagens que, em um mundo que desmoronava, os homens ainda poderiam retirar da dominação masculina. Após uma guerra de proporções inéditas, aposta ele, sem dúvida os homens deveriam admitir para si mesmos que esse jogo não valia a pena e que a instituição da masculinidade havia sido superada ou entrado em um "estágio caricatural".

Para Lewis, heroísmo, intelectualidade, responsabilidade, ou seja, qualidades historicamente associadas ao masculino, só haviam sido identificadas naturalmente com o homem — seria melhor dizer: roubadas por eles — porque "pareciam lucrativas".[26] Em 1926, escreveu o autor, nada disso fazia mais sentido. Sabemos, um século depois, que ele estava equivocado em diferentes dimensões: os homens seguem reivindicando um monte de qualidades, e estas, artificiais ou não, continuam dando lucros a eles. A masculinidade está sempre em crise, o que muda é como a metáfora é reinterpretada.

Nas primeiras décadas do século xx, porém, a aflição que as contradições inerentes aos corpos e aparências, e às expectativas acerca deles, provocam no homem apareceu em diversos romances, de diferentes maneiras. A crise entre a identidade própria e a imagem projetada de um sujeito, que denotam sua vulnerabilidade e sua precariedade, são, por exemplo, temas do romance *Um, nenhum e cem mil*, do italiano Luigi Pirandello. Não adianta mais ficar treinando gestos diante do espelho; o buraco agora é mais embaixo.

Protagonista e narrador do livro, Vitângelo Moscarda achava que, nas pessoas que não haviam sido acometidas por nenhuma deformidade, era "uma idiotice se preocupar com as próprias feições". Um incidente besta faz com que ele mude de ideia. Aos 28 anos, olhando-se no espelho à procura da origem de uma dorzinha que vem sentindo em uma narina, ele é surpreendido pela voz de sua mulher, que chama a atenção para o fato de que o nariz do marido "caía para a direita". A reação de Moscarda é dramática: ele se sente "como um cachorro a quem tivessem pisado o rabo".[27]

Nesse momento, na Europa, os espelhos já eram bem-feitos e populares o suficiente para que se olhar em um deles não fosse um esforço deliberado, e sim algo corriqueiro. Quando chega em casa após comprar as flores para a festa que promoverá, Clarissa Dalloway — a célebre personagem de Virginia Woolf — senta-se à penteadeira e, olhando seu reflexo, pensa em "quantos milhões de vezes não contemplara o próprio rosto, e sempre com a mesma contração imperceptível", um apertar de lábios que lhe conferia "uma agudeza". Em *Mrs. Dalloway*, de 1925, Woolf descreve a cena como um momento de autorreconhecimento. O ato de se observar não traz a Clarissa nada de surpreendente, nenhum susto: "Assim era ela — aguçada; como uma seta; definida. Assim era quando um esforço, uma convocação para ser ela mesma, juntava suas partes, só ela sabia o quão diversas, o quão incompatíveis".[28]

Quão diferente do despertar de Vitângelo Moscarda diante do próprio nariz! E quão mais fácil é compreender a sra. Dalloway do que o personagem de Pirandello: não preciso correr ao espelho para checar o formato do meu nariz, nem meu marido será capaz de encontrar qualquer detalhe do meu rosto que eu já não conheça muito bem. Sei de cada defeitinho desde que me entendo por gente, isto é, por mulher. Que bênção poder passar quase três décadas, como Moscarda, quase sem se olhar direito no espelho e, ainda assim, se achar "bastante decente", como diz ele sobre a própria aparência. Ou dizia, até descobrir a imperfeição no nariz.

A frustração estética, no entanto, é só o começo. A nova percepção visual indica que ele não é quem pensava, e mais: que os outros constroem uma imagem dele, que vai muito além do físico, sobre a qual ele não tem nenhum controle. Vivendo ociosamente dos dividendos do banco que herdou de seu pai, em uma relação amorosa afável mas um tanto superficial, o sujeito começa a questionar quem é de verdade — ou melhor, se há efetivamente um Vitângelo Moscarda "de verdade". Ele resume: "Assim começou o meu mal". E exagera: era "como se aquele defeito do meu nariz fosse um irreparável distúrbio que houvesse atingido a máquina do universo".[29]

A vida do personagem começa a desmoronar. Sim, porque, a partir da ideia de que cada um o enxerga de uma determinada forma, Moscarda rapidamente intui que o resto da sociedade tem dele, com certa razão, uma imagem que conflita de forma humilhante com o que ele concebe sobre si mesmo. Sua mulher o chama pelo patético apelido Gegê: para ela, ele é um bebezão. Já para os corruptos administradores do banco que herdou, é um idiota útil; para a comunidade, por fim, é um aproveitador. Moscarda insiste em se questionar a respeito da relação entre essas características e sua aparência física: "E se eu nunca tivesse me visto num espelho, por exemplo? Será que, nesse caso, eu não continuaria a ter dentro daquela cabeça ali, desconhecida, os mesmos pensamentos?".[30]

Atravessamos páginas de jogos de consciência e divagações acerca das realidades de cada indivíduo até que Moscarda decide agir para desconstruir sua imagem social, em uma série de atos absurdos que culminam em tirar todo o dinheiro de seu banco e doá-lo. Sua mulher tem um ataque de riso diante das ações, e ele então a agride fisicamente. Perde, deliberadamente, o banco, o casamento, o respeito. Tudo isso por descobrir, aos 28 anos, que seu nariz é um pouco torto. Quase ao final do livro, Moscarda vive um breve caso de amor não consumado com uma moça chamada Anna Rosa. Esta, prestes a se entregar aos braços do neurótico protagonista, arrepende-se e dispara contra ele com um revólver. Enquanto se recupera do ferimento, o sujeito traça o plano final: com sua herança constrói um asilo para loucos, do qual, voluntariamente, é o satisfeito primeiro paciente.

Considerando-se a dimensão existencial do romance, pode parecer descabido ler *Um, nenhum e cem mil* em um viés de gênero. Parece-me que o romance, porém, salvo exceções e enganos, não poderia ter sido escrito por uma mulher: como vemos em *Mrs. Dalloway*, falta-nos o espanto original diante da própria aparência. Naturalmente, no livro de Pirandello o nariz torto é um artifício literário concebido para mostrar que um detalhe ridículo pode levar a transformações complexas da consciência — e que o sujeito que se deixa afetar por esse detalhe é, ele mesmo, ridículo, como *qualquer um de nós*.

Considerar um nariz torto apenas como um detalhe ridículo é, porém, desprezar algo que nós mulheres não conseguimos: a fragilidade do eu diante do espelho é também a fragilidade da percepção da própria imagem física, não só em seus aspectos sociais ou existenciais. Quando eventualmente gosto do que vejo no espelho, o pensamento imediato que me vem é: "Será que os outros também vão achar que estou bonita?"; e não: "Será que mostrarei meus méritos sociais, morais e intelectuais por meio dessa imagem?"; ou "Será que eu sou essa pessoa que me olha do espelho?". Essas duas últimas questões me parecem — e são — infinitamente mais interessantes, e eu gostaria muito de as acessar sem ter de pagar o pedágio da primeira pergunta.

Posso estar apostando em uma experiência pessoal: talvez a maioria das mulheres seja mais segura do que eu quanto à própria aparência — Clarissa Dalloway, para voltar ao exemplo, não questiona a própria beleza, embora se preocupe com o envelhecimento. E talvez os homens sejam menos displicentes com a própria imagem no espelho do que deixam perceber. Ainda assim, apenas o fato de evitarem demonstrar essa preocupação — assim como o hábito de homens fazerem troça com seus colegas vaidosos — já é índice suficiente das expectativas impostas a cada gênero. Sem dúvida, a coisa está mudando, e vejo meus alunos, por exemplo, bem mais abertamente atentos à aparência. Mas a distância a se percorrer, de lado a lado, ainda é imensa.

No tempo de Moscarda, era gigantesca e, na sua história, o espelho parece ser visto apenas, em uma metáfora tão óbvia, como um índice da profunda solidão humana, e não como objeto que simplesmente reflete nosso corpo, nos permitindo conhecê-lo (e dar uma ajeitadinha nele). Quando leio essa visão, a solidão em que me vejo é dupla: compartilho a angústia existencial da profunda incomunicabilidade humana, e ainda fico angustiada por não ter controle sobre meu capital de sedução.

A solução de Moscarda é abraçar o isolamento, o que inclui não apenas a reclusão no asilo de doidos, mas a radicalidade de nunca mais se olhar no espelho. Como estamos acompanhando o romance dentro da cabeça do protagonista — e o final é apresentado como uma experiência de liberdade —, o efeito que se produz no leitor é o de encarar a escolha dele como um gesto de dignidade e firmeza, e por consequência uma marca de coragem. E ela é masculina.

Parece exagero? Pois há uma cena inversa, em que Moscarda observa, com desgosto, sua quase amante Anna Rosa se olhar no espelho. A primeira coisa que ele descreve é o espanto diante de alguém que está satisfeito com seu próprio corpo e que fica "constantemente diante do espelho, observando-se em cada detalhe, experimentando todas as posturas". A auto-observação feminina, contudo, nada tem de metafísico: "Fazia-o como se fosse uma atriz, não porque pensasse que seu corpo pudesse lhe servir para alguma coisa na vida, exceto para um jogo fugaz de sedução ou provocação".[31]

Não me entendam mal: *Um, nenhum e cem mil* é um romance admirável a respeito da fragilidade da identidade em meio à vida social, e não uma receita de como usar ou não o espelho para ser feliz. Pirandello começa construindo o desespero de seu protagonista em uma prosa lógica, racional, seca, e conclui a narrativa em uma redenção lírica, na qual Moscarda, sem nada que lhe fixe a identidade, vive o fluxo do tempo e da vida naturais. O final é lindíssimo. Ainda gosto à beça do livro, e quando li essa história pela primeira vez, aos vinte e poucos anos, achei o troço mais incrível, e sonhei ser como o personagem, desprendido do espelho e da opinião dos outros.

Em uma idade em que o futuro está adiante e a ideia de ter de escolher um único caminho parece tão aterradora, a solução de Moscarda, mesmo fantasiosa, teve para mim um charme terrível, e ainda me atrai. A respeito do livro, o próprio Pirandello afirmou que o "aspecto trágico da vida está precisamente nessa lei a que o homem é forçado a obedecer, a lei que o obriga a ser um" e que demanda "o sacrifício da multidão de vidas que poderíamos viver e que, no entanto, não vivemos".[32]

Um, nenhum e cem mil era uma história feita para mim: desde pequena, eu tinha a fantasia de que um dia olharia para espelho e encontraria uma pessoa completamente diferente. Era uma experiência frequente e marcante, que durou até o início da idade adulta, sempre seguida da percepção frustrante da impossibilidade. Hoje já me sei uma pessoa diferente, e envelhecer é um modo radical de cumprir a fantasia. A persistência da identidade, no entanto, ainda me angustia — e provavelmente tem a ver com o fato de eu ter me tornado pesquisadora de literatura, afinal ler ficção é uma forma de testar possibilidades.

O contraste entre as duas relações — masculina e feminina — com o espelho em *Um, nenhum e cem mil* me fez lembrar de uma seção do clássico feminista *O segundo sexo* em que Simone de Beauvoir trata das narcisistas. No capítulo, a filósofa descreve o narcisismo como uma das formas que as mulheres encontram para fugir da possibilidade de se libertar da dominação masculina. A narcisista, escreve ela, quer ser ídolo e, por consequência, se faz escrava da admiração dos homens. É uma visão meio caricatural, eu acho, mesmo em meados do século xx. Mais interessante, e mais atual, é a observação de Beauvoir, no mesmo livro, de que, enquanto a mulher é "feita para deter o olhar e pode portanto ser pega na armadilha imóvel do espelho", o homem, "que se sente e se quer como atividade, subjetividade, não se reconhece em sua imagem parada".[33]

Anna Rosa, que acredita na possibilidade de enxergar-se, realmente, no espelho, surpreende Moscarda quando atira nele com um revólver. O ato foi causado, diz o personagem, "pelo estranho fascínio de tudo aquilo que eu lhe dissera naqueles dias" — isto é, a noção de que é impossível conhecer a si mesmo, e que a fonte do sofrimento da moça seria o fato de querer ter "diante de si a própria imagem, em cada ato, em cada movimento". Moscarda interpreta o ato como tradução de um "horror instintivo" contra a lucidez do que ele próprio havia apresentado a ela e cujo efeito era o de ver abrir-se "a imagem de nossa irremediável solidão".[34] Para ele, é então um gesto de covardia. Para mim, é um gesto de resistência, pelo qual agradeço a Pirandello, não importa qual tenha sido a intenção do autor. Afinal, quem é verdadeiramente narcisista?

No final do século xix, Freud usou o termo "narcisismo" para pensar uma fase intermediária de desenvolvimento do psiquismo, durante a qual a libido do sujeito volta-se não para objetos externos, mas para ele próprio. Não se trata especificamente de atração sexual, mas do amor a si mesmo e da autoestima, que tocam a própria organização da personalidade. Quando, mais adiante, o sujeito se decepciona com algum dos elementos dessa organização, é tomado por um estado melancólico, fruto de uma frustração excessiva em relação a uma mudança em si próprio — uma frustração, portanto, narcísica. Não à toa, Freud escreveu sobre melancolia no mesmo texto em que tratou do luto, processo pelo qual o sujeito precisa aprender a ajustar seu mundo, expectativas e desejos a partir da perda de um objeto externo a ele com o qual se identificava.

Os escritos acerca do narcisismo e da melancolia são complexos e cheios de imprecisões, que eu não me arriscaria a esclarecer aqui. No entanto, Freud dialogou com agudeza com o pensamento da época, e suas reflexões sobre as precariedades dos indivíduos influenciariam as décadas futuras. E é interessante notar como a questão do narcisismo chamava a atenção do autor poucos anos antes de Pirandello criar Moscarda: o texto *Luto e melancolia* é de 1917.

No começo de *Um, nenhum e cem mil*, seu protagonista afirma que, quando se punha diante de um espelho, "acontecia uma espécie de sequestro" de si. Nas últimas páginas, ele decide nunca mais se olhar em um espelho: depois da frustração com a imagem que os outros tinham dele, "nem me passa pela cabeça querer saber o que aconteceu com o meu rosto e a minha aparência", diz ele, que também abandona o próprio nome.[35] Em termos freudianos, Moscarda é vítima de uma profunda ferida narcísica.

Essa não é uma acusação, mas um "diagnóstico" — não psicanalítico, mas literário, e arriscado. Porém um diagnóstico que abraço sem hesitação para afirmar que aprendi, com a relação dos homens ficcionais com seus espelhos, que a perturbação que estes trazem não é da ordem do não se importar com a própria aparência, mas da desestabilização que o ato de se encarar provoca sobre suas concepções de si. Então, Simone de Beauvoir, discordo de você ao descrever as mulheres que se arrumam para os homens como narcisistas: narcisistas são os homens que têm medo de encarar a si próprios no espelho.

Às vezes, aliás, os escritores parecem estar conscientes das possibilidades do espelho, e sabem atribuir às mulheres a habilidade de enxergá-las. Uma das personagens mais memoráveis da minha vida de leitora, Tereza, a protagonista de *A insustentável leveza do ser*, "tentava ver-se através do corpo". Escreve Milan Kundera: "Não era a vaidade que a atraía para o espelho, mas o espanto de lá descobrir o seu eu. Esquecia-se de que o que tinha diante dos olhos era o quadro de comando dos mecanismos físicos. Parecia-lhe que o que se lhe revelava sob os traços do rosto era a sua própria alma".[36] O corpo não como um estranho, não como signo de alguma coisa alheia a si, não como superfície a ser adornada; não como superfície externa que revela a alma, mas como a própria alma.

Um século depois de Moscarda, o abandono do nome e da aparência ganhou uma camada de artifício mais grave no romance do brasileiro Daniel Galera *Barba ensopada de sangue*. Neste, a relação esquisita com o espelho que certo tipo de homem mantém chega a seu auge: o protagonista não é capaz de reconhecer o próprio rosto quando o vê refletido. É ele quem explica a Dália, uma moça com quem terá um relacionamento: "Não adianta nem ficar olhando foto. Quando acordo de manhã já esqueci". Na verdade, o protagonista — que não é nomeado — não reconhece o rosto de ninguém. Ele tem uma condição neurológica chamada prosopagnosia, que impede o cérebro de registrar o conjunto dos traços faciais. Quando Dália reage à explicação com um exclamativo "que horror", ele define a limitação apenas como algo " meio chato".[37]

Quando eu era jornalista e morava em São Paulo, vinte anos atrás, costumava frequentar o mesmo bar que reunia jovens escritores, e me lembro que Daniel Galera causava um leve alvoroço nas meninas quando aparecia. Tínhamos ambos vinte e poucos anos, e ele já havia lançado um romance que tinha chamado a atenção da crítica. Não me lembro de termos sido apresentados, e eu achava que ele fazia aquele tipo de escritor clichê, meio sorumbático e atormentado (provavelmente era só tímido). E naquela época eu já tinha um escritor autocentrado e atormentado para chamar de meu (não recomendo).

Ao escrever este capítulo, cogitei mandar um e-mail para Galera, perguntando qual a relação pessoal dele com o espelho e a própria imagem. Acabei desistindo: seria impossível não psicanalisar o protagonista de *Barba ensopada* e estragar o romance, de que eu gosto bastante. Prefiro citar uma resposta que o autor deu, em uma entrevista, à pergunta sobre por que um personagem com prosopagnosia: a deficiência, disse ele, "acrescenta uma camada de complexidade às suas tendências solitárias e introspectivas", pois o problema "faz ele se aproximar de todos com uma certa cautela".[38]

Apesar de o distúrbio neurológico não ser o tema em si da narrativa, podemos ver o romance de Daniel Galera como expressão do que um crítico norte-americano chamou, referindo-se a uma tendência na ficção anglo-americana na virada e começo do milênio, de *neuronovel*, ou "neurorromance".[39] Junto com as investigações e descobertas das ciências cognitivas a respeito da intrincada relação entre a consciência e o cérebro, autores teriam deixado de pensar o sujeito por um viés psicológico e passado a atenção ao (mau) funcionamento dos processos cerebrais.

Personagens com delírios de amor ou de perseguição; pacientes de síndrome de Tourette e doença de Huntington; autistas; esquizofrênicos. Depois de perder as certezas a respeito do próprio lugar na sociedade, agora a perda seria de si mesmo, e cada sujeito teria se tornado apenas uma expressão de seus processos fisiológicos. Assim, quando o protagonista de *Barba ensopada* pergunta a seu pai, no início do romance, "Que cara é essa?", a questão é uma piada com a própria condição neurológica, mas também um aceno para uma reflexão sobre quem é cada um de nós.[40] Poucas páginas adiante o pai vai lhe informar que está de saco cheio de viver e pretende dar um tiro de pistola na própria cabeça, não sem antes contar histórias familiares desconcertantes.

Façamos um rápido apanhado dos personagens que reuni, um pouco levianamente, até aqui. No fim do século XIX, nasce Drácula, a criatura amaldiçoada cujo corpo não pode ser capturado em reflexos ou fotografias, inventado por um escritor que acredita que os traços físicos revelam a alma de um homem. Depois da Primeira Guerra Mundial, um personagem descobre que o nariz é torto e termina em um asilo de loucos, recusando-se a ver o próprio rosto e ter um nome, contra toda possibilidade de fixação determinística de si. No começo deste século XXI, um personagem anônimo tem uma disfunção neurológica que o impede de reconhecer rostos, uma condição que evidencia e radicaliza sua melancolia, seu descolamento, sua solidão. Encalacrados em suas personalidades introvertidas, são três narcisos sem espelho.

Narciso em serviço

O mito grego de Narciso é conhecido: belíssimo, era objeto de inúmeras paixões, mas não se entregava a nenhuma. A ninfa Eco, apaixonada e rejeitada, definha até virar um rochedo que apenas reflete os sons que chegam até seus ouvidos pétreos. Como ela, outras e outros sofrem, até que um dos desprezados clama por desforra à deusa Nêmesis, que não titubeia. Conduzido por ela até uma fonte calma e clara, Narciso dá de cara com o próprio e irresistível reflexo. "Ao desejar saciar uma sede, cria outra sede" — assim Ovídio, nas *Metamorfoses*, no século I, resume o efeito da visão: "e, ao beber, fascinado pela imagem que vira,/ ama esperança sem corpo e crê ser corpo o que é água".[41]

O rapaz, filho de um rio e de uma ninfa, fica horas se contemplando, dando "beijos vazios" no reflexo e mergulhando os braços para tentar agarrar a si mesmo. Ainda que perceba que é o próprio rosto que observa, seu desejo não diminui. "Queimo de amor de mim mesmo, as chamas que atiço me queimam", ele grita, antes de lamentar: "Ah, oxalá do nosso corpo eu pudesse afastar-me!". O desespero culmina em suicídio. Narciso morre vítima de seus próprios olhos, conforme já havia vaticinado o adivinho Tirésias, ao dizer que ele só viveria muitos anos "se não conhecer-se", em uma tirada paródica do famoso aforismo do templo de Delfos. Conhecer a si próprio só é recomendável no caso da alma, não do próprio rosto.[42]

Que espécie de lição temos aqui? Olhar a si mesmo no espelho é um grande perigo. A historiadora francesa Sabine Melchior-Bonnet resume a questão: o infortúnio de Narciso foi escolher a forma mais baixa de conhecimento, a do próprio reflexo, e sucumbir assim à loucura. Nêmesis o pune por recusar a mediação do outro na construção de si mesmo, conforme lemos na *História do espelho* escrita por Melchior-Bonnet e publicada originalmente em 1994.[43] A explicação do mito é admitidamente anacrônica, mas é acertada no que diz respeito ao modo como o Ocidente foi relendo essa relação.

A versão feminina do perigo do espelho nos mitos é, não surpreendentemente, muito mais brutal. Portadora de uma cabeça coberta por serpentes e do poder (ou maldição) de transformar em rocha quem a olhasse, Medusa é derrotada pelo aspirante a herói Perseu, que utiliza um espelho para vê-la sem a encarar diretamente. É pelo reflexo no espelho que ele observa o próprio braço cortar a cabeça da moça, gesto que conta com a proteção da deusa Atena.

Há, porém, requintes de crueldade na história. Medusa era uma das três Górgonas, mas suas irmãs, apesar de compartilharem o poder de petrificar quem as olhasse, não tinham cabelos de serpentes e, mais importante, não eram mortais. É por isso que, quando cabe a Perseu o desafio de enfrentar um perigo fatal — o rei Polidectes queria se livrar do jovem para seduzir a mãe dele —, a tarefa demandada é a de matar Medusa. Sim, ela é morta apenas porque Perseu, filho de Zeus com uma mortal, quer provar a própria valentia e mostrar que é um herói.

Tem mais história. Vou contá-la em linguagem contemporânea, na versão de Charlotte Higgins, que em 2021 reficcionalizou alguns mitos sob a perspectiva das personagens femininas. Ela narra o momento em que Perseu empunha a espada contra Medusa, que suplica: "Não foi culpa minha. Ela me odeia, mas não foi culpa minha". A Górgona está se referindo a Atena, meia-irmã de Perseu, que fica atônito. Ela explica: "Posídon me estuprou no santuário de Atena. Ela disse que conspurquei seu templo".[44] Soa como uma versão feminista forçada do velho mito? Fui procurar a versão de Ovídio: "Dizem que o rei dos mares a estuprara num templo/ de Minerva", escreve o romano. "E que impune não fique/ transformou os cabelos da Górgona em hidras horrendas".[45]

Procurei também como a história era contada na coleção que me atraiu para a mitologia grega e que descobri ainda criança na casa da minha avó. A obra — tradução de uma coleção francesa do século XIX — diz o seguinte sobre a relação entre Posídon (ou Netuno, para os romanos) e Medusa: "Netuno, apaixonando-se por ela, marcou-lhe um encontro num templo de Minerva; a deusa, indignada com tal profanação, mudou o rosto de Medusa".[46] O autor transforma o estupro em uma história de amor proibido, e foi assim que eu, antes mesmo de saber o que era me apaixonar, conheci o mito.

Na popular versão do escritor norte-americano Nathaniel Hawthorne, ainda hoje traduzida em muitos países, incluindo-se o Brasil, a maldição de Atena contra Medusa não é sequer mencionada. No livro, voltado para o público infantojuvenil, as Górgonas são apenas "três irmãs que, ao que tudo indica, tinham uma semelhança bastante vaga com mulheres, mas eram, na verdade, um tipo muito mau e assustador de dragão".[47] No mito tradicional, eram na verdade figuras femininas aladas; e, antes da intervenção de Atena, Medusa era linda, com cabelos esvoaçantes.

O apagamento da violência sexual não surpreende, assim como também soa previsível que, ao longo dos séculos, a imagem de Medusa tenha sido usada para evocar faltas morais. São interessantes a leitura e o desdobramento que se fazem dos dois mitos clássicos em que o espelho tem papel fundamental: com Narciso, aprendemos que homens não devem se deixar seduzir pela própria aparência (como, aliás, também já dizia Sócrates). Já com Medusa, aprendemos que as mulheres são culpadas pelas violações de que são vítimas, tornando-se monstros. E pior: o mesmo espelho que servia para mostrar a antiga beleza pode ser usado como arma para destruí-la.

Qual pode ser o resultado de um destino assim? Quando, no Renascimento, artistas vão buscar inspiração nos mitos clássicos, Medusa torna-se a imagem da inveja, e assim ficará por séculos. São vários os exemplos de como essa relação é construída. Na perturbadora gravura *Inveja* (1598), parte de uma série de virtudes e vícios representados pelo holandês Jacques de Gheyn II, o sentimento-título é representado por uma mulher idosa, de seios murchos e cabelos feitos de serpentes, em meio a uma paisagem rural destruída pelo fogo (causado por ela, subentende-se). Algumas décadas depois, em seu belo *Tempo protege a Verdade da Inveja e da Discórdia*, Nicolas Poussin também a pinta com o rosto envelhecido e as cobras na cabeça.

De beldade estuprada por Posídon a personificação do mal: o destino de Medusa ao longo dos séculos fala muito sobre como o Ocidente enxerga a relação entre mulheres e espelhos. Aqui, o holandês Jacques de Gheyn II usa os famosos cabelos de serpentes para criar a imagem da Inveja, título de seu quadro, de 1598.

Tempo protege a Verdade da Inveja e da Discórdia, de 1641.
Na tela de Nicolas Poussin, mais uma vez a Inveja é representada como uma mulher velha, com cobras em lugar dos cabelos.

Com Narciso, a coisa é bem diferente também na arte. O personagem era um sujeito detestável: meu querido Ovídio escreve que "em tão tenra forma havia soberba tão dura".[48] Isso não o transforma, porém, em símbolo visual de algo ruim. Em um tratado sobre pintura de 1453, o artista Leon Battista Alberti identificou o mito com o próprio nascimento da pintura. Ele se concentra no fato de que, ao morrer, Narciso se transformou em uma flor, para afirmar que, como "a pintura é a flor de todas as artes", o personagem mítico é como que seu criador. "O que seria pintar", pergunta ele, "senão capturar com arte a superfície daquela límpida fonte?".[49]

Narciso foi um tema constante na pintura desde o Renascimento. Na famosa versão do barroco Caravaggio, de 1599, um belo jovem observa a si mesmo em uma superfície de água. Apesar do contraste de luz e sombra, a imagem é uma das mais plácidas entre as obras do pintor. Na versão de Poussin, no século seguinte, vemos Eco e Cupido observando à distância o corpo belo, lânguido e morto de Narciso, que já traz flores nos cabelos.

Para a bela e poderosa — e violentada e amaldiçoada — Medusa, o fio da espada, a cabeça como troféu e, mais tarde, a conversão em símbolo da inveja. Para o autocentrado Narciso, a morte lânguida, a metamorfose em flor e, depois, a leitura do mito como alegoria da pintura em si mesma. Na versão atual do *Dicionário Houaiss*, a primeira é sinônimo de "mulher extremamente feia" e de um bicho aquático que provoca queimaduras; narcisismo se define apenas como "alta estima pela própria imagem".

RESOLVIDO O PROBLEMA da cabeça do meu então namorado, agora sofro com a obsessão com o corte dos cabelos do marido — ele não passa por um espelho sem achar que as laterais ou o topo estão compridos demais. "Não está na hora de cortar?", é a frase que mais ouço. Quase nunca está: a dificuldade de autoavaliação só foi para o outro extremo.

Dizer "vaidoso" seria exagero, mas ao menos de tapado ele passou a cuidadoso: vejo nisso uma evolução muito po-

Caravaggio criou uma representação inesquecível de Narciso nesta tela de 1599. A doçura e a melancolia da imagem nos fazem esquecer por instantes como o personagem do mito original era um sujeitinho insuportável.

sitiva, e me orgulho do investimento que fiz dezesseis anos atrás. O espelho ainda não é confortável, mas sei que esse desconforto é parte formativa da personalidade dele, que está no fundamento das suas tiradas autodepreciativas, que

Na versão de Poussin, intitulada *Eco e Narciso* (1628), vemos a pobre ninfa apaixonada lamentar o belo corpo morto do personagem mítico, cujos cabelos começam já a se transformar nas flores que recebem seu nome. Ao lado, Cupido observa o estrago que fez.

me fazem rir com ternura e reafirmar que ele é bobo por não conhecer as próprias qualidades. Às vezes é difícil amar um homem e ser feminista.

Em *Um teto todo seu*, Virginia Woolf usou a imagem alegórica do espelho para pensar a opressão patriarcal. Durante séculos, escreveu ela em 1929, as mulheres serviram "como espelhos que possuem o poder mágico e delicioso de refletir a figura do homem com o dobro de seu tamanho natural".

Sem essa lente de aumento, diz ela, ou seja, sem alguém em relação a quem se sentir superior, seria difícil para os homens conseguir desenvolver uma civilização, produzir arte e fazer descobertas científicas. Servimos, basicamente, como uma espécie de versão não literal, e mais insidiosa, dos espelhos do libidinoso romano Hostius Quadra.

Woolf entendeu bem a velha história: nós mulheres gostamos de nos olhar no espelho; os homens gostam de ver a própria imagem refletida nos outros, seja em nós, na arte ou na sociedade. Eu gostaria de me dar ao luxo de não me preocupar *tanto* com minha aparência, mas, para ser sincera, acho que o exercício de tentar ser o meu melhor também no mero aspecto físico me torna uma pessoa mais sensível e atenta ao mundo exterior.

Fico pensando, então, que a nossa vida, e também a desses homens, talvez pudesse ficar melhor — mais legal e mais bonita — caso eles se preocupassem mais com a aparência, e não com as supostas dimensões moral, intelectual, existencial que os séculos ensinaram que devem ser priorizadas ao se pensar a própria imagem. Por isso, quando meu marido, com suas belas madeixas no tamanho ideal, começa a me perguntar se já está na hora de fazer uma visita ao salão, às vezes eu digo que sim, já faz uns dias que ele voltou a ficar a cara da avó.

6. Quem ama o feio

> *And clenching your fist for the ones like us*
> *Who are oppressed by the figures of beauty*
> *You fixed yourself, you said "Well nevermind*
> *We are ugly but we have the music".*
> LEONARD COHEN, "Chelsea Hotel #2"[1]

ESTOU UM POUCO APAIXONADA pelo Ben Lerner. Gostaria de dizer que é por causa da qualidade de seus romances e poemas. Não é, não exatamente: estou apaixonada por Ben Lerner porque ele é feio. Digo isso não pelas fotos que vi na internet ou nas orelhas dos livros, mas pelos personagens que constrói. "Tomou um banho, ficou nu na frente do espelho de corpo inteiro da porta do closet-lavanderia e analisou seu corpo lamentável", escreve ele a respeito de um dos seus protagonistas, que está prestes a ir a um encontro e pensa em "como ele poderia compensar os seus muitos defeitos com posições e flexões estratégicas".[2]

Passa pela minha cabeça a hipótese sedutora de que homens que se acham feios são escritores melhores, mas sei bem que isso é absurdo. Sei também que estou extrapolando, a partir dos personagens de seus livros, a informação de que Ben Lerner se acha feio; posso afirmar apenas que ele sabe descrever a insegurança de quem duvida do próprio poder de despertar desejos.

É um bom motivo para Lerner se destacar em minha longa história pessoal de paixões por escritores e personagens cujo sex appeal é posto em questão de modo crítico. Mas não só: começo por ele porque há algo no modo como trata a relação entre os outros personagens e a aparência dos seus narradores que expressa uma atenção pelo outro fora do comum. A consciência exacerbada de si não se transforma em autocomiseração ou em um cabotinismo compensador, mas em generosidade. Viveremos uma inflexão na literatura escrita por homens brancos e heterossexuais, da qual Lerner seria o arauto? Ou estarei eu apenas um pouco obcecada por ele?

Já falei do autor no primeiro capítulo deste livro, de como ele ficcionaliza a própria vida, sem a egolatria comum ao gênero, nas histórias que escreve. Em seu primeiro romance, *Estação Atocha*, de 2011, o narrador é um rapaz de vinte e poucos anos, escancaradamente baseado no próprio autor — ambos passaram uma temporada em Madri após receberem bolsas para pesquisar e escrever poesia —, às voltas com a angústia de não conseguir superar o descolamento que sente entre suas experiências e o modo como sua mente as racionaliza.

Uma passagem logo no começo do romance dá o tom: observando obras de arte no Museu do Prado, ele é surpreendido por um outro visitante, que desaba em lágrimas diante de um quadro. Ele se pergunta: será que o sujeito estava passando por uma *"profunda experiência artística"*?[3] Os itálicos são do narrador e denotam a incredulidade diante da possibilidade de alguém espontaneamente se comover com a beleza de uma manifestação artística — o que, sendo ele um poeta, é duplamente desconcertante.

O alheamento diante de cenas bonitas também o afeta em situações cotidianas e será definido como a "ansiedade com a discrepância entre sua experiência interior e sua representação social".[4] Mais do que isso, há uma certeza melancólica de que não é possível ver a beleza das coisas enquanto acontecem. Ao narrar um pequeno episódio que observa — crianças brincando em meio a uma manifestação política —, o protagonista diz: "Em retrospectiva, eu acharia essa cena linda".[5]

No brilhante 10:04, o narrador é submetido a uma cirurgia odontológica e, voltando para casa ao lado de uma amiga por quem talvez tenha sentimentos românticos, observa "a vista mais bela da cidade que já vi, a experiência mais perfeita de toque e velocidade". A plenitude do que vivia tinha a ver, para ele, com o fato de que havia recebido uma forte sedação, que causava perda temporária de memória. Ou seja, a força da experiência dependeria justamente do fato de ele "não formar nenhuma lembrança do que observava" e da consciência de que, passado o instante, não conseguiria convertê-la em linguagem, o que "a tornava brevemente idêntica a si mesma".[6]

Quando, no dia seguinte, descobre que o efeito das drogas não havia sido tão forte assim, ele lamenta: "Eu me lembro, o que significa que nunca aconteceu". A beleza singular da passagem se dá pelo fato de que, ao transformar essa sensação de desamparo em texto, Lerner aposta na linguagem a despeito da insuficiência desta para comunicar a intensidade do momento. Dribla, desse modo, uma obsessão, comum a escritores desde o século xx, por se deixar atolar na consciência expressa da incomunicabilidade do vivido. É um voto de confiança na literatura. Eu, que sempre me defini por uma eterna nostalgia do que estou vivendo — enquanto estou vivendo — e que, mesmo assim, não me furto a tentar encontrar a sensação na linguagem, não poderia sentir maior identificação.

Ou poderia. As páginas dos romances de Lerner são atravessadas, afinal, pela profunda consciência do próprio corpo de quem narra. Em uma passagem de *Estação Atocha*, o narrador conhece algumas pessoas em um bar num bairro *cool* de Madri e é levado, bêbado e chapado, a uma festa, na qual entra de braços dados com a elegante Teresa. "Enquanto entrávamos, tive que me lembrar de respirar", ele diz. Na casa ampla e minimalista, com pinturas de grande formato iluminadas cuidadosamente, o rapaz se viu cercado de gente bonita e percebeu "que não era atraente o bastante para aquele ambiente".[7]

Em inícios dos anos 2000, eu fui levada por um dramaturgo com quem estava saindo à festa de um ator bastante festejado. Pelo belo apartamento na Zona Sul do Rio circulavam atrizes que aparentavam muita confiança em seus atributos físicos, o que me deixava duplamente deslocada: uma maria-ninguém que não sabia disfarçar inseguranças em meio a famosos e beldades. O dramaturgo me esqueceu rapidamente em um canto e, enquanto eu ouvia fofocas sobre a mesquinhez da emissora de TV ou assistia a uma moça tocar violão com tanta inépcia quanto sensualidade, pensava em qual seria o equilíbrio factível entre a quantidade de álcool que eu precisava consumir para me divertir, ou mesmo sobreviver, e o nível de sobriedade necessário para voltar para casa a salvo (e, certamente, sozinha).

Eu ainda não havia dominado uma técnica — na verdade, nem tinha consciência de que estava tentando empregá-la

— semelhante à que Lerner descreve na passagem da festa em Madri de *Estação Atocha*: "Abria meus olhos mais do que o normal, como se estivesse olhando para um ponto específico, arqueava as sobrancelhas e deixava que minha boca se enroscasse num esboço de sorriso". Essa expressão, tão parecida com a que tentei bancar no apartamento do ator famoso, "comunicava um ceticismo permeado de certa familiaridade, um senso de tédio que seria completo, se não fosse por um vago interesse antropológico por aquilo que estava ao meu redor". Era, enfim, um olhar que "continha certa dose de desprezo que eu esperava que fosse interpretado como político",[8] como se não pertencesse àquela vida por sua (ou minha) própria vontade. Para ele, dá quase certo: apesar do desconforto, o personagem aos menos acaba compartilhando um breve momento atrapalhado de intimidade com Teresa.

É claro que é impossível saber o que é verdade ou ficção na cena da festa de Lerner. Para além de se tratar de um romance, não de um volume de memórias, a estada do autor em Madri e a publicação de *Estação Atocha* estão separadas por oito anos, e a memória ficcionaliza o passado mais eficientemente que a vontade. Não podemos saber se ele de fato chorou nos ombros de uma bela espanhola. Eu sei que voltei para casa um pouco bêbada e totalmente sozinha.

Ainda assim, me sinto próxima de Ben Lerner como de poucos homens de quem não estive fisicamente perto o bastante para que demonstrassem uma vulnerabilidade não ensaiada. Isso me chama a atenção pelo avesso: apesar de seu tom irônico e consciente da dificuldade em tratar da experiência masculina (e também da humana) na ficção, seus romances são uma lufada de ar entre tantos livros de homens que criam personagens cuja melancolia se traveste de dureza, solidão e tormento.

Lerner é tão autoconsciente que seu tom cínico paradoxalmente mostra a tentativa de se esquivar do cinismo, ou pelo menos expressa rejeição à noção de que o cinismo é um signo particular de inteligência superior, ou ainda, na pior das hipóteses, traduz o desconforto com o próprio cinismo. Isso faz com que ele soe, sim, muito inteligente, mas não arrogante, e sim generoso, e não só consigo mesmo. O inconsciente de uma amiga poeta, também apaixonada, resumiu o charme do autor: primeiro ela teve um sonho erótico com Lerner; depois sonhou que ele era o editor do livro que ela estava escrevendo. No terceiro sonho, ele a convidava para uma pizza.

Triunfos perdidos

Aquilo a que Lerner se refere, no começo de *Estação Atocha*, como uma possível *"profunda experiência artística"* — um homem tendo um ataque de choro diante de um tríptico de Hieronymus Bosch — tem a ver com uma condição conhecida como síndrome de Stendhal. Na passagem do romance, os guardas do museu se veem em um dilema: proteger a obra ou respeitar a experiência do visitante? Para o narrador, esse impasse dos funcionários, carregado de certo pathos, é mais comovente do que a tela em si.

Em um artigo publicado na revista *Harper's* em dezembro de 2013, Lerner escreve sobre a dificuldade de se apreciar obras de arte cujo valor monetário parece interferir na própria experiência de quem as observa — questão que, no texto, ganha uma nova dimensão ao se observarem os atos de vandalismo que marcam a história da arte no século xx. Diferentemente de condená-los, no entanto, Lerner fala sobre certa inveja que sente daqueles que se envolvem com as obras de forma tão apaixonada que se sentem compelidos a interferir nelas. Os agressores, diz ele, fazem com que aqueles que experimentam a arte de modo não patológico pareçam "anêmicos": "Muitas vezes perambulei por museus [...] me aproximando de várias telas e me perguntando: estou me emocionando o suficiente? Estou tendo uma experiência genuína da arte? O vândalo que corta ou beija uma tela parece não ter dúvidas".[9]

Alguns vândalos, escreve ainda Lerner, "parecem sofrer de algo de que me sentia um pouco mal por não sofrer: a síndrome de Stendhal". O nome popular desse distúrbio psicossomático, que os psiquiatras chamam também de "hiperculturemia", ou, ainda, "síndrome de Florença", vem de uma experiência que o escritor francês oitocentista descreveu no ensaio *Roma, Nápoles e Florença*: nesta última cidade, sozinho na basílica de Santa Croce, Stendhal se comove profundamente ao ver os túmulos de Michelangelo, Maquiavel e Galileu.

A emoção torna-se um verdadeiro cataclismo quando ele penetra uma capela onde estão afrescos do artista barroco Volterrano. Ali, observando as Sibilas pintadas no teto, ele descreve "uma espécie de êxtase": "Absorvido na contemplação da beleza sublime, vi-a de perto, toquei-a, por assim dizer. Cheguei àquela dimensão da comoção na qual se encontram as sensações celestiais produzidas pelas belas artes e os sentimentos apaixonados". Saindo da basílica, seu coração batia rapidamente, ele "sentia a vida se esvair e andava com medo de cair".[10]

Se ele efetivamente experimentou tudo isso ou se é apenas o escritor dando um supercolorido à "experiência genuína da arte" invejada por Lerner, jamais saberemos. O fato é que o trecho, registrado pelo francês em janeiro de 1817, levou a psiquiatra italiana Graziella Magherini a, quase duzentos anos depois, chamar de síndrome de Stendhal um estado patológico relatado, ao longo de uma década, por uma centena de turistas internados em um hospital florentino. A condição incluía como sintomas surtos de ansiedade, taquicardia, tontura, desorientação, desmaios, ataques de pânico e até alucinações — tudo isso disparado pela visão de obras de arte. Embora Magherini não vincule a síndrome de Stendhal a atos de vandalismo, Lerner observa que outros especialistas especularam que alguns ataques a obras de arte poderiam, sim, resultar de tais "surtos de supersensibilidade".[11]

Quando pensei em Lerner e Stendhal ao refletir sobre escritores que de algum modo fazem transparecer sua visão crítica do próprio corpo, a minha lembrança em nada tinha a ver com a reação diante de obras de arte: o motivo era apenas meu apreço pelos livros deles. Ao me dar conta de que ambos falam do mesmo tópico, assumindo posições antagônicas, fico tentada a teorizar a respeito da relação entre a percepção da própria aparência e os efeitos suscitados nos autores pela beleza na arte.

Só consigo, no entanto, esboçar um balbucio admirado acerca da abertura de ambos à beleza do mundo, que, diante das grandes obras, assume uma versão concentrada. E, se Lerner e seus personagens confessam a incapacidade de serem arrebatados irracionalmente, eu apostaria que isso se deve apenas a um excesso, que compartilho, de autoconsciência, uma maldição que acomete quem nasceu na segunda metade do século xx.

Há, também, uma diferença de grau entre a aparência dos escritores. A julgar por suas fotos, Ben Lerner é só um cara normal, mas Stendhal, o maior escritor francês de seu tempo, era bem mal-apanhado, sobretudo à medida que foi envelhecendo. O título de maior escritor pode ser contestado, é claro, e talvez Balzac ganhasse a disputa se as opiniões dos outros valessem mais do que a minha. Aqui, não valem. Dificilmente, porém, Stendhal perderia o título de menos atraente. Eu adoraria que ele editasse meu livro e me pagasse uma pizza, mas, se eu tiver um sonho erótico com ele, vou acordar sobressaltada.

O crítico literário Sainte-Beuve, contemporâneo de Stendhal, o descreveu como "atarracado e pesado", com um "pescoço curto e avermelhado", um "rosto gordo", olhos pequenos e brilhantes, "profundamente cravados em suas cavidades", e um "lábio inferior que se projetava um pouco" e "traía sua tendência à zombaria". O compositor Hector Berlioz foi mais cruel: nas suas memórias, anotou que o autor era um "homenzinho barrigudo com um sorriso maldoso, que tentava parecer profundo".[12] Aposto que tentava parecer profundo por causa do desconforto que sentia entre os elegantes.

Em suas próprias memórias rascunhadas em 1832, quando chegava aos cinquenta anos, Stendhal lembra que, quando ainda bem jovem, um tio lhe disse que, apesar de inteligente, deveria, para poder se virar no mundo, aprender a lidar com as mulheres, de cujo auxílio não poderia prescindir. O conselho continuava assim: "Tudo bem, você é feio, mas ninguém vai usar isso contra você, pois seu rosto é expressivo. Suas amantes vão abandoná-lo rapidamente, claro, então lembre-se de que será muito fácil se tornar motivo de chacota".

A solução, segundo o tio sedutor, seria agir rapidamente e se declarar para qualquer outra mulher ("pode até ser uma criada") menos de 24 horas após levar um pé na bunda. Stendhal escreve em seguida: "Como eu poderia ter sido feliz se tivesse me lembrado desse conselho! Quantos triunfos perdi! Quantas humilhações passei!". Por outro lado, admite — e aí está sua graça —, se tivesse sido tão espertalhão, "agora estaria absolutamente farto das mulheres, e consequentemente da música e da pintura também". Em lugar disso, continua, "nunca serei levado ao suicídio por tédio ou desgosto" e, na literatura, "tenho projetos suficientes para me ocupar por dez vidas".[13]

Essas meditações aparecem, em suas memórias, em um capítulo no qual está contando a respeito da publicação de seu livro *Do amor*, de 1822. Esse texto esquisito, meio tratado filosófico, meio confissão amorosa, foi escrito pouco tempo depois de Stendhal ter sido rejeitado pela italiana Mathilde Dembowski, e tinha por objetivo compreender a paixão que o havia abalroado. O caso definitivamente se encaixa na lista de humilhações sofridas por Stendhal: após a rejeição, ele chega a se disfarçar para poder ver Mathilde à distância. A estratégia não dá certo, ela o reconhece e se enfurece, e o vexame é ainda maior, só restando a ele a possibilidade de voltar à França com o rabo entre as pernas e se dedicar a compreender sua paixão por meio da escrita.

A historiadora Clarissa Mattos escreveu uma bela tese de doutorado a respeito de Stendhal e *Do amor*, na qual observa que, enquanto outros romancistas franceses dos Oitocentos, como Balzac e mais tarde Flaubert, abdicaram de viver intensamente para se dedicar à literatura, Stendhal usou as próprias experiências emocionais como fontes para suas criações. Mais do que isso, ele criticou, em seu tempo, o que chamava de "hábito da razão", uma tendência fortemente masculina a viver segundo critérios de utilidade e valor material, desprezando a força das paixões e da imaginação.

As mulheres, diferentemente, não teriam, segundo Stendhal, o "hábito de ser racionais", na medida em que, "como graças a nossos costumes medíocres elas não são encarregadas de nenhum negócio de família, a razão nunca lhes é útil". Não se trata de uma crítica à inteligência das mulheres, e sim à estupidez e pobreza de espírito inerentes à racionalidade excessiva: "A razão é para elas sempre nociva, pois só aparece para censurá-las por terem tido prazer ontem, ou para lhes ordenar que não o tenham mais amanhã".[14]

Como escreve Clarissa, os homens contemporâneos a Stendhal eram guiados e conformados pela previsibilidade cotidiana e não perderiam tempo imaginando outros mundos possíveis. Fiéis ao "hábito da razão", eles estariam como que removidos da experiência propriamente dita e seriam quase incapazes de viver verdadeiramente o amor como experiência de dissolução de si, em todo o seu caráter de imponderabilidade. Isso os impediria de experimentar uma forma muito rica de conhecer o mundo. É a partir de uma entrega da imaginação — e não da razão — ao tema da paixão amorosa que Stendhal escreve seu tratado, e nele repreende ostensivamente o tipo de leitor que não será capaz de compreender suas ideias: o não apaixonado, aquele cujo mundo e cujo corpo não foram abalados por um amor.[15]

Enquanto lia a tese da Clarissa — que é também minha amiga —, mandava mensagens para ela dizendo apenas "Que homem!". "Que homem!", ela respondia: "E um homem muito mal compreendido em sua época". Uma outra entonação também seria cabível: "Que homem?" — uma pergunta que traz diversas possibilidades de resposta. Stendhal nasceu Henri Beyle e, ao longo de sua vida e de sua carreira, escreveu sob mais de uma centena de pseudônimos (alguns críticos falam em trezentos), usados não só em livros e artigos publicados, mas também em cartas e mesmo anotações pessoais.

Stendhal, ou melhor, Henri Beyle, recusando o hábito masculino da razão fria, reinventava-se em muitos mundos possíveis. Isso tem a ver, naturalmente, com a sensibilidade artística, mas também tem um fundo menos etéreo. Para Jean Starobinski, crítico e historiador cultural suíço, "Stendhal, envergonhado de sua feiura, sabe que não pode ser amado e desejado como é; ele quer que o interlocutor o procure em outro lugar que não em sua imagem real".[16]

Conhecido pelo monumental *A tinta da melancolia*, no qual traça uma história cultural da tristeza, Starobinski é um leitor sensível e atento o bastante para notar que, em Stendhal, adotar pseudônimos não se resume a repudiar o nome paterno ou a proteger a identidade em textos controversos: "Ao dar a si mesmo um novo nome, ele se dará não apenas um novo rosto, mas um novo lugar no mundo".[17]

Para Starobinski, Stendhal — nome que, aliás, pega emprestado a uma cidade prussiana — protege-se, assim, de sua vulnerabilidade original, colocando-se numa posição de quem vê sem ser visto, como se, sem o nome, também deixasse de ter um corpo. Mesmo fora das páginas, escreve o historiador, Stendhal procurava esconder seu corpo sob camadas de artifício, pintando seus cabelos, cuidando zelosamente das (pequenas) mãos, das quais se orgulhava, como signos de aristocracia, e assumindo uma atitude sardônica.

Ainda mais expressivamente, observa, o romancista francês criou heróis nos quais podia revelar algumas de suas características individuais e projetar sonhos: em cada uma de suas narrativas ficcionais, ele "recomeça sua vida sob outro corpo". Evocando passagens dos romances de Stendhal em que, em situação de isolamento, os personagens são visitados por alguma figura amorosa, Starobinski diz que se deve ver nelas "a transposição figurativa do desejo secreto de Stendhal: ser amado apesar de sua feiura, apesar dessa prisão que seu corpo e sua idade são para ele; amar e ser amado de longe, pela força do olhar". Significativamente, escreve ainda, o amor não será jamais ameaçado, justamente porque não é realizado, mantendo-se clandestino ou impossível, o que "alivia o papel desempenhado pela presença do corpo".[18]

No final de *O vermelho e o negro*, romance que, sozinho, já me faria defender para Stendhal o título de melhor romancista francês do século XIX, o protagonista Julien está preso, à espera da provável morte na guilhotina, e é visitado pelas duas mulheres que atravessaram sua breve vida. Mme. de Renal é a paixão proibida da primeira juventude, a mulher casada que ele deixa em sua cidade natal para perseguir objetivos ambiciosos em Paris, onde se envolve com a aristocrática Mathilde. As duas, por mais diferentes entre si, suscitam a admiração de Julien e a nossa: recusam os lugares sociais que lhes foram impostos a fim de agir de acordo com a própria consciência e com a própria paixão. Julien (uma versão idealizada de Stendhal?) é uma figura atordoada diante delas, um herói que se revela romântico ao agir em completo desvario, em meio a uma França presa à lógica das convenções sociais.

Em *O segundo sexo*, Simone de Beauvoir se derrama por Stendhal, a quem não hesita em chamar de "feminista". Em meio a autores que revestem a mulher com a "fantasia ora de megera, ora de ninfa, estrela da manhã, sereia", é reconfortante, diz ela, encontrar "um homem que vive entre mulheres de carne e osso". As personagens do autor, diz a francesa, recusam o ridículo do "eterno feminino", sendo mulheres "vivas, muito simplesmente" e rechaçando o tédio do mundo "pelo simples fato de que nele estão presentes com seus sonhos, desejos, prazeres, emoções e invenções".[19]

Uma das razões para essa atitude de Stendhal, segundo Beauvoir, é que tudo o que ele amou "amou-o com uma alma de amante infeliz".[20] Ela é elegante demais para dizer, mas eu digo, arriscando o simplismo: Stendhal era feminista porque era feio. Isso é bem diferente de dizer que todo homem feio será feminista, é claro, mesmo porque a maior parte dos homens é feia e o mundo é terrivelmente machista. O caso é que, separados por quase duzentos anos, Stendhal e Lerner, tão diferentes que são entre si, têm uma relação com a própria aparência que chama a atenção pela estratégia generosa que usam para compensar suas inseguranças e que os destacam como raridades em meio a uma turba de homens feios e autocentrados.

Em um ensaio no qual questiona a discrepância entre os gêneros no que concerne às exigências quanto à aparência física na adolescência, o filósofo norte-americano Don Ihde afirma que apenas alguns garotos — os altos, atléticos, fortes e bonitos — "têm a despreocupação (com o corpo) tão frequentemente atribuída à classe inteira dos homens".[21] Apesar da argumentação do tipo *nem todo homem*, o autor reconhece o elemento óbvio: a fonte da opressão é sempre originalmente masculina. A questão é interessante, porque, apesar de, naturalmente, os meninos também sofrerem com a imposição de padrões, o que muda são os artifícios usados para lidar com as expectativas e a frustração delas.

Ihde escreve a partir da própria experiência, no interior do Kansas do final da virada dos anos 1950, como adolescente baixinho, magro e fracote, sob a consciência constante e dolorosa de ser um dos últimos garotos escolhidos para os times de futebol americano ou basquete. Escreve também, contudo, a partir da observação da vida escolar de seu filho tardio, aluno em um programa para crianças superdotadas em Long Island, Nova York, na virada dos anos 2000. Ele se surpreende por as coisas não terem mudado tanto assim: o menino se esforça para estar entre os mais populares, uma tarefa difícil, já que ele é pequeno e inapto nos esportes mais prestigiados — e quando consegue se destacar é por suas "habilidades alternativas", principalmente o talento musical.[22]

Nesse ambiente de competição desigual, Ihde destaca estratégias de compensação na afirmação da masculinidade, que vão desde o dom para contar histórias cheias de bravatas até a elaboração de desenhos e quadrinhos com temas bem "machão". Ou seja — e isso não surpreende ninguém que já tenha pisado em uma escola, americana ou brasileira —, as estratégias de compensação reafirmam os próprios valores que fazem com que os rapazes sejam menosprezados enquanto "homens". Para poucos, diz Ihde, a tranquilidade da posição dominante; para os outros, muito esforço, a descoberta de alternativas, o sonho de vingança.

No universo da ficção, as negociações com o próprio corpo feio — ou fora do padrão — encontram terrenos férteis. Quando perguntei a um amigo escritor se ele se lembrava de bons personagens masculinos que se achavam feios ou sexualmente desinteressantes, ele deu a resposta mais perspicaz possível: é só pensar nos alter egos dos autores. E o mais relevante é que, mesmo não atraentes, esses caras mais ou menos ficcionais estão sempre às voltas com mulheres interessantes. Mesmo meu querido Ben Lerner se divide entre duas lindas espanholas em *Estação Atocha* (ainda que se torture de ciúme).

No cinema, isso é ainda mais escancarado. Woody Allen é o caso mais óbvio, mas há outros. Em uma entrevista em 1986, ano em que protagonizou três filmes, Tom Hanks relacionou sua popularidade ascendente ao fato de que os autores criavam roteiros nos quais poderiam viver aquilo que na vida real estava interditado a eles: "Há muitos escritores que não são muito atraentes, mas que são bastante engraçados e querem muito fazer sexo", disse o ator, "então eles escrevem sobre esses caras que não são muito atraentes, mas são engraçados e fazem muito sexo... Acho que sou o principal beneficiário disso".[23]

Feios, tristes e cruéis

A seção que começa agora pode ser lida ao som de "Strangelove", do Depeche Mode, que, apesar da letra ridícula, me leva irresistivelmente às pistas desde que eu frequentava a matinê da boate Mykonos nos anos 1980. Na canção, o sujeito se orgulha de seu "amor estranho", com altos e baixos, e pergunta: "Você vai topar receber a dor que vou te causar de novo e de novo?". Isso porque ele vai estar às vezes "fora de alcance", pois se "entrega ao pecado" para "tornar a vida suportável". Quem nunca ouviu esse tipo de papinho?

Preciso agora falar justamente dos caras que convertem seus desgostos em ficção mas não chegam perto, com isso, de redimir suas frustrações e seus complexos de inferioridade, sejam quais forem suas origens e vias de escoamento. O francês Louis-Ferdinand Céline, por exemplo, publicou em 1932 *Viagem ao fim da noite*, um verdadeiro compêndio em forma de narrativa autoficcional a respeito da desesperança, e mais tarde se tornou um colaborador aficcionado do nazismo.

Minha história com esse livro se mistura com minhas próprias frustrações amorosas e é, portanto, complicada. Não tive muito azar no amor, além dos necessários desencontros e rejeições que constroem o caráter e que nos impedem de pensar nos verdadeiros problemas do mundo. Mas essa carreira amorosa razoavelmente tranquila — isto é, não traumatizante — teve uma exceção. Claro.

Ele era um escritor não publicado e trabalhava com cinema, fazia um razoável sucesso entre mulheres apesar de não ser propriamente bonito, era triste e um pouco autodestrutivo. Eu era uma jovem bastante protegida pelos pais, muito mais bonita e interessante do que sabia, com uma promissora carreira no jornalismo. Ele não me deixou ficar feliz quando abracei uma oportunidade excelente de trabalho em outra cidade, se envolveu com um monte de mulheres e deu um chilique quando eu contei que tinha beijado uma. No fim, me trocou por uma linda atriz.

No meio disso tudo, me disse uma vez, *"de boas"*, que um colega tinha dito que ele merecia coisa melhor (isto é, uma mulher mais gostosa, bonita e *cool*) do que eu. Outra vez, me disse, *"brincando"*, que seria maravilhoso se eu tivesse minha cabeça (o cérebro, não o rosto!) e o corpo de uma modelo cafonérrima que fazia sucesso à época. Anos depois, quando finalmente saí dessa roubada, o sujeito me ligava de madrugada para dizer que tinha sido idiota e que eu era a mulher ideal para ele etc. Isso resume a história, e, se eu consigo contar tudo isso aqui, devo a lucidez a analistas e, sobretudo, às amigas. E só conto, mesmo, porque quem me ler pode estar passando, ou ter passado, por algo assim, e é sempre muito bom saber que não estamos sozinhas.

É claro que eu e esse ex-namorado nos divertimos muito e aprendemos uma quantidade enorme de coisas juntos. Se eu tivesse a clareza, lá atrás, do tanto que a relação era abusiva, eu teria encerrado o caso antes? Provavelmente, não. Tínhamos uma enorme cumplicidade intelectual, e ele me apresentou a versão dilacerada do Coltrane para "My favorite things" e *O desprezo* do Godard. E também a experiência de nadar enquanto via a chuva cair como se fossem estrelas, cafona assim mesmo, resultado da ingestão de alguma substância sintetizada em laboratório.

Ele me apresentou também *Viagem ao fim da noite*, pelo qual ficou obcecado (usava elementos do romance no seu blog, esse tipo de coisa brega que todos fazíamos no começo dos anos 2000). O romance de Céline trata, em linguagem meio cínica, meio depressiva, da desesperança fundamental da vida humana, por meio da ficcionalização da experiência biográfica do autor, passando por cenários como a Primeira Guerra Mundial, a África colonial, os Estados Unidos fordistas e os subúrbios pobres de Paris. O revolucionário bolchevique Liev Trótski o definiu como um "romance do pessimismo, ditado pelo horror à vida e o cansaço provocado por ela". Jim Morrison escreveu "End of the Night" inspirado pelo livro. *"Some are born to sweet delight, some are born to the endless night"*, tocavam os Doors, misturando a Céline os versos do poeta britânico William Blake.[24]

Eu adoro *Viagem ao fim da noite*, mas queria ter lido o livro muitos anos mais tarde do que li. Naquele momento, eu era boba demais — não para entender o romance, mas para não me apaixonar por um personagem absolutamente desprezível. E, por derivação (e não sei bem o que vem antes do quê), para não me apaixonar ainda mais pelo meu namorado também um pouco desprezível. Lembro quando ele postou no blog um trecho do romance em que o protagonista está abandonando a amante em Detroit, a fim de voltar para a França e terminar a faculdade de medicina — em parte, apenas uma desculpa para a vocação à sua errância. Na estação ferroviária, Molly é apaixonadamente compreensiva, assim como eu era.

"Você já está lá longe, Ferdinand", diz ela. "Está fazendo exatamente o que tem mesmo vontade de fazer, não está,

Ferdinand? É isso que é importante... É só isso que conta...". Mas a verdade é que Ferdinand não é o tipo de cara que tem muitas vontades, ao menos não vontades *importantes*. No fundo, ele estava indo embora para justificar a própria depressão e misantropia: enquanto o trem chegava à plataforma, conta ele, "eu já não estava muito seguro da minha aventura". Ele beija a amante, "com tudo o que ainda tinha de coragem na carcaça", e conclui: "Eu estava triste, tristeza da verdadeira, por uma vez na vida, por todo mundo, por mim, por ela, por todos os homens. É talvez isso que a gente procura pela vida afora, só isso, a maior tristeza possível para nos tornarmos nós mesmos antes de morrer".[25]

Uma parte de mim ainda acredita sinceramente nisso de a tristeza nos tornar quem verdadeiramente somos. Outra parte de mim, no entanto, aprendeu nos últimos vinte anos a apostar na alegria. Depois da cena de despedida na estação de trem, Ferdinand conta que, desde então, escreveu inúmeras cartas a Molly, sem resposta. "Boa, admirável Molly, quero se ela ainda puder me ler, de um lugar que não conheço, que bem saiba que não mudei para ela, que ainda a amo e para sempre, *a meu modo*, que pode vir aqui quando quiser partilhar meu pão e meu furtivo destino". O grifo é meu: como estou cansada dessa história de me derreter por formas mesquinhas de amor! De que vale a consciência, tanto tempo depois, de que "para deixá-la decerto precisei de muita loucura, e de um tipo frio e abjeto"?

Ainda assim, não deixo de me comover com o trecho, porque Céline é um filho da puta de um grande escritor, mesmo quando seu personagem não consegue deixar de cogitar que a mulher amada pode ter envelhecido mal: "Se não for mais bonita, pois bem, paciência! Vamos nos arranjar! Guardei tanta beleza dela dentro de mim, tão viva, tão quente que ainda tenho o suficiente para nós dois e para no mínimo mais vinte anos, o tempo de tudo se acabar". Frio e abjeto, sim, mas um pouco menos por causa da "boa, admirável Molly": "Se a morte amanhã viesse me pegar eu nunca seria, tenho certeza, tão frio, malvado, tão pesado quanto os outros, de tanta gentileza e de tanto sonho que Molly me deu de presente durante aqueles poucos meses de América".[26]

Voltei recentemente ao romance para confirmar a ideia, marcada na minha memória, de que o protagonista Ferdinand Bardamu, que narra o livro, se descrevia como um sujeito feio. De que ele era feio — sendo um alter ego do autor — talvez não haja dúvida: Céline tinha um daqueles rostos que não suscitam atração nem pena, mas certa repulsa, não atenuada pelo fato de que o sujeito era um notório antissemita.

Por mais autobiográfico que seja *Viagem ao fim da noite*, mais uma vez me recuso, no entanto, a cair de cabeça na armadilha de confusão absoluta entre autor e obra. Queria encontrar nas páginas do livro a versão ficcional da feiura e entender o que fez com que esse livro houvesse contribuído para a aura que construí em torno de homens cujo visual esquisito ganhava um charme extra por serem também desiludidos e desesperados. Queria, em suma, desfazer essa tremenda arapuca.

No romance, a feiura física decorre da dor psíquica e da tentativa ilusória de se esquivar do sofrimento. Todos nós, escreve Bardamu, enquanto nos gabamos de termos nos livrado da dor por meio das relações com os outros, sabemos bem "que não é verdade de jeito nenhum e que pura e simplesmente a guardamos inteira para nós". Com isso, diz, "vamos ficando cada vez mais feios e repugnantes com essa brincadeira, ao envelhecermos não podemos sequer disfarçá-la, nossa dor, nossa falência, e acabamos ficando com o rosto todo tomado por essa careta abominável que leva seus vinte anos, seus trinta anos e mais para afinal lhe subir da barriga ao rosto". Ele conclui: "A minha [careta], a minha mesmo, eu a estava justamente aperfeiçoando".[27] Como ser bonito — ele parece perguntar retoricamente — em um mundo tão terrível? Parece uma desculpa bem cômoda.

É uma mentira que se relaciona, no entanto, com uma tendência, a partir da virada do século XX, que o historiador francês Dominique Kalifa define como a crescente atenção voltada para os "homens infames". Esta, segundo ele, se expande de uma atração pela criminalidade periférica até informar os traços constitutivos da masculinidade ocidental. O autor cita uma afirmação do criminólogo Cesare Lombroso, do final do século XIX, que mostra a dimensão da questão, pelo seu oposto: segundo o italiano, a "mulher delinquente está mais próxima do homem, delinquente ou não, que da mulher normal".[28] Em outras palavras, a delinquência é uma marca associada à masculinidade.

Kalifa destaca os aspectos que marcam os criminosos e que serão estendidos a todos os homens como qualidades apreciadas: mãos e braços potentes — que se prologam em facas ou pistolas —, e a disposição à fúria (ele chama de "sangue quente"). Já a beleza do rosto é acessória, podendo até ser embaraçosa ou suspeita. "O homem bonito", diz ele, "arrisca ser um fraco, dominado por uma sensibilidade complexa em matéria de amor e de mulheres".[29]

O historiador se pergunta então de onde vêm essas representações culturais e observa que os "garotos maus escrevem pouco" e que boa parte de suas recordações tem "a marca da pena do jornalista ou do romancista que as recolheu", os quais escrevem textos belos que "moldam um universo, pitoresco, trágico ou patético, mas no qual as relações com as práticas efetivas da sociedade delinquente são no mínimo discutíveis".[30] Há, assim, por parte de homens intelectuais, uma romantização da criminalidade, da violência e de certo tipo de feiura como indícios de virilidade, mesmo que seja uma virilidade manifestamente covarde, como no caso de Céline.

A questão que nos resta enfrentar é: a quem interessa essa defesa da feiura masculina como marca de virilidade senão aos próprios homens feios? Não estou defendendo, ao apontar esse processo insidioso, que façamos com eles o que se habituaram há tempos a fazer conosco, isto é, rejeitar de partida, como indignas de atenção, as mulheres que não correspondem aos padrões definidos como belos. Em vez disso, a ideia é dirigir o olhar ao feio não com deslumbre, mas com a generosidade que se deve devotar a qualquer um — não por exercício de bondade altruísta, mas por simples curiosidade pelo ser humano, belo ou não.

Feras e domadoras

Aos treze anos me apaixonei pela primeira vez — paixonite de ficar ouvindo baladas do Led Zeppelin deitada no chão de pedra da sala para esfriar o corpo e o coração. Ele era meu amigo, não era muito bonito e não correspondeu aos meus anseios, ainda que eu os tenha declarado muito explicitamente, inclusive em um bilhetinho enviado no meio de uma aula. Só nos beijamos uma vez, mais de dez anos depois e, claro, foi apenas ok — ele já nem fazia mais meu estilo.

Na adolescência, no entanto, ele era tudo o que eu queria. Eu tinha acabado de me mudar com meus pais do Rio para São Paulo e, contra as expectativas, rapidamente encontrei minha turma. Ele estava nela: era inteligente mas não nerd, tinha uns quinze centímetros a mais que eu e fazia um estilo desajeitado-porém-cool (nessa idade, *cool* para mim significava tocar violão e se sentar no fundo da sala). Além disso, ele era simplesmente legal e divertido, e jamais me evitou, ao mesmo tempo que não me torturava com falsas esperanças — exceto pela noite em que, no play de algum prédio, tocou "I remember you", do Skid Row, olhando nos meus olhos.

Esse rapaz não foi, porém, a única paixão a incendiar o meu coração em 1992. Perdoem a linguagem grandiloquente: já estou mimetizando o estilo do meu segundo objeto amoroso: Vladimir Maiakóvski, o poeta russo revolucionário que se matou com um tiro no peito aos 37 anos, em 1930. Frustrado com o amor, com a poesia ou com o socialismo stalinista? A resposta é complicada; sua musa, amante e amiga Lili Brik afirmou que a ideia de suicídio para ele era uma "doença crônica" e o gesto final, apenas uma questão de tempo. Meu amigo da oitava série era um adolescente em quase tudo comum, segue bem vivo e, nas redes sociais, parece feliz. Em comum entre os dois, apenas o *corpanzil*.

Enquanto o do meu colega de classe se mostrou para mim no desconforto das carteiras escolares, o de Maiakóvski me chegou pelas páginas. Na época de escola, eu costumava folhear livros didáticos de literatura pelo prazer de descobrir os poemas de gente como Drummond ou Cecília Meireles. Foi por isso que, naquele ano, de férias na casa da minha tia, fui fuçar a apostila de literatura da minha prima mais velha. Ali descobri estes versos de Maiakóvski: "De teu corpo/ vou cuidar e amá-lo/ como um soldado, decepado de guerra,/ inútil, de ninguém,/ cuida de sua única perna".[31]

Abria-se um novo capítulo da minha vida. Como assim alguém podia sentir uma coisa dessas? Aquilo virou instantaneamente meu paradigma de amor: eu queria não apenas ser amada assim, mas sobretudo amar assim: ter e ser Maiakóvski. Pela primeira vez entrei em bibliotecas fora da minha escola, para procurar a edição em que se encontrava aquele trecho, parte do poema "A nuvem de calças", de 1915. Não encontrei esse poema inteiro — que se estende por muitas páginas —, mas encontrei outros e, não menos importante para uma adolescente, fotografias do poeta.

Uma namorada de juventude de Maiakóvski o descreveu como "alto, forte, autoconfiante, elegante" e "um pouco anguloso, com ombros largos", que pareciam ainda mais largos por causa do jeito meio torto de se mover. Sonya fala ainda da "boca masculina com seu eterno cigarro" e da risada abrupta e peculiar. Ele era bonito e sabia, diz ela, que confessa ainda que não se importava com os "dentes podres", que teriam o (questionável) poder de ressaltar a "beleza especial" do poeta.[32]

Após Sonya veio Maryia, paixão não correspondida que deu gás à escrita de "A nuvem de calças". O primeiro poema lírico longo de Maiakóvski se estende por 724 versos, divididos em quatro partes, que o poeta descreveu como guiadas por quatro "slogans": "Abaixo seu amor", "abaixo sua arte", "abaixo seu sistema", "abaixo sua religião". Os "seus" e "suas" se referiam ao sistema político e à cultura anteriores à Revolução Russa. Como o biógrafo Bengt Jangfeldt notou, porém, embora o poema de fato se relacione com esses aspectos, os pronomes escondem o fato de que o alvo não é exatamente a sociedade capitalista, e sim o sofrimento amoroso do próprio Maiakóvski, bem como seu tormento poético — sua dilaceração entre o lirismo e a vanguarda formalista —, sua revolta contra as injustiças e sua luta contra um deus cruel e/ou ausente.[33]

De qualquer modo, como observa a tradutora brasileira Letícia Mei — que me reaproximou de Maiakóvski ao traduzir dois de seus longos poemas há poucos anos —, a poesia do autor mostra que, "para mudar a configuração do amor doloroso, há que se mudar o mundo todo, o mundo do capital, da guerra e da superficialidade burguesa".[34] Quando em suas memórias o poeta relembra as primeiras faíscas de "A nuvem", em 1914, refere-se a ele como um poema de "tema revolucionário".[35] "A nuvem de calças" de fato deflagrou uma revolução na vida pessoal de Maiakóvski.

De pé, apoiado ao batente da porta que separava dois cômodos da casa do casal Osip e Lili Brik — e que havia sido retirada para comportar seu corpanzil —, o poeta sacou um caderno do bolso e, após uma pausa, leu para os novos amigos o prólogo do longo poema que tinha acabado de escrever. "Não tenho cabelos brancos na alma/ menos ainda a tal senil calma!/ Solto a voz, circuntrovejo a humanidade,/ e sigo belo,/ aos vinte e dois anos de idade", dizem alguns dos versos.[36]

Continuando o poema, conforme relembra Lili Brik, ele perguntou, não com a entonação em verso, e sim em prosa, "em uma voz baixa e inesquecível: 'Acham que é delírio da malária?/ Foi assim,/ assim em Odessa'". Ao ouvi-lo dizer as linhas, o casal de espectadores dirigiu os olhos ao poeta e não se moveu "desse milagre até que tudo acabou".[37] Conta a história que, ao cabo da leitura, Osip Brik declarou que Maiakóvski já era um grande poeta, mesmo que nunca mais escrevesse uma linha.

O que aconteceu em Odessa? De acordo com os versos seguintes do poema, o sujeito esperou horas pela amada, e esta, ao finalmente chegar, anunciou que iria se casar com outro. As consequências são dramáticas e se tornam patéticas pela incoerência entre o sofrimento amoroso e o tamanho da poeta: "Estou irreconhecível agora:/ o colosso fibroso/ geme/ e se debate". Mais adiante: "E aqui estou,/ colossal,/ curvo-me para a janela,/ fundo a fronte na vidraça. Será amor ou não?".[38] Era cilada, mas rendeu um poema maravilhoso que me levou para sempre à literatura.

Maiakóvski, desde seus primeiros poemas, colocou a si mesmo nos versos — seu próprio nome, endereço, nomes da mãe e das irmãs, e, obviamente, das amadas; até o número real do telefone dos Brik apareceu em versos. À sua primeira peça — que pode ser lida como um poema lírico — deu o nome de *Vladimir Maiakóvski: Tragédia*, e a voz principal destinou a um personagem chamado Vladimir Maiakóvski e definido como poeta de vinte ou 25 anos (o autor tinha vinte). Essas escolhas se fincam em algum lugar entre o narcisismo e a ruptura estética: o apelo biográfico marca sua obra, mas também o enorme esmero com o ritmo e um inédito e radical uso da linguagem coloquial. O resultado artístico é uma poesia tão potente quanto adorável, e o efeito sobre mim foi (e é) tanto intelectual quanto passional.

Em seu arremedo de autobiografia, *Eu mesmo*, que escreveu entre 1922 e 1928, ele descreve o que o fez pensar na imagem que me marcou, a do soldado que cuida da perna, como metáfora para a dedicação que devotaria ao corpo da amada. A história — que demonstra um cuidado com a linguagem maior do que uma paixão doentia por Maryia — dá bem o tom do porquê do meu fascínio. "Passei dois dias pensando na ternura de um homem solitário pela sua única amada", anota o poeta. "Como ele haveria de cuidar dela e amá-la?" Na terceira noite, frustrado e com dor de cabeça, ele foi dormir sem uma solução. De madrugada, meio adormecido, meio acordado, pulou da cama com a imagem na cabeça, e anotou às pressas. De manhã, se deparou, surpreso, com a expressão "única perna" rabiscada com um fósforo queimado em uma caixa de cigarros.[39]

Tudo nessa história me parece terrivelmente deslumbrante: a obsessão pelo verso perfeito; a imagem do gigante de quase dois metros, sonolento, procurando onde anotar a imagem que lhe havia ocorrido (em sonho?); e, claro, a metáfora em si, violentíssima. Sobretudo, acho deslumbrante o contraste entre todos esses elementos. Quando Maiakóvski, na *Tragédia*, diz: "talvez,/ eu/ seja o último poeta",[40] o que sinto é ele talvez seja, na verdade, o último que pode dizer isso — com certa ironia, sim, não melancólica, e sim desesperada. Dois anos depois, em "A nuvem de calças", ele "talvez seja, simplesmente,/ no mais comum dos evangelhos,/ o décimo terceiro apóstolo".[41]

A convivência com Osip e, sobretudo, Lili Brik mudou tudo para Maiakóvski, e foi como se só agora ele tivesse uma musa à altura dos seus poemas. Em um deles, o longo e narrativo "Amo" (1922), Maiakóvski faz referência ao próprio corpo, que agora, em vez de belo, espanta quase todas as mulheres: "Quando este corpanzil se punha a uivar,/ as donas/ disparando/ pelo pó, pelo barro ou pela neve,/ como um foguete fugiam de mim./ — 'Para nós, algo um tanto menor,/ algo assim como um tango...". Quase todas as mulheres, mas não a já mencionada Lili, a quem o poema é dedicado: "Entraste./ A sério, olhaste/ a estatura,/ o bramido/ e simplesmente adivinhaste:/ uma criança". As outras então, "como se vissem um milagre", exclamaram: "A esse amá-lo?/ Se se atira em cima,/ derruba a gente!/ Ela, com certeza, é domadora!".[42]

Aos treze anos, já com 1,75 metro, e apaixonada, eu só queria poder domar o desajeitado e enorme sujeito que eu amava. Bem diferente da sra. Brik, que era baixinha e detestava o fato de Maiakóvski ser tão alto — quase dois metros — que as pessoas se viravam nas ruas de Moscou para olhá-lo. Quando o conheceu, Lili já era casada com Osip, com quem tinha o que chamamos de um relacionamento aberto, e Maiakóvski foi um entre outros amantes. Seu apelo vinha antes da poesia que da aparência, de que ele até então tanto se orgulhava e que expressava sua insubordinação às convenções. Em um confronto não só de gosto pessoal, mas também de classe, ela, mais rica, educada e cosmopolita, efetivamente o domou: fez com que ele cortasse o cabelo, jogasse fora suas roupas velhas e, por fim, o levou ao dentista para que consertasse os dentes. A primeira foto dos dois juntos mostra um Maiakóvski com uma cara de bonzinho que não combina nada com ele.

Aos treze anos me apaixonei por Maiakóvski. Trinta anos mais tarde, lendo novas traduções da sua obra, não consigo deixar de continuar me apaixonando por ele. Entre uma coisa e outra, me tornei imensamente mais desconfiada dos poetas, de seus artifícios, de sua vaidade e de sua autocomplacência. Mas Maiakóvski ainda me conquista justamente quando mais fala, obsessivamente, de si. "Sou poeta. É justamente por isto que sou interessante": assim ele abre suas reflexões em *Eu mesmo*.[43] Umególatra sem noção? Mas como, se ainda acho que ele tem absoluta razão?

Para quem gosta de poesia, é difícil não se deixar seduzir por bons poetas. Mas isso vai além do charme marginal que os românticos inventaram no século XIX e do qual Maiakóvski se aproveita, com irônica autoconsciência: "Não tenha medo,/ se, de novo,/ na tempestade da traição,/ eu me colar em milhares de rostos bonitinhos, — 'as que amam Maiakóvski'", escreve ele à Maryia de "A nuvem de calças".[44] Esse charme, no entanto, é banal, e ele sabe. O que realmente me comove é a angústia de conhecer os limites da linguagem e de entender que a comunicabilidade é uma falácia, e, ainda assim, apostar as fichas nelas, em um jogo impossível. Qual é a relevância da poesia para o mundo, afinal?

Em Maiakóvski, a consciência do papel do poeta é especialmente dolorosa: de censurado pela polícia czarista, passa a queridinho do novo regime, mas termina por se frustrar com quão pouco a vida cotidiana e os valores haviam mudado, mesmo após duas revoluções. Muito já se falou sobre como ele era obcecado pelo futuro, um futuro que cada vez parecia custar mais a chegar. Até que desistiu de esperar. "O poeta deve apressar o tempo", disse ele uma vez.[45] E na carta de despedida, redigida pouco antes do suicídio, escreveu: "Mamãe, irmãs e camaradas, perdoem-me — este não é o melhor modo (não o aconselho aos outros), mas eu não tenho saída". Também escreveu: "De minha morte não acusem ninguém, por favor, não façam fofocas. O defunto odiava isso". À Lili, pedia simplesmente: "Me ame".⁴⁶

O modo como todas essas questões permeiam a do corpo dele me impressiona desde sempre. O linguista Roman Jakobson, em um belo ensaio escrito sob o impacto da morte de Maiakóvski, de quem era amigo, afirma que o homem comum, que o poeta gostaria de trazer para o centro de sua poesia, "revestia-se de seus músculos".⁴⁷ Isso significa que sua "estatura quilométrica"⁴⁸ — expressão que Maiakóvski usa em *Eu mesmo* — é uma espécie de centro de irradiação de suas paixões e ideias. Para mim, isso é marcado por uma tensão paradoxal entre seu hiperbólico corpo e a insuficiência que esse mesmo corpo parecia expressar. Em outras palavras, era como se ele estivesse sempre perplexo diante do fato de que seu corpo, tão maior que o de seus companheiros e companheiras, fosse ainda insuficiente para todas as emoções que o atravessavam.

Em 1915, esse corpo é o do "bruto louco da praça" que se diverte mais do que aqueles que estão "preocupados com um só pensamento —/ 'será que danço com graça?'". É o corpo que, sendo "todo de carne/ todo humano —/", pede "simplesmente teu corpo,/ como pedem os cristãos —/ o pão de cada dia". E pergunta a Deus: "Todo Poderoso, tu inventaste o par de braços,/ fizeste/ com que cada um tivesse uma cabeça, —/ por que não inventaste,/ que pudéssemos/ sem suplício/ beijar, beijar, beijar?!".⁴⁹ Em "O homem", de 1918, auge da paixão por Lili e do fervor revolucionário, o corpo é pura potência: "Como então/ não cantar a mim/ mesmo,/ se sou todo —/ um total inédito colosso,/ se cada movimento meu —/ é um enorme,/ milagre inexplicável?".[50]

Duplamente atormentado em seu amor por Lili, Maiakóvski vê-se diante dessa mulher elegante e miúda, que quer aproveitar o amor dos outros de forma livre e não tem paciência para a paixão obsessiva do poeta. Em suas memórias, Lili fala de como Maiakóvski soluçava e "urrava" de sofrimento sempre que sentia que ela não correspondia à intensidade dos seus sentimentos. Fala ainda de como recebia as atenções do poeta como uma "violação" e de como "não teve um minuto de paz" enquanto moraram sob o mesmo teto. Para complicar ainda mais a história, ele era "um tormento na cama" — segundo sugerem os diários dela, o pobre padecia de ejaculação precoce "talvez por causa de seus fortes sentimentos por mim".[51]

A julgar por seus poemas, Maiakóvski, de fato, era insuportável, e também sofria terrivelmente. Seu ciúme lhe dói em duas vias — o tormento em si e o fato de que se trata de uma emoção pequeno-burguesa tão contrária ao amor que ele concebia como aquele *"do futuro"*. Em um tremendo poema de 1923 chamado "Sobre isto", forma, temática e vida se entrecruzam ostensivamente, e o pontapé de partida para tal é o fato de que, diante das demonstrações exageradas de ciúme e de possessividade de Maiakóvski, Lili rompe o relacionamento exigindo que ficassem um tempo sem se falar. Logo ele arruma uma desculpa para telefonar-lhe, e o poema se abre com esse marmanjo com o rosto colado ao telefone ansioso para ouvir a voz da amada.

Diante da recusa dela a falar com ele, o poeta fica "disparatado" e, "superado o cérebro,/ abre caminho a fera". O ciúme projeta-se na própria forma física: "Ontem era um homem —/ e de uma vez,/ com caninos, minha aparência ursifiquei!/ Peludo./ A camisa pende como pelo". Isso tudo porque Lili não atendeu à sua ligação: "Como um urso/ mortalmente enfurecido,/ puxo o peito/ contra o telefone/ meu inimigo".⁵²

Chegando ao fim de "Sobre isto", o poeta projeta a própria morte e escreve: "Tinha dois metros de altura./ De que me serviu essa altura?/ Uma pulga teria mais arrojo". Nos últimos versos do poema, ele pede para ser ressuscitado no século xxx, um tempo no qual o amor não seria mais escravo do casamento, da luxúria e do pão. Um dos argumentos para que ele seja escolhido para viver novamente é o de que ama os animais e daria o próprio fígado para alimentar um cãozinho pelado e faminto: "Não faz mal, querido/ come!".⁵³

Estou falando demais de Maiakóvski? Fingindo ignorar seus dentes podres? Negociando os episódios de abuso moral contra as mulheres com o afeto que ele tinha por cachorrinhos? Estou agindo como uma adolescente apaixonada? Quando tinha 25 anos, tatuei no ombro uma ilustração gráfica que serve de dedicatória ao livro no qual, em 1923, o ilustrador El Lissitzky reconfigurou tipograficamente poemas de Maiakóvski e na qual se leem letras que formam a frase "Eu amo". E meu antigo blog — com poemas vergonhosos — trazia no título o último verso de outro poema desesperado dedicado a Lili.⁵⁴ A lista de despautérios vai longe.

Que Maiakóvski e os personagens de Ben Lerner — a primeira e a mais recente obsessões literárias da minha vida —, só tenham em comum certo desconforto físico no mundo certamente diz algo, também desconfortável, sobre mim. Por outro lado, que a minha primeira paixão tenha sido um poeta desarrazoado e narcisista e que meu coração três décadas depois esteja arrebatado por um romancista autoconsciente e generoso deve querer dizer algo positivo a meu respeito.

7. As portas do paraíso

> Se ela tivesse usado mais maquiagem, ou a usasse com maior constância, talvez eu pudesse visualizar seu rosto hoje, ou pelo menos os delicados sulcos transversos de lábios secos, pintados de cor quente; mas não consigo, não consigo.
>
> Vladimir Nabokov, "Que em Aleppo uma vez..."

Um grande motivo de perplexidade: se os homens gostam mesmo da beleza das mulheres, por que restringem tanto o que consideram belo em nós? Pense bem: não seria melhor serem generosos e então disporem de mais objetos dignos de admiração e deleite visual? É mais ou menos o que nós mulheres fazemos, embora por vezes à revelia: conseguimos descobrir a graça dos feios — já que não tem mesmo jeito. Enquanto isso, uma cambada de desengraçados que não conquistam as mulheres a que acham ter direito se tornam ressentidos e violentos, enchendo os porões da internet com a mais imunda misoginia ou chegando à agressão física e até ao feminicídio. É um jogo de perdedores.

A perplexidade vai longe. Houve um tempo, ou uma cultura, ou ao menos um homem — mas um homem terrivelmente influente — que valorizava a beleza masculina acima de todas as outras manifestações físicas de beleza no mundo.

A visão de um jovem bonito, para ele, abria as portas de uma espécie de paraíso. Platão, o feioso e genial Platão, tratou desse milagre em um de seus mais célebres textos, *O banquete*, que escreveu por volta de 380 a.C. É um livro sobre o amor e a beleza, e o amor e a beleza são grandes temas, cheios de paradoxos — e Platão se joga deliciosamente neles.

Temos como cenário a casa do poeta trágico Agatão, onde amigos se reúnem para um simpósio, evento dedicado a beber muito vinho (diluído em água, como faziam os gregos). O grupo é formado pelo bonitão Agatão e seu amante Pausânias, o poeta cômico Aristófanes, o médico Erixímaco e o aristocrata Fedro, além do filósofo Sócrates. Eles, porém, tinham festejado muito na noite anterior e — com exceção de Sócrates, que podia beber um oceano sem cambalear — estavam de ressaca. Em vez de encher a cara, decidem então fazer uma espécie de competição para ver quem entre eles seria capaz do melhor discurso celebrando Eros, o deus do amor.

Sócrates é o último dos competidores a tomar a palavra, e em sua fala reproduz as lições que teria recebido de uma sacerdotisa chamada Diotima. Como tudo em Platão, não se sabe o que aconteceu de fato e o que o autor criou a fim de compartilhar seu próprio pensamento: trata-se do ensinamento de Diotima — que tudo indica não ter existido de verdade — ou de Sócrates? Ou, ainda, apenas da filosofia de Platão? O que importa é que lemos o que este decidiu contar ou inventar.

E ele conta ou inventa que Diotima ensinou que o amor é "um parto em beleza, tanto no corpo como na alma", isto é, que Eros está presente — e o amor erótico acontece —

quando, em presença de algo bonito, somos levados a criar algo novo. Sócrates explica que todos os homens "concebem, não só no corpo como também na alma" e, quando chegam a certa idade, têm o impulso de dar à luz aquilo que foi gerado. A fim de parir seres novos, ensinou Diotima, é preciso beleza, pois "dar à luz no que é feio não é possível".[1]

A explicação para o "parto em beleza" está no anseio de todo homem mortal por experimentar a imortalidade, o que só pode se dar por meio da produção de algo novo que irá sobreviver ao velho. Para que isso ocorra, ele deve estar na presença de algo belo, algo que fará com que vislumbre o que Platão entende por "mundo das formas" — o que chamei de "paraíso" —, um reino real e perfeito, longe do alcance dos mortais e povoado por entidades (as "formas") eternas e imutáveis. Estas servem de modelo para o mundo que aqui embaixo experimentamos com os nossos sentidos, um mundo defeituoso, espécie de cópia malfeita.

Entre as "formas" ideais, destaca-se a da beleza, a única capturável pelos olhos das almas que um dia fomos. Pois bem, segundo Diotima, precisamos da beleza para criar porque precisamos estar diante de algo que nos sirva como uma ponte, mesmo frágil, para o mundo das formas. Essa criação, ou melhor, essa fecundação pode acontecer no corpo ou na alma, e há uma relação hierárquica entre as duas maneiras. A fecundação no corpo é tratada brevemente no *Banquete*: aqueles que nessa classe se encontram "voltam-se de preferência para as mulheres, e é desse modo que são amorosos, pela procriação conseguindo para si imortalidade".[2] A mulher, evidentemente, é encarada apenas como um forno onde esse homem mais tosco assa seus biscoitinhos.

Os homens superiores, que ficam grávidos na alma, gerarão não crianças, mas obras do pensamento e virtude: são os poetas criadores, os artesãos inventivos, os governantes e legisladores e os filósofos. Estes devem procurar outros objetos belos para contemplar de modo a avistar a beleza ideal das formas. Segundo Sócrates, os filósofos devem começar esse processo buscando "belos corpos" masculinos e observá-los devotadamente.[3] Devem depois perceber que não há valor especial em um ou outro corpo, já que todos compartilham a beleza. Deve-se, pois, amá-los a todos igualmente.

Só então, após estar bem treinado na contemplação da beleza física dos rapazes, o filósofo deverá se voltar para a beleza interior, a da alma, e sua forma mais importante, a da sabedoria. A partir daí, espera-se que ele dê à luz "muitos discursos belos e magníficos". Após contemplar vários corpos belos, e se dedicar a belos ofícios, e conceber belas ciências, o sujeito galgará os caminhos até que "conheça enfim o que em si é belo", a beleza em si mesma, abstrata e ideal.[4] Aquela que aos mortais mais comuns é inacessível.

Vamos recapitular: aquele que contempla a beleza das mulheres gerará crianças; já a observação devotada à beleza masculina é o primeiro passo não só para a produção da arte, da sabedoria e da virtude, mas para que se alcance a beleza em si — num vislumbre de algo como o paraíso platônico —, e não suas meras imagens terrenas corrompidas.

Em outro texto de Platão, o lindíssimo diálogo *Fedro*, lê-se uma espécie de desdobramento dessa potência: Sócrates afirma, no discurso que encerra a primeira parte do livro, que as almas ainda não encarnadas se debatem no céu tentando ver o mundo das formas, somente acessível aos deuses. As que fracassam acabam perdendo suas asas e, caindo em solo terreno, fazem dos corpos animais sua morada, movendo-os.

Segundo o mito descrito por Platão, a maior parte das almas só recuperará as asas depois de reencarnações, ao longo de 10 mil anos. Mas há uma exceção: algumas delas conseguiram, quando ainda aladas, chegar pertinho das formas eternas e dar uma olhadela rápida ali. Como a forma da beleza é observável visualmente, as almas que a entreviram, ao aterrissar em um corpo, são mais sensíveis a reconhecer em belos objetos terrenos uma corruptela da forma original. Esses seres escolhidos — naturalmente, os filósofos — poderão recuperar as asas da alma em "apenas" 3 mil anos. O primeiro passo para isso já sabemos qual é: observar e amar belos corpos de homens jovens.

Em um trecho bastante lírico, Sócrates, que se diz inspirado por ninfas e deuses, descreve o processo de renascimento das asas: o filósofo observa um belo rapaz, "venerando-o como a um deus", e "se aquece ao receber através dos olhos o eflúvio da beleza com a qual a alma é irrigada, e, ao ser aquecido, derretem-se as partes que circundam o broto e que, havia muito encerradas pelo enrijecimento, estavam impedidas de germinar". A alma, dentro do corpo, "pulsa, irrita-se e sente uma comichão" e "toda espicaçada fica desesperada de dor; mas à memória que tem da beleza então se regozija".[5]

É a isso que chamam "amor" erótico, conclui Sócrates, e acho essa descrição alegórica uma das mais arrebatadoras imagens da urgência do desejo: é como se o tesão fosse um desespero para nos lembrarmos de um mundo perfeito, em que corpo e alma se confundem. Um anseio para que você se lembre, como definiu a poeta Anne Carson ao falar de Platão, de "como é estar realmente viva, como estão os deuses".⁶

É uma imagem muito bonita, mas é difícil não notar que, seja para atingir a apreensão do belo em si, seja para recuperar as asas das almas, é preciso recorrer à beleza de um corpo masculino, enquanto os corpos femininos servem apenas para colocar crianças no mundo. Dizer que isso se deve meramente à orientação ou preferência sexual do autor não resolve o problema: o que ficou para a posteridade — e já se disse que todo o pensamento ocidental não passa de uma série de notas de rodapé à obra de Platão⁷ — são os poderes transcendentes do corpo masculino.

Além disso, a beleza dos homens era valorizada na Grécia para além de qualquer metafísica — o corpo perfeito era um cartão de visitas a mostrar o que importava: coragem, força, habilidade na guerra. Quatrocentos anos antes de Platão, Homero compôs, em torno do século VIII a.C., dois poemas épicos fundadores, nos quais a beleza masculina é retratada com muito mais detalhes e empolgação que a feminina. Helena só é descrita genericamente como semelhante às deusas imortais. Já o herói Aquiles, o mais belo entre os gregos, tem cabelos loiros, pés velozes, ombros possantes; isso para não falar dos detalhes de sua armadura. Quando surge para enfrentar o inimigo troiano, vem "refulgente como um astro a atravessar a planície", como "a estrela mais brilhante do céu".⁸

Aqui cabe também uma palavrinha sobre as práticas homossexuais na Grécia arcaica e clássica (mais ou menos do século VIII ao IV a.C.), um tópico tão mal compreendido quanto complicado. É preciso antes de tudo lembrar que a ideia de homossexualidade é uma invenção moderna. Foi só no final do século XIX que passamos a entender que nossas inclinações e escolhas quanto aos indivíduos por quem nos sentimos atraídos e/ou com quem decidimos transar são constituintes da nossa subjetividade e determinam, em algum grau, o lugar que ocupamos na sociedade. É sobretudo com Freud que começamos a compreender que escolha de objeto sexual e inclinação a papel sexual (mais tarde, de gênero) são coisas distintas — e o termo "homossexual" surge na década de 1870 para delimitar o desejo sexual pelo mesmo sexo.

Muito antes disso, porém, a lógica era a inversa: o comportamento sexual era determinado pela posição social. Na Grécia antiga, conforme as especificidades de cada cidade-Estado, quem estivesse em posição dominante poderia fazer o que quisesse, sexualmente, com aqueles em posição subordinada. "Fazer o que quisesse" não é bem o termo: os cidadãos — isto é, os homens livres adultos — poderiam *penetrar* os não cidadãos que quisessem, desde que seguidas certas convenções.

É claro que aprendemos isso pela voz tornada pública desses próprios homens livres, sobretudo os da elite urbana ateniense, e não temos como saber ao certo de que modo se davam as relações eróticas e amorosas da vida comum. O que sabemos, no entanto, é que escravos, estrangeiros, mulheres e adolescentes, segundo esses cidadãos, eram todos alvos legítimos do desejo de homens adultos. Isso diz menos sobre as disposições individuais do que sobre a dinâmica de dominação, mas, em muitos dos documentos que a nós chegaram, meninos ou mulheres eram mencionados, em contexto sexual, de forma intercambiável. O historiador da sexualidade e classicista David M. Halperin afirma que provavelmente o pendor sexual mais amplamente compartilhado entre os cidadãos atenienses era "um interesse indiferenciado por mulheres e meninos bonitos".[9]

Gosto de sonhar com um mundo e um tempo em que a liberdade erótica dos homens livres atenienses será plenamente democratizada, e todos poderemos exercer nossos desejos — no limite do consentimento entre adultos — no contato com pessoas específicas, e não sob a mediação de categorias como hétero ou homossexualidade, cis ou transexualidade. Se desorganizar direitinho, todo mundo transa. No caso da Atenas clássica, no entanto, a liberdade erótica era bem relativa. Halperin resume a questão dizendo que a sociedade era puritana não quanto à vida conjugal ou reprodutiva, e sim em relação à virilidade.[10] Não é muito diferente do que hoje os "cidadãos de bem" advogam; a diferença principal está na hipocrisia da vida pública, em suas muito disfarçadas inconsistências com as vidas íntimas ou nos impulsos recalcados e patologizados.

Na Grécia antiga, as cartas estavam na mesa, e boa parte dos desejos também, e a regra parecia ser (perdoem a grosseria): buraco é buraco. O orador grego Dio Crisóstomo, já no século I, chegou a afirmar que o grande prazer em perseguir meninos e não mulheres é que estas eram abundantes e fáceis demais. O jogo de seduzir meninos era, por isso, mais divertido.[11] Nunca foi sobre beleza e deleite, e sim sobre competição?

Havia de fato uma diferença essencial no que tange ao desejo por mulheres e àquele por meninos livres: enquanto elas não seriam jamais cidadãs — não teriam voz na pólis —, para eles a ascensão à cidadania era só uma questão de tempo: já, já eles estariam no topo da cadeia alimentar. Essa diferença tem efeitos na prática da pederastia, palavra de origem grega que une as noções de criança e de *eros*, ou amor sensual (contraintuitivamente, pedofilia, por sua vez, une criança e *philia*, que no grego antigo define afeição não sexual).

A pederastia, na Atenas clássica, significava a prática de homens adultos de cortejar sexualmente meninos adolescentes, uma prática promovida e até mesmo celebrada, quando conduzida de modo exemplar e envolvida em contextos de socialização e educação. O costume é relatado em poemas e textos filosóficos e políticos — assim como representado pictoricamente em vasos —, desde o século VII a.C. até a Roma dos primeiros séculos depois de Cristo.

Por modo exemplar entenda-se o seguinte: o homem mais velho deveria demonstrar devoção e um amor apaixonado, e empreender um baita esforço para seduzir o garoto; este, por sua vez, deveria custar a ceder, mesmo se estivesse a fim. A relação era de troca, mas não sexual: o adulto promoveria a socialização do jovem entre os membros da elite, bem como educação política, filosófica, militar, o que fosse. O menino ofereceria a ele um meio de obter prazer sexual, sem, contudo, curtir isso. Sim, isso era crucial: o adolescente não deveria demonstrar prazer físico no sexo. Ele, afinal, em pouco tempo seria um homem — um penetrante.

Quando Platão escreveu seus diálogos, no entanto, no começo do século IV a.C., a pederastia começava a receber críticas em Atenas: ela era associada à vida de excessos da elite intelectual e política, de inclinação antidemocrática, e era objeto de textos críticos, muitos deles cômicos, que apelam para o ressentimento das massas contra essa galera que tinha tempo sobrando o suficiente para gastar dando em cima de jovens que desfilavam seus corpos nus ou seminus — modo

Nessa ânfora ática, de cerca de 540 a.C., vemos a representação de encontros eróticos entre homens adultos — sempre barbados — e rapazes jovens. Os mais velhos, já animadíssimos, tentam de tudo: o da esquerda presenteia o objeto de desejo com um cervo caçado; o do canto direito oferece ao menino um galo. Só o casal no centro já se atracou, com o adulto sarrando as coxas do rapaz, que não parece desagradado.

como os esportes eram então praticados — em ginásios de esportes e outros espaços reservados aos privilegiados.

Entre esses espaços estavam as escolas de filosofia. Embora uma interpretação comum a respeito da prática pederástica grega seja a de que se tratava de um comportamento específico dos filósofos — alvo fácil de muitos textos satíricos —, o mais provável é que as escolas simplesmente reunissem um público típico dessa inclinação sexual: jovens livres, solteiros e de famílias abastadas dispostos a receber educação filosófica, frequentemente acompanhada da chamada "pederastia pedagógica".

Platão está, portanto, tocando num tema que começa a se tornar controverso, e parte de sua formulação pode ser encarada como uma tentativa de reabilitar a pederastia, dando a ela um papel nobre na aquisição da sabedoria. Vale também lembrar que, embora Platão seja bastante enfático quanto às maravilhas da beleza dos garotos, ele não defende diretamente a sujeição dos meninos. Pelo contrário: a julgar por seu admirado Sócrates, o ideal é que *eros* se fizesse apenas sentir, sem concretização. Em outras palavras, que fosse platônico.

No *Fedro*, o discurso em que defende a contemplação do corpo de um belo menino como forma de reavivar na alma a lembrança que ela, ainda no céu, havia formado da visão da beleza ideal é construído em contraposição a outras duas atitudes sexuais, descritas nos discursos anteriores, nos quais se trata o amor como uma forma de loucura especialmente perniciosa, que deve ser evitada.

Claro que há infinitamente mais em jogo nos diálogos platônicos do que a exaltação da beleza masculina — a segunda parte do *Fedro* sequer trata do amor, mas da retórica e da escrita. Ainda assim, impressiona pensar que o filósofo que é uma espécie de pai do pensamento ocidental tenha se dedicado com tanta ênfase a defender o mais nobre dos feitos, a própria filosofia, como despertado pela contemplação de um garoto bonito.

Direta ou indiretamente, isso tudo ainda reverbera. Mais de vinte séculos depois, em *Morte em Veneza*, Thomas Mann descreve o esgotado escritor Gustav Aschenbach a observar o adolescente Tadzio: o sujeito julga "nunca ter encontrado na natureza ou no mundo artístico uma obra tão bem-sucedida". A visão do menino saindo do mar, "belo como um deus", lhe inspira "ideias mitológicas". Platão se faz presente: ao olhar o rapaz, Aschenbach acredita "compreender o belo em si", "a única e pura perfeição que vive no espírito". A visão faz com que ele volte a querer escrever. Mas Mann tem outros planos para Aschenbach, distantes da idealizada nobreza da contemplação preconizada por Platão. O personagem fica obcecado por Tadzio a tal ponto que, mesmo sem jamais sequer falar com o menino, leva sua paixão ao limite, e o limite é a morte.

A novela de Mann é lida frequentemente como uma alegoria da impossibilidade da obra de arte perfeita, pois a arte — eis seu maior paradoxo — não é capaz de configurar a beleza em uma forma fechada sem perdê-la, ou sem o artista perder a si mesmo. Como transformar Tadzio em palavras? Como circunscrever o desejo, essa sensação que, por definição, mora no espaço entre o meu corpo e um objeto externo a ele? É um tema maravilhoso, e Mann, embora tenha discordado de Platão quanto à possibilidade de atingir a sabedoria, concordou com ele em dar a um corpo masculino jovem o papel de meio, ainda que ilusório, para se chegar a esse fim.

Gosto de pensar em *Morte em Veneza* como a história de um sujeito envelhecido que se apaixona por um menino adolescente lindíssimo e que morre soterrado pelo peso erótico desse encontro, tornado ainda mais insuportável pelo bafo dos rios de Veneza. Por que isso seria menos belo do que a tragédia da impossibilidade artística? Por que tanta transcendência em um corpo masculino, meu deus?

Os contornos das musas

Outra figura, extremamente influente no pensamento ocidental, também carrega em si o peso dos movimentos transcendentes de um homem. Em oposição aos rapazes fisicamente concretos mas generalizáveis de Platão, no entanto, Beatriz é tão específica quanto incorpórea: Dante jamais descreve sua musa a não ser em termos éticos e morais; mesmo sua beleza parece sempre vir de dentro. A respeito da figura material de Beatriz, temos apenas um nome e uma data de morte; quando o poeta pinta um retrato em sua homenagem, é um anjo o que põe na tela.

A contraposição entre o parto em beleza de Platão e a relação entre Dante e Beatriz é ainda mais profunda. Enquanto para o filósofo é preciso, e suficiente, observar os corpos belos dos jovens como primeiro passo para tocar a sabedoria das formas ideais, para Dante é necessário uma mulher que o tome pela mão e o conduza até o céu. No começo de *A divina comédia*, Dante está perdido no meio da vida e da floresta quando Virgílio, o poeta romano, surge para guiá-lo na tarefa de cruzar inferno e purgatório até chegar ao paraíso. Dante hesita, e só é convencido ao ouvir que era Beatriz — seu antigo amor de juventude, morta ainda jovem — quem sugeria a viagem, porque se interessava por sua salvação.

Quando chega ao final do percurso no purgatório, a mulher aparece coberta por "vestes da cor de chama viva" e por um véu que o impede de ver seu rosto e de reconhecê-la fisicamente. A visão, no entanto, não é necessária: Dante nos diz que, tremendo de espanto, mesmo sem poder enxergar a moça, é afetado por sua presença e sente "a força imensa" do amor passado. Se o corpo dela é irrelevante para o reconhecimento, o dele é envolvido profundamente: todo o sangue treme, ele conta, ao sentir "os sinais da chama antiga".[12] É como se suas asas começassem a crescer.

Ainda sob o véu, Beatriz lhe dá uma bronca por ter se desvirtuado do caminho da virtude após a morte dela. Dante chora copiosamente e começa a confessar seus erros. Ao fim da contrição, ela o convida a olhar seu rosto, ainda sob o véu. A visão é de uma beleza que supera em muito a que ele lembrava, mas o efeito é de dor e de arrependimento pelos erros. Dante desmaia. Ao recobrar os sentidos, vê enfim o rosto descoberto de Beatriz, e simplesmente reconhece sua incapacidade de descrever o que vê.[13]

Não é só pela *Comédia*, escrita nas primeiras décadas do século XIV, que conhecemos Beatriz. É em um livro de juventude, finalizado em 1292 ou 1293, que a moça é evocada pela primeira vez. Em *Vita nuova*, Dante faz uma espécie de apresentação em prosa de diversos poemas escritos anteriormente. Nessas apresentações, de viés autobiográfico, entendemos a conexão entre suas ideias sobre poesia e suas ideias sobre amor. Em uma frase, o amor e a poesia *são* Beatriz. O que Dante quer nos fazer entender é que sua amada — que ele vê pela primeira vez aos nove anos de idade — é a materialização terrena de sua própria salvação. Ela, como ele diz em um poema, "parece que dos céus baixou à terra,/ para vermos um milagre manifesto".[14]

A questão do milagre aparece também na parte em prosa, e bem detalhada. Após a morte de Beatriz, ocorrida "no nono dia do mês", Dante reflete sobre como a vida dela esteve marcada pelo número nove, e, afirmando que nove é três ao quadrado, toma isso como prova: "Foi a minha amada acompanhada do número nove para dar a entender que era ela um nove, ou seja, um milagre, cuja raiz, do milagre, é somente a Santíssima Trindade".[15] Que cambalhota retórica, não?

Tem mais. Quando Dante a vê pela segunda vez na vida — nove anos após o primeiro encontro infantil —, Beatriz acena levemente. O poder desse breve contato é tamanho que, ao pensar na jovem, o poeta é tomado pela visão de um ser, que ele define como o próprio amor, carregando a jovem nos braços enquanto em uma das mãos leva um objeto em chamas. Olhando para Dante, o ser maravilhoso explica: "É o teu coração". E em seguida dá o troço de comer a Beatriz, que o engole, coitada, "com escrúpulo".[16]

A idealização da mulher na poesia é anterior a Dante, mas o tratamento que ele dá à sua musa vai muito além da expressão poética que transforma a amada na mulher perfeita e inalcançável: as visões que ele tem dela lembram as experiências místicas de santa Teresa de Ávila. Em outro momento de *Vita nuova*, o próprio Amor personificado diz ao poeta que Beatriz poderia ser chamada de Amor, "pela muita semelhança que comigo tem".[17]

Quando ela perece, não é só a mulher amada que parece morrer — e vale lembrar que ela foi amada só à distância —, mas a própria possibilidade de salvação metafísica. É só ao final do livro, quando tem uma nova visão de Beatriz, que Dante decide que não falará mais dela enquanto não puder "fazê-lo mais dignamente". Diz então que reza a Deus que lhe permita um dia conseguir "dizer de Beatriz o que não foi dito de mulher nenhuma" e que "minha alma possa contemplar a glória da sua dama, a bem-aventurada Beatriz", que agora está no paraíso. Com A divina comédia, ele dá um jeito de realizar ambos os prodígios e ainda fundar a poesia moderna.

Robert Pogue Harrison, professor de literatura italiana na Universidade Stanford, resume a grande questão de Vita nuova de modo muito bonito. O dilema existencial com que Dante se depara com a morte de Beatriz, diz ele, é o seguinte: ou a vida da amada "não passou de ilusão, e nesse caso estamos todos perdidos", ou, como termina por escolher o poeta, "a graça que ela manifestou em pessoa quando ainda vivia era a revelação de alguma perspectiva que nos espera adiante, mantendo viva a possibilidade de salvação".[18] Em outro texto, porém, Harrison se refere a Vita nuova como um livro necrofílico, uma vez que é sobre a morte de Beatriz que se ergue sua poesia.[19]

Quem gostaria, de fato, de ser amada assim? E não se trata apenas do peso transcendental que Beatriz precisa carregar — o que inclui ser bastião da virtude e da humildade —, mas sim do esvaziamento da mulher corpórea para que se projete nela a salvação e a graça (e isso, é claro, não se refere ao amor factual, ou histórico, de Dante por Beatriz, sobre o qual só sabemos o que ele conta, e isso não é confiável).

Em um livro muito instigante sobre a estetização da morte feminina na arte ocidental, Elizabeth Bronfen, professora de literatura norte-americana na Universidade de Zurique, propõe que um dos motivos para a profusão de representações de mulheres mortas nas artes visuais e na literatura tem a ver com o fato de sermos culturalmente compreendidas como o "superlativo da alteridade": sendo "o outro" absoluto dos homens, nosso perecimento permitiu tradicionalmente aos artistas lidar com a morte sem que isso significasse lidar com o próprio fim.[20]

Em *Over Her Dead Body* (Por cima do cadáver dela), Bronfen analisa diversas expressões da morte feminina — a conflagração entre beleza e melancolia de Edgar Allan Poe, o suicídio de Emma Bovary — e mostra a diversidade de maneiras como autores trataram de fazer suas personagens morrerem para dizer algo sobre a vida, a morte e sobretudo a literatura. No caso de *Madame Bovary*, por exemplo, Gustave Flaubert faz sua protagonista tomar arsênico porque ela não tinha como pagar suas dívidas, porque havia sido rejeitada por seus amantes e, sobretudo, porque Flaubert precisava mostrar o que deve acontecer quando alguém mistura realidade e literatura, querendo experimentar na vida as aventuras que só existem na imaginação.

A questão das musas é outro foco do livro de Bronfen. Ela começa por uma história bizarra. Em uma noite de 1834, uma moça alemã de 28 anos chamada Charlotte Stieglitz aproveitou uma saída de seu marido, um poeta em crise, para se matar. Mórbido, mas não extraordinário. Charlotte, no entanto, se vestiu toda de branco e enfiou um punhal — que havia dado ao marido como presente de casamento — no próprio coração. O ato dramático veio acompanhado de uma justificativa descrita em bilhete: ela esperava que o suicídio servisse de fagulha a reavivar o talento e a disposição poética do viúvo. Deu errado, e ela se tornou mais conhecida pelo gesto do que ele pela poesia.

O que torna o gesto de Charlotte excepcional, observa Bronfen, é o fato de que põe em prática, escancarando-as, as convenções mais óbvias do autossacrifício feminino. O suicídio da moça é tão perturbador, escreve a autora, porque "é tanto uma imitação dos clichês culturais, oscilando entre a ironia e o kitsch, quanto um esforço autoconsciente de fazer de si mesma um objeto do discurso" de seu marido, isto é, de tornar-se musa dele.[21] Uma musa morta, a mais poderosa.

É da natureza das musas estar ausente: não era pelos sentidos físicos que elas inspiravam os poetas antigos. Como escreve Platão no *Fedro*, para compor é preciso ser possuído pelas musas em uma espécie de acesso de loucura, que desperta a alma para um frenesi de canções. Ao longo dos séculos, essa imaterialidade vai tomando diferentes formas. Bronfen escreve que uma dicotomia essencial governa a relação entre musa e artista, a relação intuída por Charlotte Stieglitz: um poeta precisa sempre escolher entre uma mulher fisicamente presente e uma musa. Não dá para ter as duas ao mesmo tempo.

Quando há alguém de carne e osso, o poeta precisará esvaziá-la em alguma medida do que ela realmente é a fim de projetar o que ela demanda para ser transformada em linguagem. Dante não queria que sua Beatriz morresse, mas, a confiar em seu próprio relato, ele também jamais se aproximou de sua presença física de fato, para além de breves acenos e olhares. Sua musa estava desde sempre ausente: ela era a "transcendência corporificada", como escreve Robert Harrison,[22] e não um corpo a ser contemplado em seu esplendor corporal, como o dos jovens gregos, como um primeiro passo para o vislumbre da verdade.

A se acreditar nesses dois exemplos, tão arbitrários quanto influentes, o pensamento ocidental nos ensinou que os corpos de mulheres são telas onde se projetam os mais doidos propósitos, enquanto os corpos de homens — objetificados em suas materialidades muito reais — abrem as portas para a verdade (mesmo que a verdade seja difícil). O que os dois têm em comum é o fato de serem usados para os homens adultos e livres alcançarem algo que só beneficia a eles mesmos. Mas os meninos, pelo menos, não são contornos vazios. Minha hipótese é de que isso tudo tem, de algum modo, a ver com a invenção de padrões rígidos para a beleza digna de agradar aos machos.

Baixinhos, carecas e impávidos

Em um ensaio a respeito do que a aparência diz sobre o interior dos homens, Montaigne, no final do século XVI, diz que a beleza é uma qualidade poderosa, a mais vantajosa de todas, pois se apresenta antes das outras, seduzindo e predispondo quem a vê a um julgamento positivo.[23] Em outro ensaio, ele reflete mais detidamente sobre a aparência e reconhece que lhe falta o único traço realmente definidor da beleza masculina: "Sou um pouco mais baixo que a média. Esse defeito não é apenas feio mas também impróprio, especialmente para aqueles em posição de comando, já que falta a eles a autoridade garantida por uma bela presença e um porte majestoso".[24]

O divertido nessa passagem de Montaigne é que ele enumera os outros traços que tornam alguém bonito, e diz que todos eles são importantes para as mulheres. Nos homens baixinhos, porém, afirma, "não há testa larga e arredondada, nem luminosidade e suavidade do olhar, nem nariz discreto, nem boca e orelhas pequenas, nem dentes brancos e regulares, nem uma barba escura densa e macia como a casca de uma castanha [!], nem cabelos encaracolados, nem formato arredondado da cabeça, nem cor fresca ou expressão facial agradável, nem corpo cheiroso, nem membros proporcionais que tornem um homem bonito".[25]

Tadinho, mas eu tendo a concordar. Montaigne lembra o que Aristóteles já dizia: um homem pequeno pode ser bonitinho, mas jamais será lindo. Também eles sofrem, portanto, com algo na aparência que não corresponde ao ideal, algo que eles não podem mudar (embora isso seja, no final das contas, também cômodo). E esse defeito, ao menos segundo Montaigne, tem a ver com a incapacidade, quanto mais não seja aparente, de comandar.

O mesmo pode ser dito, talvez, do problema da calvície. Os homens se melindram tanto com a própria careca por medo de se tornarem menos sedutores ou porque temem ser enxergados como fracos? Um dos mais admirados personagens da história ocidental — e admirado por seus feitos "viris" — via "a própria calvície como uma deformação terrível, pois achava que o expunha a zombarias da oposição". Segundo o historiador Suetônio, que no século II escreveu sobre os primeiros imperadores romanos, Júlio César, o sujeito que em 49 a.C. deu o golpe fatal na República, "costumava pentear o cabelo do cocuruto para a frente" e ficava muito feliz de ter "o direito de usar o tempo todo uma coroa de louros".[26] Os truques funcionaram: nenhum dos bustos até hoje identificados como de César traz uma cabeça careca.

Isso pode ter a ver, ou não, com o fato de que, entre os presidentes eleitos no Brasil, a despeito de uma ou outra entrada, só poderem ser considerados mesmo carecas Hermes da Fonseca (para a foto oficial, ele usou o chapéu de marechal) e Getúlio Vargas, que, por outro lado, tinha ficado famoso ainda com todos, ou quase todos, os fios de cabelo. Dentre os vinte eleitos para o governo norte-americano no século xx, só um mostrou uma cabeça lustrosa, Dwight D. Eisenhower (e houve aquela coisa desfocada que é o suposto cabelo de Trump).

Lá no século xvi, Montaigne, além de baixinho, tinha profundas entradas. Queria, no entanto, ainda merecer seus direitos no amor, garantidos por seus atributos intelectuais. Se um homem, escreve ele em outro ensaio, consegue tolerar a "fraqueza do espírito" de certas mulheres cuja beleza corporal a compensa, por que elas não fazem o inverso? As mulheres, se queixa, são incapazes de "estender a mão a um corpo que cai", não importa "quão maduro e sábio" seja o sujeito.[27]

Montaigne está falando de impotência sexual, mais uma vez? Sim, e se pergunta: "Por que uma delas não tem vontade de fazer essa nobre troca socrática, do corpo pelo espírito, comprando pelo preço de suas coxas um relacionamento filosófico?". A essência do sonho da pederastia platônica ataca novamente: os objetos não são mais os garotos, e sim as mulheres, mas os barbados seguem achando que podem oferecer educação intelectual e, em troca, usufruir de belos corpos.

A ironia da falsa equivalência salta aos olhos, e não se poderia esperar algo diferente de um texto de mais de quatrocentos anos atrás. O surpreendente, na realidade, é o quanto o desejo feminino é devidamente reconhecido por Montaigne, que dedica boa parte desse ensaio a defender que as mulheres são vítimas das regras, expectativas e provocações cruéis e contraditórias que partem dos homens. Reconhecendo a urgência do desejo, eles ao mesmo tempo demandam que elas — e só elas — resistam. Certamente, diz Montaigne, as mulheres escolheriam trabalhar em tribunais ou ir "à guerra pela reputação, em vez de ter, em meio à ociosidade e às delícias, de montar uma guarda tão difícil".[28]

E não, não trocamos a beleza de fora pela de dentro; por que não querer ter de tudo ao menos um pouco? Ou nem tão pouco. É ainda Montaigne quem conta a história de uma certa rainha Joana de Nápoles que, não encontrando em seu primeiro marido nem "as partes nem os esforços" que correspondessem às expectativas criadas pelo belo porte do jovem, o mandou estrangular com um laço de seda.[29] Não cheguemos a tanto, mas não nos contentemos com misérias. Queremos beleza dentro e fora, e tentamos não nos deixar enganar.

Mas nos enganamos miseravelmente, com muita frequência, é claro. E não apenas nós. A literatura de ficção é recheada de sujeitos que prometem uma coisa, com seus belos portes, e entregam algo bem diferente, e os homens também caem como patinhos. Um caso clássico é Jay Gatsby, o personagem que dá título ao romance clássico (e lindo) de F. Scott Fitzgerald. Quem leu se lembra bem da sedução que ele exerce sobre o narrador, Nick Carraway, quando eles se encontram pela primeira vez. Gatsby tinha, diz Nick, "um daqueles raros sorrisos com o ar de eterno consolo, do tipo que você só encontra umas quatro ou cinco vezes na vida. Parecia encarar a eternidade do mundo inteiro por um instante". E um pouco depois: "Sua pele bronzeada cobria o rosto de forma atraente e seu cabelo curto parecia sempre recém-aparado. Eu não conseguia vislumbrar nada de sinistro nele".[30]

Jay Gatsby era um novo-rico que, ao que tudo no romance indica, havia ganhado sua fortuna não por herança, como alega, mas em negócios obscuros — são mencionados contrabando de bebida e até envolvimento em uma armação para manipular o resultado do campeonato nacional de beisebol. Não é que fosse um sujeito ruim, na verdade, era só um sujeito apaixonado e abandonado, com um plano para reconquistar sua amada que tem tudo para terminar em tragédia. Um pouco sinistro, enfim, diferente de seu sorriso.

Eros como moeda

Gatsby descarrega sobre Nick o que alguns pesquisadores vêm chamando de "capital erótico", uma espécie de poder de sedução, difícil de medir, que faz com que homens e mulheres obtenham favores e vantagens por meio de atributos relacionados à sexualidade. É um conceito complicado e mal defendido. Pouco mais de uma década atrás, uma socióloga britânica publicou um livro que é um desserviço ao feminismo e, sobretudo, um imenso desperdício intelectual. Em *Capital erótico* — que ganhou em português o ridículo subtítulo "Pessoas atraentes são mais bem-sucedidas. A ciência garante" —, Catherine Hakim argumenta que é possível definir um conjunto de propriedades eróticas que podem e devem ser exercitadas para nós mulheres nos darmos bem na vida.

Beleza, atratividade sexual, habilidades sociais, vitalidade, apresentação pessoal, sexualidade e, em algumas culturas, fertilidade compõem, segundo Hakim, o tal capital erótico.[31] Para além do fato de que a definição é tão ampla que perde o sentido, e que muitos desses elementos são, mais do que subjetivos, relacionais (agimos mais animados perto daqueles de quem gostamos, por exemplo), a autora parte de pressupostos que denotam uma confusão absurda entre causa e efeito. Para ela, temos que usar a nosso favor duas realidades que ela entende como óbvias: o fato de que as mulheres têm mais capital erótico que os homens e o de que eles gostam e precisam mais de sexo do que nós.

Segundo Hakim, seu propósito é feminista: ela quer ensinar às mulheres como usar esse conjunto de ferramentas em troca de vantagens sociais e econômicas, a fim de, coletivamente, reduzirmos as desigualdades de gênero. É impressionante que alguém use a expressão "capital erótico" para isso, sem entender lhufas do que é o erótico ou de onde vem a desigualdade entre homens e mulheres.

Afinal, diz ela, temos mais capital erótico porque nos esforçamos mais. "Até os artistas perceberam isso, e há muito mais nus femininos do que masculinos", afirma, numa bizarra inversão.[32] E podemos, ela promete, sempre nos esforçar mais ainda. Podemos praticar a "mágica social do sorriso", aprender a dançar ou simplesmente fazer um esforço e emagrecer.[33] Ela não se pergunta, porém, por que nos esforçamos. E nem considera que o fazemos para atender a um padrão de interesse que não tem nada, ou quase nada, de natural. Pior, ela desconsidera que há desigualdades no que tange ao poder de sedução que não podem ser resolvidas por mais esforço de nossa parte: preconceitos raciais e de classe não parecem passar por sua cabeça.

Críticas muito pertinentes ao livro de Hakim podem ser encontradas aos montes na internet. O que mais me incomoda é que ela defende de modo tosco um ponto que, no fundo, me parece legítimo: o mesmo sistema que inventa as normas e padrões eróticos censura as mulheres que se servem deles — isto é, que usam seu capital erótico — para seus próprios fins. (Digo sistema, e não homens, porque nós também de vez em quando recriminamos aquela moça que usou seu charme para conseguir uma oportunidade ou aquela outra que vestiu uma blusa um pouco decotada em um evento de trabalho. Eu já fiz isso. Você já fez isso. Vamos parar.)

O que realmente diria Montaigne de uma mulher que se submetesse às necessidades sexuais dele em troca de favores intelectuais e que, tornando-se erudita como ele, demandasse uma posição social equivalente à sua? Vivemos uma situação terrivelmente paradoxal. Tomemos a figura paradigmática da egípcia Cleópatra, uma mulher que o historiador grego Plutarco, um século depois da morte dela, conta ter encarado (e conquistado) o romano Marco Antônio com "seu charme e seus feitiços pessoais" — sua beleza, mas também sua argúcia e a conversa inteligente — e não com os presentes de seu rico reino. O que, no entanto, diriam no Twitter a respeito de como usava seu "capital erótico"? A que perguntas teria de responder em entrevistas?

Recentemente, uma outra bela mulher que resolveu se meter na política ainda jovem teve de ouvir um colega deputado a chamar, diante de repórteres, de "uma vagabunda do caralho" (*"a fucking bitch"*, no original). Com um paletó vermelho e seu icônico batonzão bordô, a deputada norte-americana, de ascendência porto-riquenha, Alexandria Ocasio-Cortez afirmou, no Congresso, que o problema da fala dele é que não traz nada de novo: quando trabalhava em bares em Nova York, disse, "já empurrei homens pra fora por terem usado palavras como essas". No Twitter, ela escreveu, virando o jogo a seu favor: *"Bitches have things done"*, algo como "Vagabundas fazem as coisas acontecerem".

A respeito das críticas constantes que recebe pela atenção que dá à sua aparência, Ocasio-Cortez simplesmente gravou um tutorial do passo a passo de sua rotina de maquiagem e disse: "Se de manhã passo uma hora ficando linda, não é porque tenho receio de como vou aparecer em alguma foto dos Republicanos. É porque é o que tenho vontade de fazer". Ninguém jamais questionou, afinal, o maior dos beneficiários do capital erótico na política, afirmando que quando ele jogava seu charme infinito para cima da gente estava disfarçando suas incapacidades ou enfraquecendo suas bandeiras. Sem seu poder de sedução, Barack Obama teria sido eleito?

Em seu tosco manifesto, Catherine Hakim diz que os homens ressentem as mulheres porque eles são mais suscetíveis aos apelos visuais, e elas se aproveitam disso. Como eles vivem em um "estado semipermanente de desejo e frustração sexual", se tornam misóginos, diz ela. Volto ao livro só porque sintetiza bem, e renova, o mito de que homem gosta de sexo, enquanto mulher gosta de dinheiro ou poder. Tanto é que não é raro (no ambiente acadêmico, é quase regra) uma mulher se ver na situação em que, tendo conseguido algum tipo trivial de benefício de um homem, de repente percebe que o sujeito acha que instantemente tinha adquirido direitos de monopólio sobre a atenção dela. Como se sempre apresentássemos conscientemente nossas moedas sexuais — e não simplesmente vivêssemos o jogo erótico cotidiano saudável — e as trocássemos, com título de exclusividade, pelo que quer que o sujeito ache que está oferecendo.

O que Montaigne sugere na sua "nobre barganha" e o que Platão sugere na prática da pederastia parecem se ligar profundamente à questão do capital erótico. Afinal, o que ambos propõem é que mulheres bonitas ou belos rapazes — neste caso, também em posição social inferior — ofereçam seus méritos sexuais e sensuais em troca de algo, que usem seus corpos para comprar sabedoria. E se há um problema ético evidente, ele toca não o flerte desse comércio com a prostituição, mas a questão do consentimento, que sabemos ser mais complexa do que um *sim* ou um *não*.

No caso de Montaigne, pelo tom de lamento, não parece que ele tenha tido muito sucesso nesse tipo de comércio, o que me leva a crer que deve ter respeitado, nos limites dos costumes do século XVI, a opção das mulheres de valorizar mais as próprias coxas do que a sabedoria de um velho impotente. Ao menos é o que ele escolhe expressar em seu ensaio, e qualquer hipocrisia, nessa seara, já é bem-vinda.

O caso da pederastia platônica é mais complicado, porque os meninos estavam necessariamente numa posição de sujeição aos adultos. Ainda que os pesquisadores acreditem que tinham liberdade de recusar os avanços dos barbados — há inclusive representações pictóricas em vasos que demonstram isso —, os jovens muitas vezes dependiam desse comércio para conquistar posições sociais. Podemos acreditar que Platão de fato defendesse apenas a contemplação à distância dos corpos juvenis, mas também sabemos que mesmo essa prática já pode ser bem desconfortável para quem é "contemplado".

Nos dois casos, no entanto, de alguma forma espera-se, para o bem ou para o mal, que mulheres e meninos recusem as investidas. E essa ideia de que é tanto mais desejada a mulher que sabe guardar seus tesouros — ou, por extensão, que nós somos menos suscetíveis aos apelos eróticos alheios — é um clichê que não parece querer morrer.

Vamos pensar melhor essa coisa do erótico

Em um ensaio intitulado *O erotismo*, de 1910, a ensaísta e pensadora Lou Andreas-Salomé já havia nos advertido a não aceitar sem questionamento a noção de que a continência sexual traria benefícios à saúde e reforçaria "o poder criador ao reabsorver e transmutar as energias" — experiência que "a disciplina sexual implacável" cristã havia por séculos imposto às mulheres e que agora, escreve ela, a psicanálise revisava por meio do conceito de sublimação.[34]

A liberdade erótica, contudo, também é cerceada por mecanismos mais concretos, e o que me tira do sério nisso tudo é pensar na pobreza do erotismo heterossexual masculino, que contamina o nosso. O impasse que a discussão sobre capital erótico torna transparente é o seguinte: como podemos usar nosso poder de sedução e ao mesmo tempo subverter as normas do que é considerado como digno de exercer esse poder? É mais fácil, com certeza, enfrentar um deputado misógino quando você tem o rosto perfeito e o corpo magro porém com curvas de Alexandria Ocasio-Cortez.

Para a maioria de nós, o erótico é apenas mais um elemento a produzir desigualdade de oportunidades, e não conseguimos deixar de nos sentir mais desejáveis e bonitas quando vemos no espelho algo mais próximo ao padrão que nos impõem. Isso tudo não tem nada a ver, no entanto, com a concepção maluca de que naturalmente os homens são mais suscetíveis aos apelos visuais do que a gente, e que por isso gostam mais de corpos "bonitos" do que nós.

Como separar natureza (uma predisposição fisiológica) e cultura ("a disciplina sexual implacável") quando se trata da expressão do desejo? Pesquisas mostram, por exemplo, que homens relatam mais efeitos positivos em resposta a cenas eróticas do que as mulheres, porém respostas fisiológicas obtidas por exames de imagens revelam diferenças bem menores. Ou seja, homens gostam de dizer que ficaram excitados, mulheres têm mais pudor.[35]

Seriam então eles efetivamente mais suscetíveis aos encantos das mulheres do que o inverso? Ou será que simplesmente fomos ao longo de séculos e milênios preparadas para agradar, enquanto para eles os padrões são mais baixos? Montaigne dizia que bastava ser alto… E vi um meme, outro dia, em que se comparavam as exigências físicas feitas às mulheres a essa única demanda dos homens. Como se exigir que as mulheres tenham cinturas finas, seios e bunda grandes, cabelos longos etc. etc. fosse equivalente a gostarmos de homens altos!

No ensaio em que fala da censura milenar à sexualidade feminina, Lou Andreas-Salomé tenta compreender o erotismo — que "parece resistir às definições, flutuando entre o físico e o espiritual" — e qual o seu lugar na experiência humana. A primeira dificuldade, diz ela, é a repressão da nossa subjetividade em prol de uma abordagem lógica, que considera apenas cada fragmento da vida e não uma "experiência viva indivisa e total".[36]

Para Andreas-Salomé, mesmo quando a dimensão erótica da vida não está em primeiro plano ou quando vivemos os "êxtases amorosos mais complexos", a expressão física e primitiva do erotismo influencia o modo como experimentamos o mundo, permanecendo como uma "boa alegria" indelével, que é sentida pelo corpo e dá um calorzinho de novidade à coisa toda.[37]

Andreas-Salomé diz que o que está no centro da experiência erótica, nesse sentido bem amplo, é justamente uma disposição que se abre em nós para "conexões vitais mais vastas" e que nos arrasta para a mudança, para a renovação. Sim, ela admite, às vezes é difícil conciliar o erotismo com a fidelidade. Ainda assim, ele não deve ser encarado como "o bode expiatório de toda tragédia amorosa": em vez disso, quando acolhemos o desejo erótico com nossa capacidade de compreensão, diz ela, atingimos um grau ainda maior de vitalidade.[38] A experiência amorosa mais profunda é, portanto, uma abertura ao máximo da vida, o mais alto sentido do erotismo. Pode-se discordar; pode-se acusar o truque da Lou para não ser chamada de vagabunda (ela não parecia ter esse medo, no entanto); mas de que é uma proposta bonita não há dúvida.

Para qualquer padrão, a relação da russa Lou Andreas-Salomé com o amor e o casamento foi fora do comum. O primeiro homem com quem decidiu compartilhar a vida, o pensador alemão Paul Rée, era doze anos mais velho e estava apaixonado por ela, que também o amava, mas de outro jeito. Ela recusou o pedido de casamento dele e propôs que a convivência dos dois sob o mesmo teto fosse puramente intelectual e espiritual. Alguns meses depois, outro sujeito entrou no combinado: aos 37 anos, Friedrich Nietzsche já havia se aposentado do cargo de professor da Universidade de Basileia, na Suíça. Estava em busca de uma pupila e idealizava um casamento com uma mulher brilhante, com prazo de validade de dois anos, que seria um encontro romântico e intelectual. "O mundo é pleno de coisas belas, e contudo pobre, muito pobre de belos instantes e revelações de tais coisas. Mas talvez esteja nisso o mais forte encanto da vida", havia escrito no então recém-publicado *A gaia ciência*.[39]

O encontro com Lou parecia ser um desses instantes — ou ele assim o fantasiou —, e ela parecia uma candidata perfeita para o posto de amada/ pupila, mas tudo o que ela topou foi que ele fizesse parte da comunidade que já mantinha com Rée e que transitou da Itália à Alemanha. Um registro fotográfico da trindade, feito em Lucerna, na Suíça, mostra bem o clima ousado do arranjo: sentada em uma carroça, com um meio-sorriso, ela segura um chicote, como que o apontando na direção de um envergonhado Paul Rée e de um Nietzsche que olhava para o além. Dizem que até o fotógrafo ficou constrangido ao fixar a cena.

O casamento oficial (e o nome Andreas) só chegaria em 1887, com Friedrich Carl Andreas, um professor especialista em história dos povos irânicos. É difícil entender por que ela tomou essa decisão, especialmente considerando que mais uma vez ela estabeleceu como condição, apesar de agora falar em amor romântico, não terem relações sexuais. Em um diário, Lou fala no que sentia e nos laços do casamento como uma "simpatia incomparavelmente maior, como também a disposição de renunciar a si mesmo como ser individual" e de um "sentido quase religioso" no seu sentimento pelo marido.[40]

Apesar de ter encontrado outros homens com quem desenvolveu alguma espécie de relação (amorosa? erótica?), foi só com Rainer Maria Rilke, um dos mais importantes e complexos poetas modernos da língua alemã, que ficamos sabendo de um encontro efetivamente sexual — eventuais relações antes disso ela preferiu esconder. Em 1897, Lou tinha 36 anos, quinze a mais que René (foi ela quem começou a chamá-lo pelo nome "Rainer", que ele adotou). Depois de alguma insistência do jovem, ela correspondeu à sua paixão, inclusive sob o teto e o olhar de seu marido, de quem, aliás, nunca se divorciou. Os três chegaram a viajar juntos para a Rússia, antes de o romance terminar, em 1900. Rainer e Lou foram amigos pelo resto da vida.

Quando escreveu *O erotismo*, em 1910, Lou Andreas-Salomé já havia tido outros amantes, vivido um aborto e tomado contato com a psicanálise. Sem dúvida, Freud influenciou sua visão sobre a experiência erótica, mas ela fez questão de estabelecer uma visão pessoal sobre o erotismo feminino, que entende como distinta da masculina porque menos concentrada no prazer genital.

Na base dessa visão, que ela apresenta nas anotações que faz a partir dos seminários de psicanálise de que participou, está uma proposta de sublimação — a conversão da força erótica em cultura — como algo afirmativo, algo que só a mulher pode compreender completamente, porque menos afetada pela cisão entre natureza e cultura. Só nas mulheres, diz Andreas-Salomé, a sexualidade "não é a rendição das fronteiras do ego, não é uma cisão; ela se mantém como a terra natal da personalidade, podendo incluir todas as sublimações do espírito sem perder a si mesma".[41]

A visão historicamente situada, e por isso artificial, de que há uma separação entre o natural e primitivo de um lado, e o civilizado de outro, e que o primeiro é um obstáculo a ser superado é o que faz, diz Salomé (com evidente influência de Nietzsche), acreditarmos que a civilização causou necessariamente um déficit em vida, produzindo uma cultura dos fracos. Estes seriam, conclui ela, o sexo masculino. Do ponto de vista feminino, anota com ironia, os homens seriam o sexo fraco, pois "a mulher, sendo narcisista e sem cultura, nunca atinge os insights mais profundos da mente, mas, ao contrário, vê a si mesma no conhecimento intuitivo da vida".[42]

Se meti essa divagação psicanalítica no meio de uma discussão sobre o tal capital erótico das mulheres e dos homens, foi para tentar entender o que faz com que estejamos à mercê de uma concepção tão pobre de erotismo, que faz com que mulheres supostamente possam conseguir mais vantagens se usarem seus atributos sensuais e, ao mesmo tempo, que esses atributos sensuais tenham de responder a um modelo superlimitado.

Se as mulheres se esforçam para agradar homens segundo restritos padrões preestabelecidos por eles, o que pensar sobre a vida erótica dos homens heterossexuais? Minha hipótese é a de que o prazer para eles é, em grande parte, afetado ou mediado pelo poder que creem exercer ao terem junto a si uma mulher que, por sua aparência, não põe em questão os critérios culturais, artificialmente concebidos, do que é um objeto digno de ser desejado. Uma mulher sobre a qual ele pode projetar o que quiser é o prêmio a que ele pode almejar por se comportar como um bom exemplar dos machos. É "um selvagem tristemente domesticado", diria Lou Andreas-Salomé.[43]

Também para eles, como ela escreveu em *O erotismo*, o apelo erótico tem a ver com novidade e com mudança, mas sinto que isso se dá só na medida em que o "antigo" gastou seu poder de garantir sua conformação ao que sua própria cultura predeterminou: quando perdeu seu valor na competição entre homens e quando deixou de reforçar, como um espelho benévolo, as qualidades que o sujeito acredita ou quer possuir.

É evidente que estou falando aqui de um modo muito genérico, e *nem todo homem* etc. Mas, se até a Shakira foi deixada por uma moça cujo rosto parece impossível decorar (minha sororidade é seletiva, sim), esse mundo dos homens parece mesmo meio deprimente. "Não sei se é caça ou caçadora, se é Diana ou Afrodite, ou se é Brigitte, Stéphanie de Mônaco, aqui estou, inteiro ao seu dispor", cantava o Paulo Ricardo na minha infância. Se ele não consegue escolher entre esses clichês, será que chegou a olhar por mais de três minutos essa mulher, ou estava sempre lançando seu olhar 43, aquele assim meio de lado, já saindo?

E, não, *nem toda mulher* tem uma disposição generosa (não confundir com condescendente) para experimentar a graça de uma variedade maior de modelos masculinos, com menos regras e preconceitos. Sim, muitas de nós queremos homens altos. Sim, nos bares, vemos trocentos homens iguais, com a mesma barba, a mesma calça jeans, porque agradam assim, sem ter muito trabalho. Mas quem há de negar que, de modo geral, é necessário aos homens se conformar muito menos a padrões estéticos para ser o objeto de loucas paixões? Um mundo em que feiosos como Adam Driver ou Paul Mescal arrancam suspiros é, sim, um mundo mais interessante do que o de Brigittes e Stéphanies.

Quando Lou Andreas-Salomé fala do erotismo como uma "experiência viva indivisa e total", e da experiência erótica como algo que nos desperta para "conexões vitais mais vastas" e que nos arrasta ao novo, penso que isso tem a ver com essa disposição. É como se tivéssemos menos preguiça de procurar o conjunto de atributos que nos levam a esse estado e que podemos definir justamente como beleza. Por outro lado, é claro, seguimos sendo culturalmente programadas — e nesse ponto, tão sujeitas ao artifício quanto eles — para correspondermos ao que se espera de nós.

Forçando uma barra e ignorando as especificidades históricas, arrisco dizer que mesmo a Beatriz de Dante, embora louvada por sua beleza espiritual, devia ser magra, pálida, com seios discretos, como se esperava de uma bela dama no final do século XIII. E, ironicamente, se temos uma ideia geral de que os homens da Grécia antiga eram lindíssimos, isso se deve muito ao fato de que a elite de homens livres apreciava, eroticamente, meninos e mulheres. (Devia-se também, é bom lembrar, ao fato de que se exigia dos homens que fossem belos porque isso significava serem virtuosos, e não para que fossem atraentes.)

É, admito, meio maluco ligar Platão a Dante e a Lou Andreas-Salomé para falar do amor e do desejo no século XXI. Há, porém, o mais belo dos pontos de encontro entre todos esses autores — entre o amor platônico, a salvação materializada em Beatriz e o erotismo como energia vital de Salomé: nos três casos, é possível reconhecer que aquilo que vislumbramos em quem nos desperta o desejo é a possibilidade de que o contato com tal pessoa (em forma de contemplação, interação sexual e/ou união romântica) nos conecte com algo maior que nós mesmos. Não posso entender o porquê de restringir essa possibilidade a padrões rigorosos, artificialmente concebidos, de beleza. Ficamos presos em um jogo em que todos se dão mal: as mulheres tentando nos conformar a um paradigma inatingível; os homens perdendo a chance de ampliar o próprio mundo.

Ok, alguém pode questionar, mas Beatriz foi a responsável por abrir as portas do inferno e do paraíso para Dante; que ampliação de mundo maior que essa você quer? E eu respondo: céu e inferno uma vírgula; ela abriu as portas da salvação pessoal de Dante, e precisou morrer para isso. Tudo o que nós e ele conhecemos de maravilhoso ao longo dos cem cantos que compõem *A divina comédia* é incidental. Estou exagerando, evidentemente: Dante, afinal, escreveu a *Comédia*, e nela inventou mundos. De algum modo, Beatriz destravou essa conexão com um maravilhoso universo.

O que vive dentro de um autor não é, porém, apenas produto de seu gênio; é um universo vivo de inputs e reações. Da mesma forma que é um equívoco ler uma obra só como sintoma de um tempo e lugar, é também ilusório afirmar que ela é um produto do imaginário regido apenas por aspirações estéticas. Toda experiência de arte fala de seu autor e de seu mundo, mas também de quem a vivencia.

Há uma cena ótima no filme *Tár* (de Todd Field, 2022), em que Cate Blanchett vive uma regente tão genial quanto abusiva. Ao dar uma aula em uma prestigiosa escola de música, a protagonista Lydia Tár se depara com um aluno que afirma simplesmente que "não curte Bach", porque, "como pessoa não branca e pangênero" e considerando "a vida misógina" do compositor alemão do século xviii, via-se impedida de "levar a música dele a sério".

A cena é caricatural (quero acreditar que um estudante da Julliard não diria isso), mas aperta uns botões incômodos em professores: de formas menos toscas (ou não tanto), todos já tivemos que enfrentar situações assim. Tanto é que não consigo encerrar este capítulo sem deixar bem claro que eleger como tema de discussão a objetificação dos meninos em Platão e Thomas Mann ou o esvaziamento da musa de Dante é tocar o ponto menos importante das obras.

A *Comédia* de Dante, ou sua *Vita nuova*, não perde uma gota de encanto por Beatriz ter sido uma musa paradigmática, um fantasma sem corpo, um vulto de mulher. Pelo contrário, isso tudo é necessário para que esses livros sejam o assombro que são. Ninguém sai intocado, para ficar ainda no tema do amor, da descrição do castigo dos adúlteros, no segundo círculo do inferno, em que as almas dos amantes são arrastadas para lá e para cá por uma ventania terrível e eterna. Do mesmo modo, não saímos incólumes diante da desesperança que a morte de Beatriz, na *Vita nuova*, traz a seu distante cantor. Eu, pelo menos, quero e escolho estar disponível ao abalo que esses livros me causam.

Para tentar demover o aluno de sua teimosia besta, a personagem de Blanchett, Lydia Tár, toca um trecho da *Missa em si menor* de Bach, mostrando que a música não afirma nada; ela faz perguntas. Penso que o mesmo ocorre com a literatura de que *eu* gosto. Platão, Mann e Dante não oferecem respostas sobre o que é o amor ou a beleza: eles complicam nossas noções anteriores de amor e beleza. Eu poderia passar a vida toda, e seria feliz, estudando *O banquete*. Quando escrevo minhas impressões sobre o modo como essas respostas provisórias deles influenciaram o mundo e a mim, estou deixando (com a ajuda de gigantes) singelas digitais minhas na mesma enorme pergunta.

Posso tentar um truque e dizer que as contradições aparentes deste capítulo fazem parte do objetivo dele. É meio truque, mas meio verdade também: como mulher, estou tentando entender um mundo inventado por homens. Tento entender como é pensar e sentir como eles. Desde Platão eles me mostraram que amar era, no melhor dos casos, encontrar, a partir do encontro com alguém, a beleza transcendente. Ou a salvação da alma. Ou, já na desilusão do século xx, o seu oposto: a falta de sentido da vida, a impossibilidade de uma experiência total. Em uma versão mais pop, com a figura da *femme fatale*, me mostraram que o que anima a vida é o inalcançável e fugidio, o mistério, o perigo — um monte de coisas que, na realidade, ninguém quer que dure mais que um Carnaval.

Em todos os casos, me fizeram experimentar, como leitora, que o amor é o primeiro degrau de alguma suposta verdade até então inalcançável. Me mostraram também, contudo, que ser o outro dessa relação é ser uma porta para o mundo além que não passa de um espelho (como já diziam Woolf e Beauvoir). E que, para ser esse espelho, é preciso não se desvirtuar demais de um molde, não assustar; em suma, não distrair.

Felizmente, o *Banquete* de Platão não termina na fala de Sócrates. E Sócrates não veio ao mundo para facilitar a vida da gente, ninguém sabe disso melhor que Platão: por mais ficcionais que sejam seus diálogos socráticos, a essência do sujeito permanece. Sócrates é o cara que só sabe que nada sabe, o cara que quer ensinar os outros a pensar, e não aquele que oferece respostas. Mais ou menos o que Lydia Tár afirma da música de Bach.

Ao final do *Banquete*, o que Platão faz é questionar tudo o que o Sócrates havia dito. Quando este conclui seu discurso, quando todos concordam que o filósofo tinha fechado com chave de ouro a noite, uma confusão barulhenta soa do lado de fora da casa. É Alcibíades — um dos maiores comandantes e estrategistas da história de Atenas — que, já muito bêbado, chega atrasado para a festa. É um dos momentos mais divertidos, belos e desconcertantes da história do pensamento ocidental.

Em um artigo apaixonante que escreveu aos trinta e poucos anos, a filósofa Martha Nussbaum, professora da Universidade de Chicago, me mata de admiração ao descrever a aparição do sujeito com uma linguagem deliciosa de folhetim romanesco: "Alcibíades, o belo, a natureza maravilhosa", escreve ela, se apresenta à nossa imaginação sensorial, com "um visual em que explodem cores e toda a confusa impureza da carne mortal". O texto nos faz "ouvir sua voz, ver vividamente seus movimentos, até mesmo sentir o odor das violetas que escorrem por seus cabelos e sombreiam seus olhos, o perfume delas se misturando com os cheiros mais pesados de vinho e suor".[44]

Por essa descrição, era de esperar que todos desmaiassem de tesão quando ele chega, mas a história segue outro caminho. Ao ver Sócrates sentado ao lado do belo Agatão, Alcibíades tem um pequeno surto de ciúme, e o filósofo reclama que o amor do bonitão se tornou um peso para ele. É aqui que a coisa fica estranha. Alcibíades é alto, forte, belo, uma dádiva da natureza. Sócrates é velho e feio. Mas é Alcibíades quem ama Sócrates. O que concluir disso depois de todos os ensinamentos de Diotima e da ideia de que o primeiro degrau da escada que leva à beleza transcendente é o corpo de um belo rapaz?

A coisa é mais complexa: tínhamos acabado de ler o discurso de Sócrates, segundo o qual o tal belo rapaz é importante, mas só como o dito primeiro degrau. O amor físico por um único ser é necessário, porém apenas enquanto estágio inicial rumo ao amor da beleza em si — e entre uma coisa e outra o aprendiz do amor tem que perceber que não há nada de especial em uma única pessoa; que a beleza que ela tem é um elemento compartilhado com outros.

O embriagado Alcibíades, no entanto, para falar de amor não quer abstração: quer contar histórias sobre Sócrates; quer descrevê-lo em imagens concretas. Sócrates é como as estátuas de Sileno, diz ele, feio por fora, porém cheio de riquezas por dentro. Mais do que qualquer coisa, é um ser único, diferente de todos os outros atenienses. Alcibíades lamenta, no entanto, só ter conseguido receber de Sócrates lições de pensamento: quando tentou seduzi-lo sexualmente, o velho se fez de sonso. E, assim, uma camada importante do conhecimento amoroso ficou para sempre fora do alcance.

Martha Nussbaum diz que, ao terminarmos de ler o discurso de Alcibíades, nos damos conta de que *O banquete* é um livro assustador e cruel. Alcibíades nos rouba, a golpes de sofrimento passional, a convicção a respeito do relato de Diotima: ele nos faz sentir, diz a filósofa, que ao embarcar na escada de belezas rumo à beleza das formas estou sacrificando *uma* beleza, de modo que não consigo mais ver essa ascensão como um processo que abrange *toda* a beleza. Pior: tenho que sacrificar a única beleza que me importa, a beleza singular do corpo que desejo.

Primeiro, ao ouvir Sócrates, vislumbramos uma vida racional e de virtude, na qual a beleza nos leva à verdade, nos afastando da bagunça e dos erros do mundo terreno. Quando, porém, ouvimos Alcibíades, nos damos conta de que somos muito humanos, nos identificamos demais com aquela paixão, temos dificuldade de nos desapegar do corpo que desejamos. Mais do que isso: o caminho que percorremos não é o da beleza à verdade, mas sim da verdade, uma verdade intuitiva e violenta, à beleza.

O corpo que amamos — mesmo o corpo feio de Sócrates — não é aquele que abre uma janela para o paraíso diante de nós, mas que cria uma abertura em nós mesmos, que nos torna mais vulneráveis, mais disponíveis ao que nos é alheio. Isso nos custa a razoabilidade, o domínio de si, a filosofia. E, na real, não temos muita escolha a não ser bailarmos esse tango. Platão nos deixa essa bomba no colo.

O poeta romântico alemão Friedrich Hölderlin, no finzinho do século XVIII, pegou essa bomba e escreveu um pequeno epigrama intitulado "Sócrates e Alcibíades", no qual pergunta ao filósofo por que ele venera um jovem, observando-o como se fosse um deus. "Não conheces coisas maiores?", questiona o interrogador. Sócrates — um Sócrates distante do platônico — então responde: "Quem o mais fundo pensou, o mais humano ama,/ Quem para o mundo olhou entende/ A excelsa juventude, e os sábios muitas vezes/ Acabam por se render à beleza".[45]

Nascida cerca de três séculos antes de Platão, a poeta lírica Safo já percebia, porém, que não se trata somente de se render à beleza, mas sim de se render ao amor erótico e ao desejo, este sim singular e imperativo. Em um de seus fragmentos que chegaram até nós ela escreve, com simplicidade: "Dizem uns que exércitos e uns que barcos/ e uns que carros sejam o ser mais belo/ sobre a terra negra — por mim seria o/ ser que se ama".[46]

8. Vamos fetichizar esses corpos

> Lindo
> E eu me sinto enfeitiçada
> Correndo perigo
> Seu olhar é simplesmente lindo
> Mas também não diz mais nada
> Menino bonito
> E então quero olhar você
> Depois ir embora
> Sem dizer o porquê
> RITA LEE, "Menino bonito"

NA TERCEIRA CENA DA PEÇA *Um bonde chamado desejo*, a fina e decadente Blanche DuBois pergunta a Stanley Kowalski qual é o signo dele. Primeiro o machão não entende a pergunta, depois a ignora. Blanche arrisca: "Aposto que você é de Áries. Pessoas de Áries são vigorosas, dinâmicas, amam barulho. Adoram esmurrar tudo ao redor". Quando Stella — mulher de Stanley e irmã caçula de Blanche — esclarece que ele nasceu no dia do Natal, a outra vibra: "Capricórnio, o bode!".[1]

Stanley, a essa altura já irritado em ser tratado como um animal que não está à altura da família DuBois, pergunta qual o signo de Blanche e ri, com desprezo, quando ela diz que nasceu sob Virgem. Esta última passagem, sobre a virginiana Blanche, está no texto original de 1947, mas não entrou no filme que Elia Kazan dirigiu em 1951, com Marlon Brando e Vivian Leigh como Stanley e Blanche. O trecho introduz o momento em que ele acusa a cunhada de não ser tão recatada quanto queria fazer crer.

Blanche havia deixado a fazenda da família no Mississipi, perdida por dívidas, para encontrar a irmã Stella e o marido dela em Nova Orleans. O que encontra é um casal terrivelmente apaixonado, que vive em um equilíbrio complicado entre violência e desejo. A cena sobre signos se passa logo após um chilique que o bêbado Stanley dá ao não querer interromper uma partida de pôquer: ele dá um tapa na bunda da esposa na frente dos convidados e termina por arremessar um aparelho de rádio pela janela. Stella abriga-se no apartamento da vizinha, e Blanche acha que a irmã deu o ponto final na relação.

A coisa é bem diferente. De repente, vemos o truculento Stanley à beira da escada "uivando como um cão" (segundo a rubrica da peça) ao chamar pela esposa. A passagem do filme é famosa: Marlon Brando, a camiseta meio rasgada e os cabelos desgrenhados, grita "Stellaaaaaa" e chora como um bebê. A vizinha sabe que a cena já se repetiu mil vezes e, ao contrário de Blanche, não se espanta quando Stella atende ao chamado e desce a escada, "os olhos brilhando com as lágrimas". Ainda segundo a rubrica de Tennessee Williams, eles se aproximam deixando escapar baixinho "gemidos animalescos", e Stanley cai de joelhos apertando a cabeça contra a barriga da mulher. Os olhos dela, então, "ficam cegos de ternura".[2]

A cena é lindamente filmada por Kazan, com a câmera focando os dedos de Stella entre os cabelos do marido e depois pressionando as costas fortes de Brando até que eles se beijam e ele a leva nos braços para casa. Não é bem ternura o que ela parece sentir. Na manhã seguinte, o rosto da moça tem uma "tranquilidade quase narcotizada", e sua irmã mais velha não se conforma: "A única coisa que um homem assim tem a oferecer é força animal", e "o único jeito de viver com um homem assim é... dormir com ele", diz Blanche, pontificando o óbvio.[3]

De fato, a peça/ filme lida com duas tensões: uma entre a aristocracia rural falida e o operariado urbano, outra entre as aparências sociais e a violência do desejo. Quando, ao final da história, Stanley faz tudo colapsar ao violentar Blanche, cabe a Stella decidir de que lado vai ficar. Aqui, peça e filme divergem: no texto original, ela deliberadamente decide não acreditar na irmã para que não tenha que abrir mão da sua vida. No filme, para atender à censura de grupos religiosos, Kazan dá à moça a palavra final — pouco confiável — de que não sucumbirá mais aos apelos eróticos do marido.

Se é difícil acreditar que Stella não voltará aos braços de Stanley, isso se deve em boa parte justamente a que braços são esses e ao corpo de que fazem parte — os de Marlon Brando, que Kazan não tem absolutamente nenhum pudor de explorar e que é ponto centrípeto do filme. Quando chega em casa e se depara com Blanche pela primeira vez, logo depois de se apresentar, Stanley pergunta: "Você se importa de eu ficar mais à vontade? Minha camiseta está grudando no meu corpo". Ela sorri: "Por favor!", e, diante do torso nu, suspira: "Olha só você". A partir daí, estamos todos perdidos. Para quem só se lembra de Brando em *O poderoso chefão* ou *Apocalipse Now*, é difícil explicar o que acontece quando ele aparece em cena em *Um bonde chamado desejo* (o título foi traduzido no Brasil como *Uma rua chamada pecado*, mas não serei cúmplice desse crime). Eu, que sempre me orgulhei de não ser suscetível a belezas óbvias, fico completamente desconcertada.

A história de como Brando conseguiu o papel dá bem o tom da coisa: como era jovem e desconhecido, a condição que os produtores impuseram foi que o próprio Tennessee Williams aprovasse o ator. Para isso, Brando teria de ir de Nova York até a casa do dramaturgo, em Massachussetts, a umas sete horas dali, para ler o papel. Elia Kazan, que dirigiria o ator já na montagem teatral, deu o dinheiro do ônibus e o endereço para Brando, que gastou a grana em bares e festas e só foi parar em Provincetown uma semana depois, viajando de carona. Quando finalmente chegou, encontrou uma casa às escuras e um grupo de amigos que precisavam ir até o matagal ao lado para fazer suas necessidades: um fusível havia se queimado, e a descarga da privada estava quebrada.

Parece cena de filme pornô: segundo Williams, Brando — "o homem mais bonito que eu já tinha visto" — sacou uma moeda e a colocou no lugar do fusível, iluminando o lugar. Em seguida, também deu um jeito na privada. Por fim, precisou ler por apenas dez minutos falas de Stanley Kowalski para que todos concordassem que o papel era dele. A beleza ajudou, sem dúvida, mas o que Williams observou foi que estava surgindo ali um novo modo de atuar, que dava ao personagem uma dimensão profunda, como a que se vê em "jovens veteranos que acabaram de voltar da guerra".[4] Brando personificaria assim a revolução na atuação que diretores e produtores norte-americanos começavam a promover a partir da recepção das teorias do russo Constantin Stanislavski e que traziam a experiência do ator ao primeiro plano.

Essa combinação de sex appeal e de um modo novo de atuar no cinema, mais natural e cheio de nuances, teve efeitos poderosos, reforçados por um modelo de masculinidade complexo: forte, viril, brutal, mas também vulnerável. Quando *Um bonde chamado desejo* foi originalmente lançado, a peça de divulgação trazia como estrela Vivien Leigh e sua Blanche, devastada pelas experiências terríveis com homens, que culminavam com Stanley. No trailer lançado depois de o filme ter se tornado um sucesso, o foco é no personagem de Brando. "Brigas, desejo, amor... Um homem com duas mulheres morando em sua casa, reagindo ao seu apelo selvagem", ouvia-se na narração em *voice-over*.

Se a virilidade fisicamente exacerbada de Stanley Kowalski traz um grau dramático de ambiguidade — tornando a peça e o filme as obras-primas que são —, outros homens despidos e desejados povoaram a tela de cinema com menos violência nos mesmos anos 1950. No drama romântico *Férias do amor* (*Picnic*, de Joshua Logan, 1956), William Holden abre o filme já tirando a camisa para se banhar em um rio após uma viagem clandestina em um trem. Quando chega a um bairro residencial, uma velhinha simpática se oferece para lavar sua camisa, e garante a ele que não tem nenhum problema ele ficar com o torso nu. O resto do filme é dedicado a mostrar que havia problemas, sim, porque as mulheres todas da cidade ficam desestabilizadas por aquela visão.

No musical clássico de Howard Hawks *Os homens preferem as loiras*, de 1953, Marilyn Monroe é a falsa burra com um plano para resolver sua vida financeira, enquanto sua amiga, vivida por Jane Russell, tem um fraco por morenos altos, bonitos e sensuais. Em uma cena maravilhosa, a Dorothy vivida

Jane Russell inspeciona torsos e coxas, apalpa bíceps e faz cara de tesão, enquanto canta *"Ain't there anyone here for love?"*, na indefectível cena de *Os homens preferem as loiras*, de Howard Hawks, 1953.

por Russell canta em meio a dezenas de atletas que, seminus, se exercitam em torno dela. Enquanto inspeciona bíceps e coxas, ela lança os versos: *"I like big muscles/ and red corpuscles/ I like a beautiful hunk of man/ But I'm no physical culture fan/ Ain't there anyone here for love?"* (Em tradução quase literal: "Gosto de grandes músculos/ e glóbulos vermelhos/ Gosto de um belo pedaço de homem/ Mas não sou fã da cultura física/ Não tem ninguém aqui querendo amor?").

Quando Dorothy diz que não gosta de exercícios físicos, está falando sobre si mesma, mas, tirando o trecho do contexto, podemos usá-lo para pensar o que aconteceu com o corpo dos homens no cinema: as mulheres, suponho, continuavam a gostar de músculos delineados, mas, a partir do final dos anos 1960, passaram a vê-los praticamente apenas em filmes de ação. O lamento então ganha outra conotação: se não sou fã da cultura física em si mesma, onde é que encontro um corpo esculpido para amar?

Sim, porque o que interessa não é simplesmente ver um corpo masculino, mas sim ver esse corpo ser usado em cena para seduzir uma mulher — e ver essa mulher ser seduzida por esse corpo. Não à toa uma cena da série britânica *Bridgerton*, de 2020, em que a mocinha derrete de desejo quando vê seu amado *arregaçar as mangas da camisa* causou comoção: até hoje não estamos acostumadas a ver esse tipo de reação. Parabéns e obrigada à atriz Phoebe Dynevor, que faz sua Daphne apenas entreabrir os lábios, respirar fundo e tentar fingir que não está passando mal com aquela visão.

Quando os corpos aparecem em cena apenas como signos de força, violência e aventura, o recado é o de que não estão disponíveis como objetos de interesse legítimos para as mulheres: eles estão ali para significar algo para os homens (risco, ameaça, modelo para imitação), e não mais para despertar nosso desejo.

Em *The Male Body*, lançado em 1999, a teórica Susan Bordo observa que, nos anos 1950, a masculinidade escancarada nas telas tinha o papel de representar a potência supostamente indomesticável do homem, em um período no qual reverberavam os efeitos de percepção da própria vulnerabilidade, trazidos pelas guerras mundiais. Bordo fala de como a sexualidade dela própria foi despertada pelos filmes bíblicos dos anos 1950, como *Os dez mandamentos*, com os homens seminus, de pé sobre pernas meio afastadas açoitando outros homens seminus em posição semelhante. Graças a essas obras, diz ela, "minhas ideias sobre sexo ganharam cores de s&m desde o começo".[5]

Os filmes ensinavam também que, para ser sexy, um homem não poderia ser íntegro — uma "lição" que também pode ser tirada de *Um bonde chamado desejo*, bem como de uma produção muito diferente. Mais tarde, em 1977, *Guerra nas estrelas* nos ensinou a curtir o canalhinha Han Solo, enquanto convencia os meninos de que o sonho de consumo para eles era o guerreiro jedi bocó Luke Skywalker. O resultado foi um beijinho que se revelaria incestuoso e, potencialmente, uma horda de nerds que sofreram por não pegarem a menina mais bonita e legal da turma. E eles não contavam sequer com o consolo da companhia de um robô.

Os anos 1950 e 1960 tinham, porém, algo de especial. Com o papel de despertar nas mulheres um aspecto de suas psiques que, na vida cotidiana, lhes estava interditado, o cinema norte-americano da época faz explodirem as tensões entre desejo e vida social. Essa tensão chega talvez ao ápice no momento de *Clamor do sexo* (*Splendor in the grass*, também de Kazan, 1961), em que a boa menina Deanie, vivida por Natalie Wood, literalmente enlouquece de tesão pelo bonitão Warren Beatty. A cena em que, em desespero, ela grita para a mãe que continua tão pura e virginal quanto no dia em que nasceu ainda é uma das mais poderosas expressões do estrago que pode ser causado pela proibição ao desejo feminino (no filme, o personagem de Beatty quer se casar com ela, mas o pai rico o proíbe).

Na década de 1960, essa interdição ao desejo vai sofrendo golpes sucessivos, e os filmes refletem isso um pouco pelo avesso. O cinema não mais se beneficia tanto da representação do desejo feminino, já que as mulheres passam a ser as responsáveis diretas pela própria liberação. Vivemos a grande onda feminista — com eventos que vão desde a criação da pílula anticoncepcional até a beatlemania —, enquanto os homens têm de confrontar as próprias crises — o que, no cinema hollywoodiano, também tem a ver com a entrada no mercado da Nouvelle Vague francesa e o sucesso do cinema europeu em geral.

A geração seguinte à de Bordo, a se considerar ainda a cultura pop, se encantou por homens bem diferentes: Bob Dylan, que era apaixonado por Brando, lhe imitou a postura desleixada, as roupas de brechó barato, a expressão de indiferença, mas sem a beleza evidente e viril, substituída pelo charme do poeta sensível. Por outro lado, Steve McQueen e Clint Eastwood herdaram a virilidade, mas sem a vulnerabilidade do sujeito que chora ao pé da escada porque fez merda. Al Pacino, Robert De Niro, Dustin Hoffman encarnam personagens cuja própria virilidade é colocada em questão, seja com o que hoje chamaríamos de masculinidade tóxica, seja pelas relações complicadas com a família ou com as expectativas da sociedade.

Tesão sem risadas

Na minha geração, fomos ensinadas a disfarçar o desejo com humor. Seja nas comédias românticas, seja diante dos homens descamisados das novelas das sete, o desejo feminino passou a ser representado predominantemente como algo que provoca risadinhas e piadas envergonhadas. Em uma série televisiva marcante como *Sex and the City*, quando não é simplesmente engraçado, o tesão é expresso de forma exagerada, o que tem seu valor de insubmissão, mas faz pouco pela experiência real. Três casos marcantes, tão óbvios que me abstenho de comentá-los em detalhes, são exceções: *As pontes de Madison* (1995), *Thelma e Louise* (1991) e o melhor deles: *Dirty Dancing* (1987) — todos dirigidos por homens (Clint Eastwood, Ridley Scott e Emile Ardolino), mas os dois últimos com roteiros de mulheres (Callie Khouri e Eleanor Bergstein).

Junto a essas referências audiovisuais, e contrastando com elas, fui formada também — ou melhor, meu desejo foi formado também — pelos homens nos romances. E, nestes, os corpos masculinos são raramente objeto de descrição, funcionando mais como dispositivos para autorreflexão. O fato de não trazer imagens contribui para isso, evidentemente, mas não explica tudo, e as exceções mostram bem que corpos e desejos podem ser evocados por letras em páginas.

Ao rever recentemente a cena em que Brando desdenha da pergunta sobre seu signo em *Um bonde chamado desejo*, me lembrei, por contraste, do início de um livro muito singular: *A idade viril*, do francês Michel Leiris. Etnógrafo e crítico de arte, mas sobretudo grande prosador, Leiris se dedicou bastante a escrever sobre sua própria vida, articulando-a a experiências históricas e artísticas que o marcaram. Em *A idade viril*, de 1939, ele reflete sobre sua problemática vivência romântico-erótica.

Leiris abre o livro falando da própria aparência: aos 34 anos, tem porte "mais pequeno que médio", cabelos castanhos cortados rente, "uma nuca reta" que é "marca clássica (a acreditar nos astrólogos) das pessoas nascidas sob o signo de Touro" e "uma fronte larga, um tanto achatada", que está "relacionada (segundo os astrólogos) ao signo de Áries".[6] Consigo imaginar a cara de nojo que Stanley Kowalski faria ao ler isso.

Os dois não poderiam ser mais diferentes. Escreve Leiris: "Meus olhos são escuros, com a beira das pálpebras habitualmente inflamada; minha tez é corada; tenho vergonha de uma incômoda tendência aos rubores e à pele luzente". Um pouco mais: "Minha cabeça é um tanto grande para o meu corpo, tenho as pernas um pouco curtas em relação ao torso, os ombros demasiado estreitos em relação aos quadris". Por fim, "meu peito não é muito largo e a musculatura, pouco desenvolvida. Gosto de me vestir com o máximo de elegância; no entanto, [...] julgo-me em geral profundamente deselegante".[7]

A idade viril termina com o relato de um sonho, em que uma mulher diz a ele que o ama "o bastante", mas detesta a maneira como ele se veste. O livro se encerra assim: "Explico à minha amiga como é necessário construir um muro ao redor de si, com o auxílio da roupa".[8] Leiris não está fazendo tipo, ele realmente não se acha — e nem era — fisicamente grande coisa. Na entrada de 31 de março de 1932 do diário que manteve quando fazia pesquisas etnográficas no continente africano, ele lamenta: "Engordei. Experimento uma sensação ignóbil de excesso. Eu, que pensava que iria voltar da África com a aparência de um daqueles belos corsários devastados".[9] Leiris, baixote e gordinho, sonhava ser um Lawrence da Arábia ou um Indiana Jones, esses aventureiros míticos, com suas barbas malfeitas e seus corpos magros e fortes que testemunhavam a experiência das viagens. Voltou à França, porém, com a aparência de um burocrata e a melancolia de um poeta.

Se Leiris e Stanley são incomparáveis, por que então os aproximo aqui? Para dizer que foram homens como o primeiro que moldaram minha percepção sobre o desejo, em uma experiência dobrada de identificação intelectual e afetiva. Li *A idade do homem* quando já sabia muito bem quem eu era e como funcionava minha libido, de modo que dizer que se trata de um livro formativo para mim é uma mentira deslavada. O que não é mentira é que ele sintetiza muitas das questões, ou o modo como as traduzi intimamente, trazidas por obras escritas por homens e que me ensinaram — ou enviesaram meu aprendizado — sobre o desejo.

Se a literatura francesa deu uma mão nisso de forma afirmativa não foi pelas palavras de um homem, mas pelas de Marguerite Duras, que criou uma obra quase toda pautada pelo desejo sexual, que é motor ou índice de tudo o que, na experiência humana, tem um efeito totalizador. Em um dos romances que mais me marcaram aos vinte e poucos anos, *O marinheiro de Gibraltar*, de 1952, uma mulher rica cruza os mares à procura de um marinheiro errante com quem havia passado algumas semanas apaixonadas e que depois havia sumido sem deixar rastros.

Como a própria Duras escreve na abertura do livro, não se trata apenas de atração sexual: o marinheiro representa "a juventude, o crime e a inocência, um homem comum, o mar, as viagens".[10] No famoso *O amante*, de 1984, a narradora — uma menina francesa de quinze anos seduzida por um chinês mais velho e muito rico — diz que, quando "se deixa o corpo fazer e buscar e encontrar e tomar o que quer", então "tudo é bom, não há restos, os restos são recobertos, tudo arrastado pela torrente, pela força do desejo".[11]

Duras parte da experiência corporal para entender e conceber sua relação com o mundo. Isso não significa dizer que, para ela, as experiências físicas são inteligíveis — ao contrário, o corpo é a dimensão que concentra aquilo que escapa ao entendimento, mas justamente por isso deve ser objeto de interesse e de tentativa de tradução em palavras. Isso é quase o oposto do que os homens me diziam em seus livros, nos quais os corpos não eram signos de potência, mas fonte de complicação.

Para trazer um sujeito que fica a meio caminho entre a virilidade do protagonista de *Um bonde chamado desejo* e a vulnerabilidade de Michel Leiris, e que ainda tem o mérito questionável de ser uma figura no mínimo polêmica no debate feminista, apresento a vocês *papa* Ernest Hemingway. "Papa" era, como se sabe, o modo como o próprio autor gostava de ser chamado pelos outros, entre uma caçada a grandes felinos e uma dose dupla de uísque.

Eu gosto do *papa*. Gosto muito. Seu primeiro romance, *O sol também se levanta*, é um dos meus livros preferidos e o protagonista, Jake Barnes, é uma eterna paixão. Uma paixão duplamente não concretizável: além de ser um personagem ficcional, ele sofreu uma ferida na guerra que o mutilou sexualmente. Aliás, triplamente não concretizável: ele é terrivelmente apaixonado por Lady Brett Ashley, uma mulher que vive a liberdade sexual que sua posição social lhe permite, seduzindo não só Barnes mas o medíocre Robert Cohn e o jovem e belíssimo toureiro Pedro Romero.

Hemingway ficou famoso como símbolo de masculinidade por sua figura pública (e pela vida privada tornada pública) de caçador de grandes animais, pescador, grande bebedor, veterano de guerra. Mesmo esses atributos são, na realidade, passíveis de questionamento ou relativização — o que não é suficiente nem para tratá-lo como um sujeito que está do lado certo da história, nem para jogá-lo na fogueira. Quanto aos seus personagens, homens e mulheres, a coisa é ainda mais complexa e cheia de nuances.

O sol também se levanta é uma história de amor infeliz, calcada na fórmula segundo a qual o amor mais intenso é aquele marcado pela impossibilidade. Na história, o protagonista Barnes precisa negociar sua persona pública, ligada a símbolos masculinos como a tourada e o cinismo, com a ferida de guerra que o deixou impotente e, por isso, inelegível para o amor de Lady Brett.

Algumas leituras críticas enxergam Barnes como um homem com deficiência a quem é dada uma "recompensa" em forma de sensibilidade emocional e talento artístico. Penso que o personagem é, na realidade, uma figura mais trágica, que nunca alcança o que deseja, mas interfere nos fatos de modo a participar deles, o que duplica seu sofrimento: ele não apenas é rejeitado romanticamente por Lady Brett, apesar da evidente afinidade e proximidade entre eles, mas também atua como mediador das conquistas amorosas dela, inclusive a do toureiro Pedro Romero.

O romance se passa quase todo na cidade espanhola de Pamplona, na qual o grupo de amigos de Barnes se reúne para acompanhar a temporada de *corridas*. Como grande aficionado, Barnes circula entre toureiros e é velho conhecido de alguns deles. Diante de Romero, no entanto, ele fica embasbacado. O jovem toureiro personifica a masculinidade perfeita: seu corpo é repetidamente elogiado pelo narrador, que o descreve como "o rapaz mais bonito que já vi", e como um "belo garoto", além de ser definido como um "toureiro de verdade", que traz na aparência física e nos gestos a dignidade e a nobreza internas.

Assim, embora a masculinidade ostensivamente celebrada em *O sol também se levanta* seja a do jovem toureiro Romero, este é mais afim ao herói romântico do século xix, e a tourada em si é uma metáfora para um outro tipo de masculinidade literariamente criada por Hemingway, na figura de seu alter ego Barnes: uma masculinidade alquebrada e cínica, mas brilhante e sensível, com um charme que só os desiludidos têm. Romero resiste a uma surra de Cohn e aos perigos da tourada e torna-se vencedor; Barnes não resiste sequer a abrir mão de sua fidelidade à tourada, agenciando o encontro de Brett e Romero e pondo em risco a capacidade física deste para enfrentar o touro no dia seguinte.

O grupo de Barnes, Brett, Cohn e outros deixa Pamplona (e Brett deixa o jovem toureiro Romero) quando acaba a temporada de *corridas*. No fim da narrativa, Lady Brett e Jake Barnes encontram-se em uma cena parecida com aquela em que vemos os dois no início do romance: lado a lado no banco de um táxi, estão destinados a um futuro melancólico, mas belamente melancólico. "Poderíamos ter sido tão felizes juntos!", exclama Brett, ao que Barnes responde: "Sim. É sempre agradável pensar isso". Fim.

No início da minha vida adulta, na virada do milênio, eu não tinha descoberto a Hollywood dos anos 1950; e a maior parte dos mocinhos de comédias românticas da década de 1990 era tão sexy quanto uma pera. Nos romances que lia, podia ao menos me identificar com a intensidade do desejo dos homens e, num lance que só a ficção literária consegue proporcionar, fazer convergir meu interesse para eles próprios, convertendo o desejante em desejável ("pois quando eu te vejo eu desejo o teu desejo", como canta Caetano, ecoando Lacan).[12] O desejo dos homens literários, no entanto, como se vê com Jake Barnes, é muito frequentemente infeliz.

Nada disso, então, resolvia o problema da vida real ou respondia à pergunta: quem eu posso desejar e como? Afinal, mesmo quando finalmente Matthew McConaughey começa a tirar a camisa, nos anos 2000, o cinema me ensinou que ele não era para o meu bico. As consequências dessa confusão são uma situação paradoxal: mesmo que nossos padrões sejam mais generosos que os deles, continuamos querendo homens bonitos — entre outros, pelo motivo bem problemático de que ser desejada por um homem bonito nos legitima enquanto objetos de desejo. Ao mesmo tempo, não nos é dada a liberdade social de expressar esse desejo: basta pensar em como é frequente ver um homem objetivamente feio abordando uma mulher objetivamente bonita, e como chega a dar uma agonia pensar na humilhação que uma mulher fora dos padrões de beleza pode sofrer se der abertamente em cima de um cara atraente. E a rejeição na vida real quase nunca é bonita como a que Jake Barnes sofreu por Lady Brett.

Minha solução pessoal foi intuitiva. Meus dois primeiros namorados eram bonitos, mas fora do padrão, meramente por questões raciais: o primeiro era descendente de japoneses e o segundo era negro, o que os colocava — sobretudo no segundo caso — em lugar inferior no mercado amoroso. Sim, a juventude carioca de classe média no final dos anos 1990 era ainda mais profundamente racista.

Fico feliz que as gerações mudem, e que as mulheres comecem a compreender que são donas do próprio desejo. Adoro a cena do terceiro filme da saga *Crepúsculo* em que Bella fala para o frio vampiro Edward que o ama, mas que ama também o descamisado e quente Jacob. Acho fantástico que Edward se dê por contente quando ela diz que vai ficar com ele porque o ama *mais*. E fiquei chocada quando li um artigo de crítica feminista que dizia que Edward seduzia a moça usando uma "arma patriarcal", o autocontrole, já que não perdia uma chance de dizer que queria muito agarrá-la mas que, bem, era um vampiro e a coisa poderia dar errado.

Imaginem a carga sexual de um homem que deseja uma mulher — que o deseja de volta — e não pode concretizar esse desejo! Dane-se se isso é uma arma patriarcal, sinceramente. Dane-se também que os livros sejam toscos e que os filmes não sejam muito melhores. Meninas que têm hoje vinte e poucos anos aprenderam com Kristen Stewart (que, aliás, nasceu para fazer cara de tesão) que podem, ou talvez devam, querer transar com um cara cujo torso cintila quando ele tira a camisa sob o sol.

Obrigada, Stephanie Meyer, por descrever belos homens, mas quando será que os homens farão o mesmo? Mulheres nunca tiverem problema algum em identificar, descrever, representar a beleza feminina. Para voltar ao exemplo de Marguerite Duras, os corpos de suas personagens são sempre longamente expostos, com atenção, seja sob o olhar de si mesmas, dos homens ou de outras mulheres: "O que há de mais belo entre todas as coisas criadas por Deus é esse corpo de Hélène Lagonelle, incomparável, esse equilíbrio entre a estatura e o modo como o corpo sustenta os seios", exclama a narradora de *O amante*. "Não existe nada mais extraordinário do que esse arredondamento visível dos seios salientes, essa exterioridade ao alcance das mãos."[13]

Homens, diferentemente das mulheres, não sabem olhar para os homens. A maior parte deles não sabe sequer o que é um homem bonito: ninguém ensinou isso a eles, apenas a decorar nomes ou a confundir beleza com outras qualidades. Quando alguém me pergunta sobre mulheres bonitas, posso ficar em dúvida entre muitos nomes, mas nunca vou me sentir desconcertada a ponto de dar uma resposta como a do meu marido: "Todos os homens são bonitos, cada um do seu jeito". Pressionado, ele se saiu com o nome de um famoso apresentador de telejornal. Finalmente, quando ameacei divórcio, ele disse "Al Pacino, em *O poderoso chefão*", uma resposta que, embora plausível, puxa a pergunta: ele admira a beleza pura e simples, em seu potencial de atrair o olhar e o desejo, ou o que ela significa (o conflito entre o dever familiar e a inclinação pessoal, a tragédia anunciada etc.)? Eu apostaria na segunda opção.

O meu manifesto

É por essas e outras que lanço meu manifesto: vamos fetichizar esses corpos masculinos! Vamos trazê-los ao primeiro plano. Melhorar essas fotos nos apps de encontros e no Instagram. Colocá-los, nos filmes, sob o olhar de desejo de mulheres, mas, por favor, não em chave cômica. Descrevê-los eroticamente nos livros. Não uso, portanto, *fetiche* no sentido freudiano: não quero propor que o corpo masculino seja usado, inconscientemente, como substituto do pênis perdido da mãe ou qualquer coisa do tipo, deus me livre. Fetiche, diz o dicionário, é aquele "objeto a que se atribui poder sobrenatural ou mágico". Originando-se do português "feitiço", o termo foi convertido em "fetiche" pelos franceses no século XVII justamente para designar os objetos materiais de culto.

Hoje, usa-se fetiche, por extensão, para definir a relação que se desenvolve com algo a que se confere um poder, que na realidade ele não tem, sobre a realidade. Quando defendo que se fetichizem os corpos masculinos é, então, no sentido de reconfigurar sua posição de agentes sobre a realidade: não mais como aqueles que subjugam as mulheres, mas como aqueles que despertam nelas a consciência sobre o prazer que se pode obter junto com eles (e não *por meio deles*, como na objetificação dos corpos femininos).

Em 1975, a teórica de cinema Laura Mulvey propôs um conceito que, em pouco tempo, se tornaria uma ferramenta para criticar — com razão ou não — toda e qualquer representação artística e cultural do corpo feminino empreendida por homens. Segundo Mulvey, "o prazer de olhar foi dividido entre ativo/ masculino e passivo/ feminino".[14] O primeiro projetaria sua fantasia sobre a imagem feminina, fazendo com que as mulheres fossem simultaneamente vistas e exibidas, e sua aparência codificada para proporcionar forte impacto visual e erótico. Em outras palavras, homens olham, mulheres são olhadas.

Diferente de Mulvey, quero, mais do que defender o direito de não me deixar subjugar pelo olhar masculino e o padrão imposto por ele, reivindicar o prazer de olhar os corpos masculinos sem procurar ver neles nada além dos elementos físicos e o poder que carregam. Não é uma demanda inédita, e também não se trata da simples transposição de um olhar masculino redutor para as pupilas das mulheres.

Com essa reivindicação vem a ideia de que o corpo tem valor em si próprio. Mais ainda, de que a beleza material tem valor em si própria, sem que se precise buscar uma utilidade para ela. O corpo seria, assim, não objetificado (isto é, encarado como algo de que se dispor), mas entendido como uma coisa bonita entre as coisas bonitas do mundo — especialmente bonita, pelos prazeres não racionalizáveis que pode proporcionar.

No ótimo *O direito ao sexo*, de 2021, a filósofa Amia Srinivasan, nascida no Bahrein e professora em Oxford, escreve que um dos papéis do feminismo é mostrar que a ideia de que o sexo (no sentido da prática, não da identidade biológica) é algo natural, que está fora de disputas políticas, é "uma ficção, e uma ficção que serve a certos interesses". Afinal, não há nada natural no fato de que haja corpos que existam para fazer sexo com outros corpos e corpos que existam "para o prazer, a dominação, o consumo, a adoração, a serventia e a validação de outros corpos".[15]

A versão radical desse contraste é pensada por Srinivasan a partir da pornografia: enquanto a versão alinhada à tradição — que ocupa a imensa maioria das telas de computadores por aí afora — concentra-se na figura do corpo da mulher como objeto do qual se extrai prazer, na pornografia feita por mulheres para mulheres, os corpos estão ali como coisas a serem apreciadas e estimuladas, mutuamente. O problema é que, como observa Srinivasan a partir de sua experiência com os próprios estudantes, o que eles acabam acessando é o material mais hard-core, mais agressivo: é isso o que está disponível gratuitamente na internet. Uma aluna, diz ela, comentou depois da aula que o namorado, quando ela não se submetia a comportamentos humilhantes na cama, a repreendia por "estar agindo *do modo errado*". "Pornografia não é pedagogia, mas funciona frequentemente como se fosse", conclui a autora.[16]

O que fazer então? Se os meninos e as meninas usam pornografia para aprender *como fazer* sexo, é preciso pensar uma forma alternativa de aprendizagem. A coisa não é simples, e Srinivasan sabe muito bem disso: enquanto a pornografia é uma forma de "treinar" a imaginação sexual, a educação sexual formal — a feita nas escolas, por exemplo — é apenas um "discurso" sobre sexo, simples palavras que dificilmente neutralizarão o poder ideológico das imagens.[17]

O problema é que, diferentemente de abrir um mundo de possibilidades sexuais, o que o sexo filmado na pornografia convencional faz é "desligar a imaginação sexual, tornando-a fraca, dependente, preguiçosa, codificada", escreve Srinivasan.[18] O que a educação sexual deveria fazer, diz ela, é lembrar aos jovens que são eles próprios que detêm a autoridade para determinar o que o sexo é e deve ser *para eles*.

Como, no entanto, desenvolver uma "imaginação sexual" própria em uma cultura na qual não apenas o corpo feminino é objetificado e submetido às demandas dos homens, mas na qual sobretudo não se fala de corpos e do prazer que são capazes de proporcionar senão em termos de objetificação e sujeição? Quando Amia Srinivasan insiste na necessidade de uma imaginação sexual livre em oposição àquela *treinada* pela pornografia, penso que é necessária uma pequena revolução no discurso sobre e na representação dos corpos, femininos, masculinos ou o que forem. Esse discurso e essa representação não podem ignorar que corpos são sujeitos de desejos, mas também despertam desejos. É o sentido do desejo o que é preciso repensar.

Foi lendo o que Susan Bordo fala sobre a exploração erótica dos corpos masculinos na Hollywood dos anos 1950 que concatenei uma ideia que vinha fermentando na minha cabeça desde que passei por duas experiências estéticas bem diferentes e que me colocaram, no lugar de espectadora e de leitora, na posição de observadora dos corpos masculinos como coisas a serem olhadas. Foi no entanto com *O direito ao sexo* que pensei mais diretamente na relação entre essas experiências e a urgência de chacoalharmos o imaginário sexual.

A primeira dessas experiências foi com o filme *Beau travail* (1999), da diretora francesa Claire Denis, que trata da obsessão de um sargento da Legião Estrangeira francesa por um jovem e belo soldado, em meio ao treinamento dos legionários no litoral do Djibouti. O soldado, belo e carismático, desperta a atração do comandante, a quem o sargento admira, provocando algo entre a inveja e o ciúme sexual. Para fazer o espectador sentir o clima em que essas relações se constroem, o filme é uma longa dança de homens se exercitando, brigando, nadando, pendurando e passando roupas e fazendo outras tarefas domésticas, com as dunas, o céu e lagos azuis como cenário. Em seu uso e abuso da música e da beleza plástica dos corpos, é um desbunde total.

Beau travail é uma espécie de leitura pós-colonial da novela *Billy Budd*, do meu querido Herman Melville, publicada em 1924 (33 anos após a morte dele). No livro, o marinheiro Billy Budd, jovem, bonito e inocente, desperta o ódio apaixonado do contramestre de um navio de guerra britânico, no qual foi alistado. O oficial, escreve o narrador, não tinha má aparência e sabia bem disso, mas Billy, continua ele, Billy tinha uma aparência "heroica". É essa "beleza física significativa" que move o outro a sentir tamanhas inveja e antipatia — "duas paixões inconciliáveis na razão, mas que podem irromper juntas"[19] — que o levam a acusar o belo marinheiro de planejar um motim.

Depois do filme de Denis, minha segunda experiência de "coisificação" de corpos masculinos — uma experiência mais complexa, pois implica paixões ainda mais esquisitas — foi *Mulheres apaixonadas*, romance do inglês D. H. Lawrence de 1920. Nele, somos jogados em meio a uma confusão de corpos, ideias, emoções e gestos que é difícil organizar e que, justamente por isso, sacode a imaginação. A leitura do livro de Lawrence é algo desconfortável, e a razão para isso é que ele é *apaixonado por homens*. Não são só as mulheres que estão apaixonadas, porém, mas também os homens, a narração, a escolha vocabular, tudo nesse romance adora, admira e *fetichiza* esses corpos.

Mulheres apaixonadas conta a história do envolvimento das irmãs Gudrun e Ursula Brangwen com os amigos Gerald e Birkin, respectivamente, assim como a relação entre os últimos dois. Elas estão em meados dos seus vinte anos de idade e representam um modo de existir feminino que contrasta com as predeterminações da sociedade mais estática do pré-guerra. Gudrun é artista plástica e morou sozinha por vários anos em Londres; Ursula vive na cidade natal das duas, no interior, onde trabalha como professora, e não cogita se casar.

Esse é o assunto da conversa das duas que abre o livro e cujo tom pode ser resumido nas trocas a seguir. Gudrun pergunta à irmã se ela não acha que "é preciso ter a experiência de ter sido casada", uma experiência "possivelmente indesejável, mas fadada a ser uma experiência de algum tipo". Ursula responde: "Mais fadada a ser o fim das experiências". Mais adiante, a primeira insiste: "Mas você nunca se sentiu terrivelmente tentada?". Não, responde, Ursula: "Se eu me sentisse tentada, me casaria em um estalo".[20]

Ela vai sentir essa tentação em breve, ao se envolver com Rupert Birkin, enquanto Gudrun sentirá a tentação de se envolver com Gerald Crich. E as tentações são terríveis e irresistíveis, apesar de tudo o que os sujeitos têm de insuportável, cada um à sua maneira. Birkin é o alter ego deliberado do autor: um intelectual em meio à alta sociedade da Inglaterra central. Ele é descrito como magro, pálido e de visual doentio, "estreito mas bem-feito"; andava arrastando um pouco um dos pés, mas "apenas por autoconsciência". Vestia-se corretamente, mas com uma "incongruência inata que tornava sua aparência levemente ridícula".[21]

Birkin "instigava", "atraía" e "irritava" Ursula, que o havia conhecido na escola na qual atuavam como professora e inspetor: ela sentia que havia certa afinidade entre os dois, uma "compreensão natural e tácita", perturbada, porém, por algo nele que emanava "certa hostilidade", tornando-o quase "inacessível". Transcrevo as passagens um pouco constrangida, e penso em como Lawrence — então passado dos trinta — constrói seus personagens como se fosse um adolescente. Melhor: uma adolescente, fascinada por um tipo reservado e misterioso, cujo silêncio esconde a promessa de um entendimento mútuo íntimo e profundo. E, ao mesmo tempo que logo entendo o truque de Birkin, é irresistível a cada página dobrar a aposta e ver até onde ele vai chegar, e até onde Ursula vai topar. Quando me dou conta, eu e ela jogamos todas as fichas e seguimos até o fim.

Quando enfim os vemos na mesma cena, em uma sala de aula, entendemos a atração que ele exerce: havia uma "quietude em seus movimentos que emudecia o coração dela"; ela se sentia alheia, presa em silêncio, observando-o se mover como em um mundo à parte. "Sua presença era tão silenciosa, quase como um espaço vazio em meio à atmosfera concentrada". Algo em sua aparência, enfim, consegue compensar o quanto ele é chato. No espaço das cinco páginas seguintes, Birkin consegue: 1) explicar a Ursula como dar sua aula; 2) ter uma discussão cruel com sua então amante Hermione, na frente de Ursula; 3) paradoxalmente defender em um palavrório infinito o valor da animalidade, do prazer sensual e da espontaneidade; e 4) falar do desejo que tem de um "grande conhecimento obscuro que não se pode ter com a mente" e outras groselhas.[22]

E o que sente Ursula — apesar de perplexa e constrangida? Ela está interessada (eu também) em descobrir como é que se acessa esse tal conhecimento obscuro. Quando ele finalmente se cala, ela vê nele um grande encanto físico, como "uma curiosa abundância escondida, que atravessava sua magreza e sua palidez como uma segunda voz, que transmitia outro entendimento sobre ele". Não para por aí: os tais encanto e abundância estavam "nas curvas das suas sobrancelhas e do seu queixo, curvas ricas, encantadoras, extraordinárias, a beleza poderosa da vida em si mesma".[23]

Gerald Crich é o melhor amigo de Birkin, embora essa amizade não lembre em nada as relações que costumamos ver na ficção — o homoerotismo do romance é tema de longas discussões.[24] Herdeiro de uma enorme mina de carvão, Gerald representa o capitalismo sem coração. Fisicamente, é o oposto de Birkin: loiro e bronzeado, forte, alto, elegante e "quase exageradamente bem-vestido". Enquanto a masculinidade de Birkin se revela discretamente e tem um brilho espiritual, Gerald é comparado a um "jovem lobo bem-humorado e risonho", no qual habita um "perigo à espreita, em seu temperamento indomável". Ao ver essa figura, que exalava saúde e brilhava como "um raio de sol refratado através de cristais de gelo", Gudrun fica imediatamente magnetizada.[25]

Em uma passagem, mais adiante, que marca a feição do encanto de Gudrun por Gerald, e que prenuncia o destino trágico que essa paixão terá, ela o observa emergir da água como um animal marinho, com o cabelo loiro escorrendo ao redor do belo rosto, que parecia brilhar, enquanto ele ofegava pelo esforço das braçadas no lago. Gerald então sobe a estibordo, e os dados estão lançados: "Ah, a beleza da sujeição de seus quadris, brancos e baçamente luminosos ao escalar a borda do barco, a fez querer morrer, morrer". Gudrun não consegue parar de olhar os quadris e as costas "arredondadas e macias": "Ah, era demais para ela, uma visão demasiado final. Ela soube, e que era fatal. A terrível desesperança do destino, e da beleza, tanta beleza!".[26]

Pode-se acusar D. H. Lawrence de qualquer coisa, menos de não se dedicar com fervor a descrever o desejo das mulheres por esses homens bizarramente maravilhosos — mesmo que esse empenho às vezes descambe para a maluquice total, como em uma cena em que, após uma longa briga, Birkin admite para Ursula que a ama e ela, bem, ela tem um momento de revelação mística bem no meio de um boquete.

Lawrence escreve que Ursula se sente atraída pelo amante "de modo estranho, como por um encantamento". Ela se ajoelha no tapete diante do sujeito, coloca os braços em torno do quadril dele, e seu rosto contra as coxas, e somos transportados para a consciência dela: "Tesouros! Tesouros! Ela foi sobrepujada pela sensação de um paraíso de tesouros". Sem pensar, ela vai traçando com os dedos "a parte de trás de suas coxas, seguindo algum misterioso fluxo de vida ali". Ela havia descoberto algo, "algo mais do que maravilhoso, mais maravilhoso do que a própria vida".[27]

As coxas de Birkin são puro fetiche: ali, ela encontrou "o estranho mistério de seu movimento vital, ali, na parte de trás de suas coxas, descendo pelos flancos. Era uma estranha realidade de seu ser, a própria matéria do ser, ali na descida reta das coxas". A coisa descamba para um misticismo cristão: "Foi aqui que ela o descobriu um dos filhos de Deus como eram no princípio do mundo, não um homem, outra coisa, algo mais". É com a cara enfiada entre as coxas de Birkin que, diferente do que havia experimentado com outros amantes, Ursula finalmente se sente livre de amarras e entende o que pode estar no tal além: isso não era amor nem paixão, pensa ela: "Eram as filhas dos homens voltando aos filhos de Deus, os estranhos e inumanos filhos de Deus que estão no princípio de tudo".[28] Um boquete sobrenatural, enfim.

Talvez seja o caso de defender *Mulheres apaixonadas*, dizendo que ele não é apenas um apanhado de cenas de mulheres experimentando o êxtase diante de corpos de homens — ou alertando contra um tipo *errado* de paixão, no caso de Gudrun e Gerald. Ou que a linguagem do romance não é sempre tão melodramática e exagerada. Ou, ainda, que falicismo e afetação são empregados para sugerir uma nova forma revolucionária de amar. Tudo isso é verdade, mas a graça original do romance é a energia que emana dos corpos de seus personagens.

Mesmo a intenção óbvia de mostrar que são os corpos masculinos que, com seu infinito poder, liberam a mulher de seus recalques e limitações cotidianos — tal como faria o cinema hollywoodiano dos anos 1950 — é nublada pelo texto, e o romance acaba escapando, por sua força, do misticismo fálico maluco de Lawrence. O que encontramos nas páginas, afinal, são mulheres que desejam e gozam muito com esses corpos.

Não se trata de dizer que *Mulheres apaixonadas* é neutro em seu tratamento das sexualidades; estranhamente, o romance acaba sendo machista e feminista ao mesmo tempo, e pelos mesmos motivos. Ele desloca o olhar rumo ao corpo masculino, *falo* incluso, fetichizando-o, isto é, observando-o como uma coisa que possui poderes mágicos, e nem sempre benfazejos, o que me parece uma lição bem apropriada.

O que as mulheres de Lawrence sentem diante de coxas e ombros masculinos não me parece, afinal, tão diferente do que Stella sente entre os braços de Stanley Kowalski, ou do que sentimos diante de Marlon Brando na tela. As possibilidades de prazer estão lá, e os riscos também, bem evidentes. Dobrar-me aos poderes mágicos do desejo, porém, parece ser preferível a interditá-lo, reprimi-lo ou rir dele. E a ficção — que, tal qual os objetos de fetiche, tem um estranho poder de simultaneamente conjurar e não conjurar realidades — me parece um espaço adequado para bagunçar as normas e clichês do imaginário sexual.

PARTE III

Testosterona e outros supertrunfos

9. No princípio era a fúria

> *Anger as soon as fed is dead —*
> *'T is Starving makes it fat.*
>
> EMILY DICKINSON, "Mine enemy is growing old..."[1]

EM OUTUBRO DE 1812, pouco mais de dois meses após a invasão de Napoleão à Rússia, e apenas dias antes do início da retirada francesa do país, o general russo Karl Gustav von Baggovut foi morto por um tiro de canhão na Batalha de Tarútino. O escritor Liev Tolstói preferiu contar uma história diferente. Em *Guerra e paz* ele arremessa um furioso Baggovut no meio das balas inimigas por pura pirraça.

No romance, publicado de forma seriada entre 1865 e 1869, Tolstói ficcionaliza os eventos da campanha russa de Napoleão e usa o bravo general para ilustrar a face radicalmente contingente do conflito. A Batalha de Tarútino foi, segundo o autor, uma comédia de erros que viraram acertos. Divisões do exército alcançando lugares errados nas horas certas, e lugares certos nas horas erradas; um monte de soldados querendo atacar e esperando ordens que não vinham. Numa dessas, ao chegar atrasado com seu destacamento ao ponto combinado, Baggovut é alvo de uma bronca inflamada por parte de seu comandante. O surto de raiva é contagioso e, mesmo experiente e condecorado, o general atacado resolve que precisa extravasar sua fúria de alguma forma, não importa quão irracional.

A passagem é maravilhosa. "Sei morrer com meus soldados tão bem quanto qualquer um", é o que Baggovut responde ao comandante, logo antes de avançar, sem receber ordens, contra os franceses. Lemos, então, que "o abalado e corajoso Baggovut, sem querer saber se era útil ou inútil sua participação no combate", conduziu sua tropa rumo ao fogo cerrado. "Perigo, balas de canhão, balas de fuzil, era exatamente disso que ele precisava em seu acesso de raiva", explica o narrador. O resultado é trágico; o texto, uma aula de concisão narrativa: "Uma das primeiras balas o matou, as outras mataram muitos soldados. E sua divisão ficou assim, parada sob o fogo inimigo, sem a menor necessidade".[2]

A morte de Baggovut — que aparece quase como um figurante no romance — exemplifica um dos pontos centrais da filosofia da história de Tolstói: embora sempre procuremos as causas pontuais dos acontecimentos, estes se desenrolam em geral por erros e acasos. Quando se trata de guerras, nada de deuses ou heróis visionários, mas as ações das massas, muitas vezes irrefletidas, muitas vezes resultado de confusões. Mais frequentes, talvez, que quaisquer outras causas, as fúrias passionais.

Esses acessos de raiva atravessam as dezenas de capítulos de *Guerra e paz*. Mesmo o protagonista Pierre Bezukhov, um intelectual sensível e meio paspalho, espécie de alter ego do próprio Tolstói, se vê frequentemente sucumbindo à fúria. Em uma passagem na qual fica indignado com o tratamento que o Exército francês dispensa a uma mulher no centro de Moscou, Pierre cai em um "daqueles ímpetos de raiva em que não se dava conta de nada e nos quais suas forças se decuplicavam". Atira-se então contra o francês "e, antes que o soldado pudesse levantar a baioneta, já o havia jogado no chão e o espancava com os punhos cerrados". A multidão aprova aos gritos, mas uma patrulha logo surge para conter o ataque. A fúria é embriagante: "Pierre não se dava conta de nada do que se passava ao redor. Percebeu que batia em alguém, que batiam nele, e no final sentiu que mãos o seguravam".[3]

Há diferenças entre os episódios de Baggovut e de Pierre, e não só as de grau, naturalmente. O general, em Tarútino, leva seus soldados à morte por uma ferida no orgulho, como se só o suicídio coletivo pudesse responder à altura à ofensa cometida contra ele por seu comandante. "Não vou aceitar lições de seja lá quem for", diz ele antes de entrar em batalha. Pierre, por outro lado, se exalta ao notar a violência contra alguém indefeso. A reação do primeiro soa, no mínimo, exagerada; a do segundo, legítima.

Isso, no entanto, nos traz um problema: se houver, de fato, uma raiva justa e uma raiva injusta, é preciso que haja alguém para determinar o que separa uma coisa da outra. E, sempre que dependemos de um juiz moral, estamos em risco. Tolstói mata melancolicamente seu Baggovut, é verdade, mas trata-se, ainda assim, de uma morte heroica, uma defesa da honra. A fúria de Pierre, embora descontrolada, é nobre. Já as mulheres em *Guerra e paz* só se enfurecem por ciúme ou despeito. São algo pior do que violentas: são ridículas. A protagonista Natacha dá chiliques com Sônia, sua prima sensata que a aconselha a não romper um bom noivado para fugir com um bon vivant;[4] grávida e se sentindo indesejável, a princesa Mária achincalha a mesmíssima Sônia.[5]

Se é verdade que Tolstói não pode ser exatamente chamado de um ícone feminista, também não é surpresa para ninguém — chega a ser um clichê — que em nossa cultura a associação entre raiva e mulheres é muito frequentemente tratada em termos negativos. Para dar um só exemplo, do topo da minha cabeça, de um livro de que gosto enormemente: em *Stoner*, de John Williams (1965), a esposa reprimida, conservadora e finalmente traída cobre seu ressentimento primeiro com sarcasmo e frieza para, afinal, explodir em fúria.

Após o melancólico fim do caso amoroso de seu marido, e do consequente definhamento deste, Edith passa a zombar do protagonista William Stoner por qualquer coisa. Diante da indiferença dele, doente e deprimido, ela se exaspera e o xinga. "Quando ele estava imerso em um livro, ela escolhia aquele momento para ir à sala e martelar freneticamente o piano que raramente tocava; e quando ele falava baixinho com a filha, Edith tinha um ataque de fúria contra um dos dois". Stoner, escreve Williams, "olhava para tudo aquilo — a raiva, a angústia, os gritos e os silêncios terríveis — como se estivesse ocorrendo com duas outras pessoas".[6]

Edith é apenas uma versão burguesa e pós-freudiana da mulher cuja vida girou em torno da família até que isso perdesse o sentido, a despeito mesmo das boas intenções iniciais de seu marido. No longínquo século v a.C., outra mulher menosprezada esperou por mais de dez anos seu marido voltar da Guerra de Troia para que pudesse ter seu ataque de fúria. Clitemnestra, esposa do rei de Micenas, Agamêmnon, recebeu seu marido com um tapete púrpura e uma espada à espreita. Na tragédia de Ésquilo, que leva o nome do rei, ela deixa bem claro o motivo da vingança: ele havia sacrificado a filha mais velha do casal à deusa Ártemis para que os navios pudessem zarpar para a guerra.

Raiva legítima ou ilegítima, a de Edith Stoner? E a de Clitemnestra? E de que importa a pertinência da raiva, se no primeiro caso ela é simplesmente desprezada, de modo que Edith termina por "reconhecer sua derrota", e no segundo a rainha micênica termina morta pelos próprios filhos remanescentes, em vingança contra o assassinato do pai? Um outro problema: mesmo se considerarmos que, sim, Edith e Clitemnestra tinham razão para se enfurecer, não é fácil determinar a extensão da legitimidade de suas reações. Vale matar um pai assassino para retaliar o sacrifício de uma filha? Vale infernizar a vida de um marido que sofreu as consequências de um casamento desastroso tanto quanto você?

Uma paixão divina

A filósofa franco-búlgara Rachel Bespaloff escreveu, nos anos 1940, que "o desejo de vingança é uma paixão florescente que embebe a vontade de vencer, não um ressentimento que apodrece a alma e agrava a derrota". Bespaloff não está falando, porém, de uma vingança qualquer. Ela está escrevendo a respeito de duas narrativas que, separadas por 28 séculos, lançam luz sobre "a fatalidade da força — esse deslizamento inevitável da vontade criadora ao automatismo da violência". Tanto na *Ilíada* de Homero quanto no *Guerra e paz* de Tolstói, afirma ela, encaramos "a humanidade ardente que irrompe no júbilo da agressividade". Eles têm em comum, enfim, "o amor viril, o horror viril da guerra".[7]

O que separa as duas narrativas é o fato de que os séculos — afetados também pela filosofia estoica e pelo cristianismo — foram esfacelando a noção de necessidade da violência individual como mediadora de conflitos, e na Rússia invadida a guerra é menos produto da agressividade do que causa dela. Em Tolstói, a raiva é exemplo do excesso humano; na *Ilíada*, a raiva é o que move o mundo.

"No começo estava a palavra 'ira' e a palavra foi coroada de êxito".[8] Usando esse trocadilho com o início do Evangelho de João, o filósofo alemão Peter Sloterdijk descreve o evento inaugural da épica grega. Em um tempo no qual nem a noção de literatura nem a de Ocidente existiam tais como as entendemos hoje, a ideia de fúria movia o mundo — ao menos o mundo de Homero.

A estupenda *Ilíada*, primeiro dos épicos homéricos, se abre com a palavra "fúria". Quer dizer, se abre com um de seus equivalentes no grego antigo, dificilmente traduzível para o português do século XXI: o termo *menis*. Por causa da sintaxe original, muito diferente da nossa, embora seja o objeto direto do primeiro verso,[9] a fúria é, de fato, o elemento lexical que funda o que, muitos séculos mais tarde, chamaríamos de ficção.

Não é uma fúria qualquer. "Canta, ó deusa, a cólera de Aquiles, o Pelida".[10] O tradutor Frederico Lourenço escolhe, percebemos então, a palavra *cólera*. Faz sentido: assim como "ira", escolhido por outros tradutores, "cólera" é um termo imponente, que remete a forças sobre-humanas e vinganças grandiosas. As duas coisas são pertinentes à sensação pela qual Aquiles está possuído no início do primeiro dos 24 cantos do poema.

O herói é filho de Peleu (por isso, "Pelida"), um mortal; sua mãe, porém, é Tétis, uma divindade marítima. Aquiles é, portanto, um semideus, uma categoria bem complicada. É mortal, mas quase invencível — segundo os mitos, sua mãe garantiu-lhe uma carapaça intransponível tostando seu corpo no fogo, ainda bebê, para queimar sua mortalidade, ou, ainda (as versões variam), mergulhando-o no rio Estige, que separa o mundo dos vivos e o dos mortos. Nos dois casos, porém, deixou vulnerável a parte pela qual segurava o corpinho, o calcanhar.

Assim como outro clichê de Troia, o cavalo de madeira, essa história do calcanhar não aparece na *Ilíada* — a morte de Aquiles é aludida apenas, e sem detalhes, no outro épico homérico, a *Odisseia* —, porém sua invencibilidade e sua mortalidade são determinantes à trama. Mas não é só: embora semideus, sendo mortal e quase invencível, Aquiles era um guerreiro, e um guerreiro que lutava sob as ordens de um comandante. É aí que a coisa pega: desde pelo menos o século VIII a.C., quando a epopeia foi composta,[11] homens competem entre si. Competem por mulheres, por honra; competem porque os deuses os fazem competir. Mas competem, sobretudo, para provar quem é mais forte.

Não digo isso para menosprezá-los. Aquiles prova que é mais forte não por derrotar seus inimigos, mas por permanecer conhecido até hoje como sinônimo de bravura, um feito invejável. Para isso, precisou ficar puto, fazer manha, perder um amigo, chorar, ficar ainda mais puto, lutar, lutar, matar, matar, arrastar um cadáver por vingança, aceitar que um dia vai morrer — e que vai morrer jovem. Tudo começa, no entanto, com um chilique, e podemos ou não achar esse chilique justo, mas a história já o imortalizou.

A ideia de raiva infundada não faria sentido para os gregos de Homero: na *Ilíada*, é como se a cólera dos homens fosse tanto uma decisão dos deuses quanto uma extensão da violência da natureza, visível em todas as inúmeras vezes em que o poeta compara o gesto de guerreiros a movimentos naturais. Os deuses o tempo todo injetam ânimo nos corpos dos guerreiros, um ânimo que se confunde com fúria contra seus inimigos.[12]

Antes de seguir, vale a pena lembrar a história da *Ilíada*. No princípio (da literatura) estava, então, a palavra "cólera". Mas a epopeia em si começa do meio: a narrativa tem início quando a famosa guerra de Troia já rolava havia dez anos, e os gregos cercavam a cidade, também conhecida como Ílion. Como todos sabem, o estopim do conflito havia sido o rapto de Helena pelo príncipe troiano Páris. A história de fundo é apenas aludida na *Ilíada*: o público de Homero certamente a conhecia bem o suficiente para que não fosse preciso esmiuçá--la. Ela é, no entanto, importante, por dar a medida de quanto o conflito tem na origem um joguinho dos deuses.

Conta o mito que, no casamento dos pais de Aquiles, a deusa da discórdia e do conflito, Éris, não foi convidada (por motivos óbvios). Irritada, resolveu dar o troco na forma de uma competição lançada em meio à festa: receberia dela uma fantástica maçã de ouro a deusa mais bonita entre as presentes. Afrodite, Hera e Atena se candidataram e, porque nenhum deus quis se indispor com as perdedoras, decidiu-se que um mortal seria o juiz.

O escolhido foi Páris, o mais belo dos príncipes de Troia. Obviamente, Páris escolheu Afrodite, que ofereceu ainda a ele, como suborno, a mais bela das mortais. Quando, algum tempo depois, o jovem foi a Esparta e encontrou Helena — esposa do rei Menelau — não teve dúvidas de que tinha diante de si seu prêmio, que levou consigo a Troia. Como consequência, enquanto na Terra o corno Menelau convocava os líderes de cada uma das regiões gregas para recuperar a esposa, no Olimpo deuses e deusas escolhiam seus lados. Hera e Atena estavam irritadíssimas com Páris por não terem sido escolhidas como a mais bela, de modo que juraram ajudar os gregos a destruir Troia.

Isso tudo ocorre, lembremos, dez anos antes dos eventos da *Ilíada*. O que dá início ao poema épico é um gesto ofensivo de Agamêmnon — o mais importante comandante dos gregos — contra Aquiles, o maior dos guerreiros convocados para a missão. É esse gesto que desperta no herói sua raiva, ou sua *menis*, um termo, aliás, que Homero só usa para designar a raiva de deuses e de Aquiles, nunca de outros mortais. Isso não é um preciosismo lexical gratuito: os tradutores, que escolhem "cólera" ou "ira", sabem que o que Aquiles está sentindo tem o poder de mudar destinos, porque é uma paixão divina.

Aquiles se ofende porque Agamêmnon roubou sua amante, uma moça que veio parar na cama do herói como espólio de guerra e que não é exatamente objeto de um furor romântico por parte dele (ainda que haja um estranho afeto envolvido). A cólera é o que move Aquiles e desencadeia a narrativa da *Ilíada*, mas ela é, na verdade, efeito de uma sequência de acessos de raiva. Primeiro é o deus Apolo quem se enfurece e lança uma praga contra os gregos por Agamêmnon ter desrespeitado um sacerdote troiano, raptando sua filha. Depois é a vez de Agamêmnon ficar puto, porque tem de devolver a tal moça, coisa que de cara ele se nega a fazer. Um monte de guerreiros então se irrita com o comandante, e Aquiles — que tem mais cacife do que qualquer outro — dá uma bronca no sujeito e ameaça não mais lutar se este não fizer o que lhe demandam.

A raiva de Agamêmnon então duplica — seus olhos "assemelhavam-se a fogo faiscante" —,[13] mas ele admite ter de devolver sua concubina. Faz então, porém, o que esperamos sempre de um machão mesquinho nessa circunstância. Ah é? — replica o rei para Aquiles —, pois então depois irei, como compensação, buscar a moça "que te calhou como prêmio, para que fiques bem a saber/ quanto mais forte que tu eu sou!".[14]

Fica claro o problema todo: Aquiles é o maior dos guerreiros, mas Agamêmnon é rei. Agamêmnon é rei, mas Aquiles é o maior dos guerreiros. Não há solução pacífica possível quando não há forma objetiva de declarar quem tem mais poder, a não ser a violência física. Aquiles está prestes a pegar a espada contra o comandante quando a deusa Atena segura sua mão e o convence de que sua glória será ainda maior se postergada. A raiva do herói não diminui; ela só ganha outra expressão, que determinará a história da *Ilíada*.

Se Aquiles fosse carioca, lançaria a Agamêmnon a mais grave de nossas injúrias: "Tu é moleque!". Como é grego, e antigo, chama o comandante de bêbado e covarde e anuncia que não irá mais guerrear contra os troianos. Diz ainda que vai chegar o dia em que o rei e todos os outros chorarão de saudades dele e que, diante da carnificina que se seguirá, Agamêmnon "morderá o coração de raiva" por não ter honrado o melhor dos gregos.¹⁵

É mais ou menos isso mesmo o que acontece, mas o primeiro a morder com força o próprio coração é Aquiles. Após a irrupção da cólera do herói, ele põe-se a chorar e a chamar a mãe. Sim, os homens homéricos choram muito e sem nenhum pudor; o choro não é de modo algum signo de fraqueza para eles — pelo contrário. A pesquisadora francesa Hélène Monsacré afirma que, na *Ilíada*, o maior dos heróis é também o que mais chora, e que suas lágrimas aumentam e confirmam sua masculinidade. Em *Les Larmes de Achilles* (As lágrimas de Aquiles), publicado em 1984, Monsacré observa que, enquanto os soluços das personagens femininas caem no estereótipo da passividade, as lágrimas do guerreiro no campo de batalha são ativas e poderosas: do modo como chora, ele mostra que "o sofrimento é a condição de seu heroísmo".¹⁶

O primeiro efeito do choro de Aquiles é a mobilização dos deuses a seu favor. Sua mãe, Tétis, compadecida do sofrimento do filho em razão da ofensa de Agamêmnon, vai contar o ocorrido a Zeus e reivindicar providências. Enquanto isso, Aquiles "encolerizava-se, sentado junto às naus", e recusava-se a se reunir aos outros gregos, ao mesmo tempo que "gastava o próprio coração ali/ permanecendo, embora desejasse o grito de guerra e a refrega".¹⁷ Ele quer lutar, afinal é o que dá sentido a sua vida, porém é mais importante mostrar ao outro quem é que manda.

Porque Aquiles é muito caro a ele, Zeus de fato toma providências: inspira Agamêmnon a atacar os troianos, mesmo sabendo que, sem seu mais forte guerreiro, morrerão muitos gregos. Essa é a vingança contra a injustiça que o filho de

Tétis sofreu. Seguem-se cinco dias de batalhas intensas, interrompidas apenas pelo escuro da noite ou por períodos em que os dois lados entram em acordo para enterrar seus mortos.

Um único dia de batalha é descrito ao longo de oito dos 24 cantos que compõem a *Ilíada*, e Homero não nos poupa de imagens muito vívidas para conjurar o horror da guerra. Lanças trespassam nádegas, atravessam bexigas, penetram por debaixo de ossos, arrancam línguas e olhos, fazem esguichar miolos. Um guerreiro fere o peito de um rival e sente o coração que "ainda batia, fazendo estremecer a ponta da lança".[18] Agressividade e drama: eis o que move esses homens. Ou, como escreveu Hélène Monsacré sobre Aquiles: quando eles não estão lutando, estão chorando.

Nenhuma divindade responsável por jogar diretamente humanos uns contra os outros em fúria é masculina. Por mais que Zeus, Apolo ou Posídon remexam as vontades dos homens, quando o assunto é a fúria irracional aparecem sempre deusas "medonhas".[19] Em alguns casos, no entanto, o ímpeto é movido por humanos. Ao príncipe troiano Heitor move a digna responsabilidade por seu reino, mas também o desprezo contra seu irmão Páris. Já seu rival, Aquiles, primeiro fica impassível para irritar Agamêmnon, mas depois acaba retornando aos campos de batalha para vingar a morte de seu grande companheiro Pátroclo. Chorando, este havia apelado ao herói para que ajudasse os gregos. Aquiles se recusou a sair da imobilidade, mas não impediu que Pátroclo voltasse à guerra e ainda lhe emprestou sua couraça, seu elmo e seu escudo.[20]

A tragédia se anuncia. Heitor dá cabo da vida do melhor amigo de Aquiles e sela, por sua vez, a própria morte. Tudo o que este havia chorado pelo roubo da concubina por Agamêmnon não é nada perto de seu pranto por Pátroclo. Quando fica sabendo que Heitor roubou suas armas e o próprio cadáver, o maior dos heróis pega do chão um monte de poeira e joga sobre a cabeça, arranhando o próprio rosto. Mais: joga-se ao chão e começa a arrancar os cabelos. "Medonhos foram os gritos de Aquiles", conta Homero.[21]

Ele chora também por si próprio, já que seu destino também está agora determinado: sabe que, após matar Heitor, ele mesmo será morto. Mas não há hipótese de não vingar a morte de Pátroclo e de não recuperar seu cadáver para que seja sepultado corretamente. Nesse momento, então, Aquiles se dá conta dos perigos da cólera e clama, tarde demais: "Que a discórdia desapareça da vista dos deuses e dos homens,/ assim como a raiva que leva o homem a irar-se, por sensato que seja;/ raiva que muito mais doce do que mel a escorrer/ aumenta como se fosse fumo nos peitos dos homens".[22]

Essa passagem é fascinante pela lucidez quanto aos prazeres muito íntimos que a raiva oferece a quem a sente por motivos que julga justos. É fascinante também porque, apesar da lucidez, em nada a conclusão altera os planos de Aquiles, e é com sangue nos olhos, e não mais lágrimas, que ele vai à caça de Heitor. Antes disso, porém, ao limpar o corpo recuperado de Pátroclo, ele promete ao companheiro: "Na tua pira funerária cortarei as gargantas a doze gloriosos filhos dos Troianos, irado porque foste chacinado".[23]

Nos cantos seguintes, após guerrear até contra dois rios, Aquiles de fato fere mortalmente Heitor, espezinha o moribundo ("Quem me dera que a força e o ânimo me sobrevivessem/ para te cortar a carne e comê-la crua"![24]) e arrasta seu cadáver por dias. Ao final, por influência dos deuses e após um encontro com o pai de Heitor, Príamo, ele devolve o corpo do príncipe troiano, que é cremado. Fim da *Ilíada*.

  Sei que as epopeias homéricas não são para todos os gostos, mas se o papel e a paciência dos leitores não custassem tão caro eu me estenderia por páginas. É com angústia que me furto a falar longamente da minha passagem preferida, a morte de Heitor, esse herói tão humano. Quero chamar a atenção, no entanto, para a natureza da cólera de Aquiles, ou melhor, das cóleras. Em primeiro lugar, o que me espanta é a relação, nele, entre a raiva e o sofrimento. É verdade que ele reconhece que a raiva é doce como o mel e atordoa os sentidos, mas é um prazer que, no caso da reação contra a tomada da moça raptada, vem de se saber do lado certo da contenda.

  No caso da raiva causada pela morte de Pátroclo, não há prazer, a não ser pela perspectiva de vingança. A fúria, na *Ilíada*, é essa força, que vem frequentemente à revelia e faz os heróis agirem — mesmo que a ação seja a recusa da ação —, e essa força move mundos, mas nem sempre é doce. Não é à toa que há em Homero uma ética que faz com que seus heróis expressem sua dor com uma violência proporcional àquela que os impele nos campos de batalha.

Uma paixão legítima

O que resta pensar é a questão da justiça, ou da legitimidade, da cólera de Aquiles e, por extensão, dos critérios de legitimidade de toda e qualquer raiva e de suas consequências, um assunto nada simples, que ocupa páginas e páginas de discussões filosóficas, psicológicas e políticas há milênios.[25] Uns quatro séculos depois de Homero, quando Aristóteles se dedicou a pensar as emoções humanas, colocou a raiva em posição central. Da primeira vez que escreveu sobre ela, em uma menção breve em seu tratado de psicologia *De anima*, definiu a raiva como o desejo de retaliação contra alguém, que se manifestava pela ebulição do sangue e o "calor em torno do coração".[26]

A ideia de retaliação segue firme no segundo livro de sua *Retórica*, no qual Aristóteles se dedica a pensar as paixões — no original, *pathe* (plural de *pathos*, um termo impossível de se traduzir) — que devem ser mobilizadas por um orador para convencer seus ouvintes de algo. Na ordem que o grego propõe, a raiva é a primeira dessas afecções que acometem nossa consciência e sentidos, informando nossas escolhas, atos e reações.

Agora, Aristóteles descreve com mais detalhes o que entende por raiva. O primeiro aspecto acrescentado é o da tristeza: na *Retórica*, reveste-se de sofrimento o desejo de "vingar-se ostensivamente" de um "manifesto desprezo" imerecido, expresso por alguém contra o enfurecido ou alguém que lhe seja caro.[27] Mais: a raiva necessariamente surge quando a ofensa parte de alguém inesperado.

Tem muita coisa aí, mas quero chamar a atenção para as ideias de desprezo, de manifestação e de ostensibilidade. O desprezo sentido é o que provoca raiva: há uma ofensa envolvida. O desprezo do ofensor deve ser manifesto. Não basta querer revanche, ela tem que ser pública. Trata-se de um jogo de humilhação e de reação a essa humilhação, um gesto de reajuste de status social. A raiva que Aristóteles descreve, mais do que justa, é exigida a qualquer homem que queira ser considerado digno. Não pode ser excessiva, mas não pode faltar.[28]

O único prazer que a raiva provoca, diz o filósofo, é "proveniente da esperança de vingar-se", e é até "agradável" fazer planos para a revanche. E um ponto fundamental: a vingança deve ser possível, pois, diz ele, "ninguém deseja para si o que lhe parece impossível".[29] Atar a definição de raiva ao desejo de retaliação é um tanto estranho para nós, herdeiros da modernidade — e a revolução provocada pelo cristianismo tem muito a ver com isso —, contudo ainda me chama mais a atenção o fato de que a vingança deve ser possível para que se possa falar em raiva.

Essa definição exclui, afinal, qualquer sujeito que não tenha o direito de revidar: na Grécia aristotélica, mulheres, escravos, crianças. Mas, se só sente raiva quem sente o prazer da perspectiva de vingança, podemos concluir que esses não cidadãos seriam invulneráveis a essa paixão? Sim, mas só segundo os critérios usados por Aristóteles. Quando penso, porém, nas diferentes reações às raivas de homens e mulheres ainda em 2023, me pergunto se algo dessa definição antiquada não permanece vivo.

Aristóteles recorre a uma passagem de Homero que citei há pouco para explicar o prazer da vingança: Aquiles, ao ver Agamêmnon se lascando, percebe que sua lição vai se cumprindo, e essa sensação é "doce como o mel". Ele usa Aquiles, penso eu, como epítome do sujeito a quem cabe — isto é, que tem o direito e o dever, e também a disposição de — sentir raiva. Aquiles é homem, é livre, é guerreiro e comandante. É belo e forte. De fato, é brilhante fazer com que esse sujeito seja ofendido por alguém que, em um domínio diferente do dele, o político, lhe seja superior, gerando um conflito que não se pode resolver a não ser pela força.

A raiva, para Aristóteles, não é jamais uma reação automática ou instintiva. Não faria sentido, para ele, sentir raiva de uma cadeira na qual damos uma topada inadvertida, ou de um passarinho que lança suas necessidades sobre a nossa cabeça. Mesmo contra alguém que involuntariamente nos tenha empurrado não caberia, para o filósofo, pensar em raiva. Esta, para ele, exige um julgamento racional, que leve em conta o agente e suas intenções. Não nos sentimos, afinal, humilhados pela cadeira, pelo passarinho ou pelo transeunte desajeitado. Do mesmo modo, como já vimos, não sente raiva quem não tiver o direito de humilhar aquele que o ofendeu.

Há quem ainda hoje concorde com ele, pensando na raiva como essa emoção direcionada contra alguém e contra uma intenção. Não haverá, no entanto, eu me pergunto, algo como uma reserva íntima de humilhações, um banco privado de desamparo, um estoque de opressão que possa ser ativado por um motivo idiota como uma pedra em que damos uma topada ou um atendente de telemarketing que insista em não cancelar nossa assinatura da TV a cabo? Àqueles a quem Aristóteles — mas não só ele — ostensivamente interdita o próprio desejo de retaliação talvez caiba apenas, justamente, a revolta contra o banal.

O mundo masculino grego era muito mais público que o nosso, e a negociação do valor pessoal se dava pela medida da honra. Ainda assim, penso que algo subsiste dessa interdição à raiva dos dominados, algo que tem a ver com a questão da utilidade dessa raiva: por que se revoltar contra algo se não puder fazer nada a respeito? E, mesmo que possa fazer algo, inclusive com emprego da violência, resta a pergunta sobre a produtividade da raiva e o apelo, talvez conservador, da resolução pacífica de conflitos.

A filósofa Amia Srinivasan dá uma resposta que me parece muito pertinente a essa última questão. Tratando do argumento de que a expressão da raiva por grupos socialmente oprimidos é, em boa parte dos casos, contraproducente, na medida em que provoca uma reação agressiva contra as próprias demandas deles, Srinivasan defende que essa não é uma razão suficiente contra a raiva. Ela afirma que a raiva pode ser contraproducente e, ainda assim, uma reação adequada às injustiças do mundo.

Ninguém cogitaria deixar a fúria de lado, por exemplo, no caso de descobrir que seu cônjuge foi infiel simplesmente porque uma reação furiosa o faria se distanciar ainda mais (e ser ainda mais infiel). E se o infiel em questão usasse desse argumento — "seu ataque de fúria me faz querer ir pros braços da outra ainda mais" —, aí sim é que a raiva atingiria seu nível máximo. Agora, diz Srinivasan, a ofensa seria dupla: a traição da confiança, em primeiro lugar, e, depois, a desautorização da raiva como reação legítima.

Por que não pensar do mesmo modo quando estamos tratando de reivindicações contra o racismo e a misoginia? Por que seria adequado dizer que uma feminista não deve sentir raiva na medida em que essa reação faz com que suas demandas sejam desconsideradas como exageradas ou histéricas? Ficar brava, escreve Srinivasan, é "um meio de registrar ou reconhecer afetivamente a injustiça do mundo".[30]

Brilhantemente, ela compara nossa capacidade de sentir o que chama de "raiva adequada" com nossa capacidade de apreciação estética: "Assim como *reconhecer* o belo ou o sublime tem um valor diferente do valor de *saber* que algo é belo ou sublime, é plenamente possível que haja um valor em reconhecer a injustiça do mundo por meio da raiva", em vez de simplesmente saber que o mundo é injusto.[31] Além disso, diz ainda Srinivasan, a raiva é "uma forma de comunicação, um modo de marcar publicamente um valor moral negativo, um apelo ao compartilhamento dessa apreciação negativa".

O valor da raiva como recurso de apreciação e mudança das injustiças sociais já havia sido reivindicado pela poeta e ativista norte-americana e negra Audre Lorde, em 1981. Em "Usos da raiva", palestra com que abriu a conferência da National Women's Studies Association naquele ano, nos Estados Unidos, Lorde diz que sua resposta ao racismo é a raiva. Ela continua: "Vivi com essa raiva, ignorando-a, me alimentando dela, aprendendo a usá-la antes que destruísse minhas visões. Primeiro fiz isso em silêncio, com medo do fardo. Meu medo da raiva nada me ensinou. O seu medo da raiva nada vai ensinar a você".[32]

Eu tinha dois anos e meio de idade quando Audre Lorde falou isso. Por que só agora, quarenta anos depois, estou entendendo bem do que se trata? Penso que é porque a raiva causada pelo constrangimento à vontade é proporcional à violência desse constrangimento, e não posso comparar os modos como tive minhas próprias vontades limitadas à opressão sofrida pelas mulheres negras. Tenho essa discrepância bem clara, mas o feminismo negro e a raiva de Lorde diante dos abusos sofridos por ela e outras me ajudam a encarar os constrangimentos, ainda que muito mais leves, que vivi.

Há algo insidiosamente cruel em crescer em uma cultura que nos ensina a valorizar a fúria mas não nos ensina que essa valorização — esse privilégio de uma paixão total — não é democrática. Já esmurrei a janela do carro de um cara que roubou minha vaga no supermercado (e depois fiquei vermelha ao encontrá-lo no corredor de cereais). Já expulsei uma amiga de casa aos berros porque ela estava roubando no jogo de buraco (ainda acho justo). Já arremessei o aparelho de telefone no lixo, na redação do jornal em que trabalhava, porque liguei para um ex-namorado e uma moça atendeu (mas isso me rendeu um miniaffaire com um colega mais doido que eu, que achou o chilique charmoso).

Tive o privilégio, então, de amadurecer com apenas umas poucas cicatrizes. Hoje em dia eu sou quase uma flor, porque a maturidade, em vez de subtrair minha fúria, me fez ver que eu podia dosá-la — um aprendizado lento e inadvertido, além de um pouco agridoce, que percebo só agora ao ver seus efeitos. Quando era um pequeno Hulk, porém, eu facilmente teria brigado aos socos e pontapés com os moleques da rua, se isso fosse permitido à mocinha que eu também queria ser. E, embora as consequências exteriores da minha raiva nunca tenham colocado minha integridade física em risco, o interior sentiu seus efeitos.

Paradoxalmente, na maior parte das vezes em que queremos, com nossa raiva, causar medo no interlocutor, somos chamadas jocosamente de psicóticas, enquanto é só quando estamos verdadeiramente em surtos de descontrole que chegamos a assustar alguém. Nunca a intimidação deliberada bem-sucedida; sempre o uso leviano da palavra "louca". E eu, que só queria ser capaz de meter medo em alguém caprichando na postura e elevando o tom da voz! Mais do que o prazer que senti ao extravasar minha raiva nos episódios que contei há pouco, sinto vergonha e uma culpa difusa. Mesmo que hoje já consiga rir também dos meus excessos, a diferença no tratamento da violência me faz sempre questionar a legitimidade de meus próprios ímpetos e gestos, e isso é cruel demais.

Talvez essa censura social, transformada em repressão interna, esteja na raiz do que Lorde aponta ao criticar as mulheres brancas que esperam que as negras se revoltem por elas, bem como aquelas que acusam as negras de sentir raiva demais, impedindo o diálogo. "Como você usa sua raiva?" — pergunta a poeta e ativista negra às brancas. E explica o que só fui entender muito depois: toda mulher tem um arsenal de raiva que pode ser usado contra opressões pessoais e institucionais, as mesmas opressões que fizeram essa raiva nascer. Essa poupança de raiva pode ser uma fonte poderosa de energia "a serviço do progresso e da mudança".[33]

Amia Srinavasan conclui seu artigo sobre a adequação da raiva reconhecendo que a defesa desse tipo de reação pode parecer trazer a ameaça de "um retorno ao petulante e vingativo Aquiles", a um tempo em que a justiça cabia a cada indivíduo e não ao Estado. No entanto, argumenta ela, condenar a raiva devido ao espectro de Aquiles significa "negligenciar, como sempre fizemos, aqueles a quem nunca foi permitido se enfurecer, os escravos e mulheres que não têm nem o poder do Estado nem a espada".[34]

Srinivasan e Lorde estão cobertas de razão. Mas dou um passo além, com uma reivindicação quimérica e um pouco amoral. Quero o direito de usar meu banco de fúria também para fins menos nobres que a mudança social. Em um livro que é todo uma produtiva expressão de raiva, a francesa Virginie Despentes fala de um sentimento semelhante: "O que me deixa furiosa não é o que os homens fazem ou são, mas o que querem me impedir de fazer ou ser".[35] E isso inclui não apenas gestos em direção a um mundo mais justo, mas também desejos mais triviais. Não quero sair degolando cabeças, mas seria legal ficar para a história como uma grande heroína simplesmente por não topar levar desaforo para casa.

Uma paixão banal

A justiça de gênero chegará apenas no dia em que todos pudermos ter direito a nossos rompantes, e não só os homens brancos e heterossexuais. Antes que isso aconteça, porém, me parece legítimo desejar que estes passem alguns séculos sendo contidos em suas fúrias. Para além da questão social, essa é uma reivindicação estética. Ninguém aguenta mais assistir a cenas como a do político que recebe com tiros e granadas os policiais que foram à sua casa para prendê-lo. Ou a do cara que xinga uma mulher quando é rejeitado. Ou a do ator famoso que destrata o repórter que faz uma pergunta supostamente inadequada. Todas essas cenas são pastiches involuntários da cólera de Aquiles.

Um erro da masculinidade hegemônica no Ocidente foi achar que essa cólera é a mesma que cabe de direito a todo homem que se sente ultrajado. Não é, porque ela não cabe em um mundo filtrado pela racionalidade e por acordos de justiça e gentileza, em um mundo em que deuses não andam mais entre nós. Os homens se acham deuses. Não são. E estão esperneando até hoje por isso. Toda uma história de violência e opressão assentada sobre uma leitura anacrônica de Homero e Aristóteles. O erro não está na reiteração da raiva, nem no reconhecimento de sua legitimidade, e sim na glorificação dela.

Não há nada de glorioso na raiva que reivindico para as mulheres. Pelo contrário, me atrai justamente o banal que nos foi negado por tanto tempo. Na *Retórica*, Aristóteles faz uma lista de motivos pelos quais um homem pode se enfurecer. Há motivos razoáveis como o desdém contra aqueles que nos são caros, mas também pequenos absurdos como alguém esquecer nosso nome. Demando essas fúrias mesquinhas.

Quero explodir sem culpa. Atirar objetos contra a parede, fazer birra. Ainda citando Despentes, com grifos meus, quero "o poder que permite ser *desagradável*, exigir, ir direto ao ponto". E mais adiante: "Espera-se que renunciemos a esse tipo de *prazer* em função de nosso sexo. É pedir muito".[36] Quero plenos poderes sobre meus acessos de raiva, enfim. Inclusive o poder de não a usar, de cozinhar minha amargura, de chorar sozinha e gritar pela minha mãe sem achar que estou sendo covarde.

Quero a raiva injusta. A violência sem consequências. Luis Suárez mordendo o ombro de Giorgio Chiellini na Copa do Mundo de 2014 (o italiano mais tarde chamaria o gesto de "astucioso"). Tony Soprano se revoltando em violência verbal contra a psicanalista que se recusa a se envolver romanticamente com ele (na série, ela continua a tratá-lo, e continua fascinada). Caetano gritando para a plateia que o vaiava em um teatro universitário "Vocês não estão entendendo nada,

nada, nada, absolutamente nada" (ok, Caetano estava certo, mas que arrogância!). Quero o direito à raiva não programática, sem organização nem objetivo, só a explosão, veiculada pelo e no meu próprio corpo. E sair no tapa uma vez na vida, por que não?

Reconheço, no entanto, que é uma reivindicação meio infame. E então me pergunto o porquê de ela me parecer tão urgente. Encontro uma pista na poesia. Anne Carson escreve acerca de Emily Brontë: apesar de uma vida sem grandes dramas, uma vida de relativo conforto e recolhimento voluntário, a poesia de Brontë "do começo ao fim trata de prisões,/ cofres, gaiolas, travas, freios, porcas, parafusos, grilhões,/ janelas trancadas, molduras estreitas, paredes doloridas".[37] O trecho aparece no longo poema "The Glass Essay" (O ensaio de vidro), no qual Carson explora, em diferentes camadas, questões como a relação entre mãe e filha, a rejeição amorosa, a liberdade e a raiva.

É nesses últimos dois temas que Emily Brontë é evocada. "Por que todo esse bater de asas?",[38] Carson se pergunta, e em sua resposta se misturam indissociavelmente a frustração de uma vida não vivida — a não ser na imaginação — e certa disposição para a crueldade. Vale lembrar: Carson está escrevendo um poema e não um texto argumentativo; as imagens se misturam, certas ideias ficam suspensas, outras se contradizem. De qualquer modo, desejo de liberdade, ausência de experiências e fúria convergem.

Brontë é autora de um dos romances mais belos e atordoantes já escritos. Em *O morro dos ventos uivantes* (no original, *Wuthering Heights*, de 1847), ela criou dois personagens inacreditavelmente cruéis em seu desencontro romântico, a mimada e arrogante Cathy Earnshaw e o orgulhoso e vingativo Heathcliff. É de se perguntar como uma moça que mal saiu da casa, onde morava com o pai e as irmãs e irmãos, escreveu um romance tão furioso e eroticamente carregado.

Carson escreve: "Sexismo banal à parte,/ me vejo tentada/ a ler *Wuthering Heights* como a espessa camada de uma vingança/ pela vida negada a Emily". Sua poesia, porém, escreve a poeta canadense, mostra traços de um outro tipo de explicação. "Como se a raiva pudesse ser uma espécie de vocação para certas mulheres./ Esse pensamento dá arrepios."[39]

O poema de Carson desloca então, significativamente, o foco e se concentra na rejeição amorosa sofrida pelo eu lírico. "A vocação da raiva não é minha./ Conheço minha fonte", escreve ela. "É impressionante, é um momento como nenhum outro,/ quando seu amante chega e diz eu não amo mais você".[40] Páginas antes, ela havia escrito: "Sonhos de raiva geralmente ocupam minhas noites agora./ Isso não é incomum depois da perda do amor".[41] A justaposição que Carson faz entre a raiva causada pela rejeição do amante e a raiva de Brontë, essa raiva atávica, sem fonte, essa vocação — potencializada por uma enorme energia, represada e convertida em literatura — me faz voltar a pensar no estoque de fúria que quase toda mulher parece carregar, mas também nessa afinidade entre raiva e desejo.

Em um trecho particularmente doloroso de "The Glass Essay", lemos a cena em que o cara termina o relacionamento de anos, e a mulher tenta seduzi-lo. Não quero sexo, diz o sujeito, mas ela tira a roupa, e a coisa toma o rumo esperado. Sabendo que ele gosta de vê-la por trás, ela se vira de costas e se aproxima. Segue a porrada: "Tudo que sei sobre o amor e suas necessidades/ Aprendi naquele momento/ em que me vi/ forçando meu pequeno traseiro em chamas como o de um babuíno/ contra um homem que não mais me queria./ Não havia região da minha mente/ que não se sentisse afrontada por esse ato, nenhuma parte do meu corpo/ que pudesse agir de outro modo".[42] E então ela acorda toda noite, suando com o calor da raiva.

A raiva é, afinal, a única forma de reivindicar de volta a dignidade, na mesma medida em que é a reação possível contra a tentativa do mundo, tantas vezes bem-sucedida, de reduzir nossas fronteiras individuais. E o que é o amor senão um modo de expandir essas fronteiras? E o que é a rejeição senão um único indivíduo dizendo que não, você não tem esse direito? E, se às mulheres coube, culturalmente, por tanto tempo a satisfação romântica como sonho possível — e estimulado, a despeito da realidade concreta —, como não sentir essa limitação como algo que extrapola o sentimental rumo ao existencial?

O filósofo tcheco-brasileiro Vilém Flusser escreveu, em um livro estranho chamado *História do diabo*, que a experiência da ira e a da luxúria se diferenciam da dos pecados capitais restantes porque, nelas, aceitamos o mundo sensível como realidade em si mesma. Os outros, escreve Flusser, revolvem em torno do eu, o qual é medida de toda realidade. A gula, por exemplo, "é a tentativa de devorar o mundo para torná-lo real", enquanto "a inveja e a avareza procuram organizar e governar o mundo devorado".[43] Já a luxúria quer gozar os prazeres do mundo que está aí, e a ira tem como ideal a liberdade de usufruir desse mundo. Luxúria, diz ele, é afirmação de vida; ira é dignidade.

Dante também intuiu essa propriedade da raiva — esse desespero por alargar os limites impostos pelo mundo — quando criou o castigo aos iracundos no "Inferno" de sua *Divina comédia*: no quinto círculo, eles estão submersos nas águas lodosas do rio que separa vivos e mortos. Os mais revoltados esmurram, por baixo, a superfície com mãos, cabeça, pés e até os dentes.[44] Uma eternidade de constrangimento físico, sob a lama, não importa a força que empreendam contra a barreira superior. O corpo eternamente em um estado de disposição para a briga, sem escape. A vida humana tem seus infernos, e a fúria contida é um deles. Nesta vida, porém, não há uma lama sobrenatural a nos forçar para baixo, e a vontade repreendida torna-se uma paixão, que pode sempre brotar.

Uma paixão deliciosa

Das histórias que me contam a respeito dos meus primeiros anos de vida, minha preferida é a do dia em que a professora da turma do jardim de infância chamou meus pais para conversar, porque eu vinha sendo muito agressiva, brigando com ela e os coleguinhas. Quando minha mãe me perguntou o motivo de eu andar tão brigona, respondi, bem dramática: "Não sou eu, é meu sangue".

Imagino que a frase tenha sido copiada de alguma novela, mas ela tinha uma explicação factual e um pouco triste (mas com final feliz): eu tinha três ou quatro anos e começava a sentir dores que seriam diagnosticadas como sintomas de artrite reumatoide infantil e que depois foram tratadas com sucesso. Como aspecto definidor de personalidade, no entanto, a raiva — essa ebulição do sangue — custou a passar; na realidade, foi sendo aliviada há bem pouco tempo. Às vezes, admito que sinto saudades.

Minha mãe e meu marido costumam comentar, surpresos, como nos últimos anos me tornei mais paciente, afável e compreensiva. Eles falam disso como uma qualidade, mas não é bem assim que sinto. Apesar de certo alívio por ter chegado até aqui sem ter sido demitida por justa causa ou levado um tiro no trânsito, fazem falta aqueles acessos de fúria que, como uma fonte de combustível, me abasteciam para o dia a dia. Como canta o Johnny Rotten em "Rise", do PiL, *"anger is an energy"* ("a raiva é uma energia").

Em registro bem diferente, Charles Darwin escreveu, em *A expressão das emoções nos homens e nos animais*, de 1872, que o cérebro excitado pela raiva "dá força aos músculos e, ao mesmo tempo, energia à vontade. O corpo frequentemente assume uma postura ereta, pronto para ação imediata".[45] Para o biólogo britânico, no que tange aos efeitos sobre a expressão corporal, apenas a dor física severa, a alegria extrema e o terror são comparáveis à raiva.

Gosto de sentir o sangue ferver, e em certa medida estimulo minha própria fúria, também porque ela torna transparentes as barreiras do mundo para mim. A raiva é um antídoto contra a hipocrisia; aos historicamente oprimidos basta dar um grito, não importa quão justo, para que o mundo nos lembre qual é nosso lugar. E é só sabendo onde é que estão esses limites que podemos cruzá-los.

Philip Fisher, professor na Universidade Princeton, escreveu recentemente um livro dedicado àquelas que chamou de "paixões veementes", uma ótima expressão que engloba, para ele, o sofrimento, a raiva e o medo. Para Fisher, foi a partir dessas emoções, que tomam conta da gente por inteiro, que o Ocidente concebeu modelos do que significa "ter uma experiência", no sentido de vivenciar algo significativo. Não à toa, também lembra o teórico, essas paixões são o estopim de boa parte das melhores narrativas.[46]

A ficção me ensinou que surtos de fúria podem ser belos, e o são com frequência. Ser belo é diferente de ser correto, mas a beleza é frequentemente mais sedutora que a correção moral. Mesmo a estupidez pode ser bonita. Treze anos antes de terminar seu *Guerra e paz*, Tolstói reclamou em carta a um colega escritor que achava muito "desagradável" a moda generalizada, na literatura e na sociedade, de achar que é muito bacana ser irascível. "Um homem irritável e maldoso não está em seu estado normal. Um homem amoroso é como seu reverso, e só em um estado normal é possível fazer o bem e ver as coisas com clareza", escreve ele a Nikolay Nekrasov.[47]

Tolstói, no entanto, usou suas próprias experiências de sujeito irascível, e não foram poucas, para compor suas cenas, mesmo que, na sua ficção, tenda a punir ou corrigir os personagens que sucumbem à raiva: Baggovut morre; Pierre casa-se e se torna um sujeito menos explosivo, usando sua energia na atuação política. Fora dos livros, porém, Tolstói chamava desafetos a duelar; em um momento, desafiou um crítico que o acusou de "pouca liberdade de pensamento";[48] em outro, quis ir às vias de fato com o escritor Ivan Turguêniev após uma briga a respeito da atitude da filha deste de recolher roupas de pobres para remendá-las: Tolstói achava o gesto hipócrita (e se irritava com o fato de o colega assumir uma filha bastarda, apesar de ele próprio também ter um filho fora do casamento).[49]

Quando atuou como árbitro de *paz* nas negociações entre donos de terras e camponeses, Tolstói brigou "definitivamente com todos os proprietários" e arruinou sua saúde "também definitivamente". Como proprietário ele próprio, reclamava do gerenciamento das terras, uma "ocupação grosseira" e, certa vez, após um camponês mentir para ele, teve "um acesso de fúria" e, seguindo o "costume detestável", mandou açoitar o homem. Arrependeu-se, mas tarde demais, e concluiu, no diário: "Nunca mais vou repreender ninguém antes das duas da tarde" — uma decisão que, suponho, não deve ter consolado muito o castigado.[50]

Essa relação ambivalente com a raiva rendeu cenas memoráveis em muitas obras do autor e especialmente em *Guerra e paz*, como é o caso da passagem que abre este capítulo, com o general russo Baggovut levando um desnecessário tiro na cabeça. Quando reflito sobre a minha relação com a raiva, não tenho dúvidas de que a minha experiência de leitura da ficção escrita por mãos masculinas está no centro da ambivalência dessa relação.

Muito mais do que dirigir minha fúria contra os homens, a literatura me fez querer o privilégio da raiva que eles próprios experimentam. Quero levar meus soldados para o meio do campo de batalha por pura pirraça e receber apenas um epitáfio melancólico, em vez de um comentário jocoso sobre histeria ou tensão pré-menstrual. Não quero me vingar da opressão masculina, lançando contra eles a justa retaliação — olho por olho, dente por dente — pelo mal que fizeram às mulheres. Minha utopia está mais à frente: quero um tempo em que só haja mesmo motivos bobos para que todos se deliciem na fúria, sem a menor necessidade.

10. Raiva erótica

> ... eu fiquei atento, meus olhos em brasa na cara dela, ela sem se mexer amparada pelo carro, eu já recuperado no aço da coluna, ela mantendo com volúpia o recuo lascivo da bofetada, cristalizando com talento um sistema complexo de gestos, o corpo torcido, a cabeça jogada de lado, os cabelos turvos, transtornados, fruindo, quase até o orgasmo, o drama sensual da própria postura...
>
> RADUAN NASSAR, *Um copo de cólera*

NA PARIS DOS ANOS 1950, dois homens estão em um quarto pequeno, separados por poucos metros, recolhendo tijolos que foram arrancados de uma das paredes. Um deles, que narra o episódio, quer terminar a relação amorosa que eles vêm mantendo: sua namorada está prestes a chegar à cidade, e ele está determinado a viver uma vida convencional. O outro sabe disso, se ressente e pede um beijo ao primeiro, que admite se sentir "um pouco amedrontado". James Baldwin escreve, na voz de seu narrador David: "Eu tinha nítida consciência de que Giovanni estava segurando um tijolo, de que eu também estava segurando um tijolo. Por um momento, tive a sensação de que, se não me aproximasse dele, usaríamos os tijolos para nos atacarmos até a morte".[1]

Eles estão no cômodo que dá título ao romance arrebatador de Baldwin, lançado em 1956, *O quarto de Giovanni*. Este é um imigrante italiano pobre e instável, que vive precariamente trabalhando como bartender. É também "insolente, moreno e leonino", como o descreve o loiro e norte-americano David na noite em que o observa, pela primeira vez, com os cotovelos apoiados na caixa registradora e contemplando a multidão: "Era como se estivesse postado num promontório e nós fôssemos o mar".[2]

Os dois ficam juntos desde essa primeira noite, mas a coisa não caminha bem. O quarto de Giovanni, para onde David se transfere, tem uma atmosfera pesada, está sempre escuro, quente e sujo, uma espécie de materialização da mistura de desejo, medo e vergonha que domina o norte-americano. Quando o italiano, tijolo na mão, pede um beijo a David, este não se mexe de imediato. "Nós nos entreolhávamos separados por um espaço estreito cheio de perigos, que quase parecia rugir, como uma labareda", diz ele.[3]

A testosterona escorre do livro enquanto Giovanni repete o pedido. David nos conta: "Larguei meu tijolo e fui até ele. Logo em seguida, ouvi o outro tijolo caindo no chão. Em momentos como aquele, eu tinha a impressão de que estávamos apenas sofrendo e cometendo uma espécie mais prolongada, menor e mais perpétua, de assassinato".[4] É uma das passagens mais eroticamente carregadas que eu já li.

Minha própria reação a essa mistura de raiva e amor, agressividade e desejo, me desconcerta, e me pergunto como foi que passei a achar cenas assim atraentes. Um exemplo ainda mais tenso: a mãe de família que descobre que o pacato marido é, na realidade, um ex-assassino profissional e, derretendo de revolta e tesão, transa com ele de forma violentíssima, escorregando pelos degraus de uma escada, no filme *Marcas da violência* (David Cronenberg, 2005). Será que as feministas estão erradas, e a testosterona é mesmo essa substância superpoderosa que move o desejo, o poder e o mundo?

Corta para algo bem diferente. *Battlestar Galactica* foi uma série de TV de ficção científica pós-apocalíptica atravessada por vilões alienígenas, robôs humanoides, batalhas estelares e um bocado de cafonice. Em meio a discussões interessantes acerca da possibilidade de ordem social em situações-limite, há muitas tramas e personagens ruins, interpretados por atores ainda piores. Eu amo. Uma das maiores cafonices é a revisitação do clichê do par romântico condenado ao fracasso. O capitão Lee e a major Kara se amam, mas jamais conseguem ficar juntos, pois estão sempre metendo os pés pelas mãos. Em uma cena do nono capítulo da terceira temporada, no auge do ressentimento mútuo, eles se veem em um ringue de boxe dispostos a acertar as contas.

Aqui a coisa vai para outro patamar. A passagem é permeada por flashbacks excessivos, mas ainda assim é incrível. Dois apaixonados se espancando sem dó até que nenhum dos dois consegue sequer se sustentar e eles têm de se escorar um no outro para permanecer de pé. Abraçados e estropiados, cobertos de suor e de sangue, pálpebras e lábios inchados, sob o olhar do resto da tripulação (inclusive de seus respectivos cônjuges), eles dizem baixinho: "Senti sua falta", "Eu também senti a sua".

Adoro essa cena de *Battlestar Galactica* por dois motivos, além dos erótico-afetivos: primeiro, por colocar em cena uma mulher enchendo um sujeito de porrada, o que tem, no mínimo, um belo valor de novidade; depois, porque desafia — o que não quer dizer que derrote totalmente — a ideia de que a agressividade é moldada pela biologia, ou de que quanto mais testosterona, maior o ímpeto de resolver problemas no soco.

O que torna especial a passagem, no entanto, é que a violência — o confronto entre corpos, com o uso da força — não é empregada apenas para que os personagens resolvam suas pendências emocionais, mas também para que eles possam, afinal, simplesmente se entregar ao abraço um do outro. Na plateia, o marido de Kara diz: "Parece que eles estão tentando se matar". A esposa de Lee, mais esperta, rebate: "Depende do ponto de vista". O que havia degringolado de vez o relacionamento dos infelizes tinha sido a trégua no longo conflito entre humanos e robôs. A perspectiva de uma vida tranquila foi demais para Kara, que conclui: "Acabou a guerra, e com ela tudo o que havia de bom". Uma coisa assim meio Gilberto Gil: "Só a guerra faz nosso amor em paz".

Amantes matadores

Embora em *Battlestar Galactica* seja a mulher a viciada em confusão, a afinidade entre violência e amor tem toda pinta de invenção masculina, com as mais diversas configurações e efeitos. Caio em todos. Por que diabos, por exemplo, tenho tantas *murder ballads* nas minhas playlists? Nesse subgênero da música tradicional norte-americana, do country e do blues, conta-se sempre uma história de assassinato e, com muita frequência, de feminicídio. Infelizmente, eu ouço e gosto de muitas dessas canções. Talvez porque haja sempre o truque do homem que sofre; e, com uma boa melodia e um vocal, digamos, matador, a gente acaba às vezes se confundindo.

Talvez não devesse. Vejamos a letra de "Banks of the Ohio", uma balada do século XIX, de autoria desconhecida e regravada por muita gente boa, incluindo o deus Johnny Cash. A canção narra, em primeira pessoa, o episódio em que um rapaz pede uma moça em casamento, e ela desconversa. Ouvimos então: "Diga que você será minha e não se aninhará em outros braços" e, apenas dois versos depois, subitamente: "Mergulhei uma faca em seu peito, e disse que ela iria descansar".

A canção é terrivelmente sinistra, e ainda mais sinistra na gravação de Cash com a família Carter. São quatro vozes femininas fazendo o vocal em versos nos quais a vítima pede clemência ("Não estou preparada para a eternidade"!). A resposta: "Arrastei-a pelos cabelos loiros até a beira do rio e ali a joguei para que se afogasse, e fiquei olhando ela flutuar para longe".[5] O nome do álbum em que está essa gravação é *Keep on the Sunny Side* (Fique no lado ensolarado).

Em outra canção, variação mais famosa de "Banks of the Ohio", o assassinato tem ainda menos coerência. Do comecinho do século XX, "Knoxville Girl" foi gravada por dezenas de artistas, ficou famosa com os Louvin Brothers nos anos 1950 e ganhou versão mais moderna de Nick Cave nos 1990. A letra começa assim: "Conheci uma mocinha em Knoxville/ Uma cidade que todos conhecem bem/ E todo domingo à noite eu passava na casa dela/ Fomos dar uma volta à noite/ A uma milha da cidade/ Peguei um galho seco do chão/ E derrubei aquela bela garota". Do nada. A canção prossegue com muita brutalidade e falta de lógica até que o sujeito é preso. Os amigos tentam soltá-lo, mas não têm dinheiro para a fiança. E ele, então, conclui: "Estou aqui desperdiçando minha vida/ Nesta prisão velha e suja/ Porque assassinei aquela garota de Knoxville/ A garota que eu amava tanto".[6]

A gratuidade da coisa toda é chocante. Uma amiga me sugeriu uma hipótese tristonha: é tamanho o medo de perder, de ser rejeitado, de ser traído — de virar o corno da cidade —, que o cara mata a moça preventivamente. É uma explicação que não me ocorreria, eu que, quando preciso de drama, prefiro ser sempre aquela que sofre à que faz sofrer. *"If equal affection cannot be/ Let the more loving one be me"*, escreveu o poeta britânico W. H. Auden.[7] Mas, provavelmente, não me ocorre porque sei que dói, porém ser traída não diz nada a respeito do meu próprio caráter; e se esses caras matam antes de virarem cornos é menos para não sofrer do que para não passar vergonha diante dos pares ou mesmo diante do espelho.

Nas *murder ballads*, ou "canções de assassinato", é o que se observa. Willie Nelson apostou alto no tema no incrível álbum conceitual *Red-headed Stranger*, de 1975, todo ele um longo lamento de um pregador abandonado pela mulher, que o deixa por um ex-amante. Na primeira canção, a clássica "Time of the Preacher", o sujeito apenas "chora como um bebê" e "berra como uma pantera no meio da noite". Na segunda, diz que tentará perdoá-la e que a felicidade dela é o mais importante.

Duas faixas depois, porém, o infeliz encontra o casal em uma taverna, apaixonado e contente: "Sorriam um para o outro quando ele atravessou a porta/ E eles morreram com seus sorrisos nos rostos". A partir daí, então, o pastor se torna o "ruivo desconhecido" do título, e Nelson nos canta: "Não dê ordens a ele, não o incomode/ Ele está louco de tristeza/ Ele está cavalgando e escondendo a própria dor".⁸ O feminicídio transmutado no mito do homem sofrido, solitário e errante: uma cilada deveras eficiente. Quisera eu ser a misteriosa ruiva montada a cavalo que ninguém ousa confrontar.

O peso do isolamento do sujeito frio e violento, de uma solidão redobrada pela dissociação entre consciência e sentimentos, é um tropo da literatura ocidental moderna. A ficção literária dispõe plenamente de recursos — a narração em primeira pessoa, ou o discurso indireto livre — que nos jogam dentro da mente de personagens masculinos duramente agressivos nas ações, mas que por dentro remoem as consequências desse modo de ser. Relatando o que fazem, mas ao mesmo tempo sendo obrigados, pelo próprio fazer narrativo, a refletir a respeito de seus atos, esses personagens nos mantêm em um lugar desconfortável, entre a aversão, o alheamento e a empatia, quando não despertam algo próximo da paixão.

Na literatura brasileira, um dos exemplos mais bem-acabados disso é o narrador de *S. Bernardo*, obra-prima de Graciliano Ramos de 1934. O brutalizado Paulo Honório foi criado na rudeza das relações de posse e sujeição, trabalhou na lavoura e depois como guia de cegos, vendeu cocadas, foi enfim preso por esfaquear um desafeto e alfabetizado na cadeia. Quando o conhecemos, é proprietário de uma enorme fazenda adquirida por meio dos recursos mais ignóbeis e violentos. Mas acontece algo que o faz repensar todas as suas relações e a si mesmo, e, para entender isso, ele deseja escrever um livro sobre sua vida. *S. Bernardo*, o romance, é o resultado ficcional disso.

O acontecimento marcante é a breve passagem de Madalena por sua vida. Paulo Honório casa-se com a professora, "boa em demasia", mas não sabe lidar com o senso de justiça social dela, com sua doçura — "era caridosa, de quebra, até com os bichinhos do mato".[9] Trata-a como sua propriedade, adquirida para garantir um herdeiro; tem surtos agressivos de ciúme; vinga-se de quem acha que o ameaça (ninguém o ameaça, realmente). Oprimida e desesperançada, Madalena se suicida, para surpresa de nenhum leitor, mas confrontando todas as certezas possíveis do narrador.

Ao longo do livro, vamos conhecendo todos os piores defeitos e atos de Paulo Honório, dos truques desonestos e da corrupção à violência física e verbal contra os fracos. "Estúpida!", grita ele ao descobrir que sua esposa havia dado um vestido de seda rasgado à mulher de um trabalhador da fazenda. "Essa gente faz o que se manda, mas não vai sem pancada", justifica-se ele após dar uma série de bofetadas no mesmo infeliz, para escândalo de Madalena.[10]

O romance chega ao final, porém, demorando-se dentro da consciência culpada de Paulo Honório, que resta portanto como a mais dolorida vítima de si próprio. O capítulo final de *S. Bernardo* é, para mim, o mais bonito de toda a história da ficção brasileira. Começa assim, simples e duro: "Faz dois anos que Madalena morreu, dois anos difíceis". A dureza é projeto: "Desde então procuro descascar fatos",[11] escreve, para mais adiante concluir: "'Estraguei a minha vida, estraguei-a estupidamente.' A agitação diminui. 'Estraguei a minha vida estupidamente'".[12]

Meu peito vira uma maçaroca, meus olhos marejam toda vez que leio isso. Não é só a dor do personagem; é a genialidade de Graciliano: não deve haver necessidade de repetir a fala, é preciso evitar a agitação e saber dizer a conclusão dura. "Estraguei a minha vida estupidamente." Mas isso não é possível: é preciso repetir, é preciso que o arrependimento se estenda ao longo de três frases.

S. Bernardo é tão incrível que rendeu um dos trechos mais belos de crítica literária já produzidos. É Antonio Candido quem escreve: o caso de Paulo Honório é dramático "porque há fissuras de sensibilidade que a vida não conseguiu tapar, e por elas penetra uma ternura engasgada e insuficiente".[13] Tanto na leitura de Candido quanto no próprio romance, a brutalidade do protagonista é atada, com ar marxista, à sua experiência social, como um "homem de propriedade", isto é, "gente para a qual o mundo se divide em dois grupos: os eleitos, que têm e respeitam os bens materiais; os réprobos, que não os têm ou não os respeitam", como diz Candido.[14] Já Paulo Honório, na última página do romance, conclui: "Creio que nem sempre fui egoísta e brutal. A profissão é que me deu qualidades tão ruins. [...] A desconfiança é também consequência da profissão".

Ele continua, partindo meu coração: "Foi este modo de vida que me inutilizou. Sou um aleijado. Devo ter um coração miúdo, lacunas no cérebro, nervos diferentes dos outros homens. E um nariz enorme, uma boca enorme, dedos enormes". E conclui: "Se Madalena me via assim, com certeza me achava extraordinariamente feio".[15] Me surge um desejo desesperado de consolá-lo, um consolo que vá além do justo libelo anticapitalista. Quero dizer: "Você é bonito, Paulo, você só é homem".

A literatura é um troço perigoso, e ainda mais ameaçador quando nos lembra de como o ser humano é contraditório, o que vale para personagens e para leitores. Amar Paulo Honório não significa passar pano para um mix deletério de ciúme, soberba e violência, e sim reconhecer que viver e desejar não é lá muito lógico. A questão é saber administrar essas forças perturbadoras.

Autoconfiança em gel

Quando entrei em climatério — ridiculamente precoce, aos 38 anos —, passei muito tempo achando que tinha descoberto o grande segredo do mundo, e o segredo eram os hormônios. Se tudo que eu experimentava naquele momento, todos os surtos de loucura, de euforia, de angústia e depressão, todas as paixões avassaladoras que duravam 37 segundos e os ataques de calor sob o vento cortante do inverno, se tudo aquilo era causado pelo desequilíbrio na produção de estrogênio, o que mais os hormônios poderiam explicar? O êxtase de Santa Teresa? Menopausa, claro. A ira do Deus judaico-cristão? O acúmulo de testosterona dos varões de um povo inteiro transferido simbolicamente para uma divindade todo-poderosa. Genocídios, inquisição, pandemias, a bomba atômica, a chegada do ser humano à Lua, astrologia e psicanálise, as tragédias de Shakespeare, a poesia de Safo? Hormônios, hormônios, hormônios.

Das drogas que já experimentei, a testosterona é, de longe, a minha preferida. A verdade é que o climatério foi uma época divertida, ou assustadora, ou deprimente, ou extática, a depender do dia ou da hora. Durante uma temporada em que minha libido foi dar uma volta em outro planeta, minha ginecologista me receitou uma complementação de testosterona, aplicada em gel, semelhante ao que homens trans utilizam, embora, é claro, em uma dose substancialmente menor.

Nas primeiras semanas de uso, fiquei impressionada com os efeitos sobre a minha energia — não só aumento, mas uma mudança de natureza. Sentia em mim uma agressividade simplesmente deliciosa. Lembro que cheguei à consulta de retorno proclamando que, finalmente, entendia as razões do triunfo do patriarcado. Horrorizada, ela ajustou a dose e o tempo de uso do hormônio, ajustando também o meu bom senso. Sinto saudades, porém, precisamente da falta de bom senso.

Ao ler em *Testo Junkie* o relato apaixonado da experiência de Paul Preciado com a testosterona, pensei compreender o poder do hormônio e sua influência sobre o mundo, algo relacionado a força e ímpeto. "Noto que as quatro últimas doses de cinquenta miligramas interagem pela primeira vez até formarem um bloco químico que me deixa chapado", escreve. Ele explica então o efeito: "Sinto que poderia atravessar o vidro da janela com o punho". E ainda afirma que experimenta "a abertura de novos centros celulares de recepção e excitação, agressividade, força".[16]

Há uma certa discordância, para não dizer uma briga, a respeito da importância da influência da testosterona no comportamento dos homens.[17] Nos polos radicais, a posição obsoleta segundo a qual esse hormônio explica todos os excessos masculinos enfrenta a de que, dada a grande complexidade de suas interações com outras substâncias e estímulos, a testosterona é mais uma desculpa do que uma explicação. Entre uma coisa e outra, encontramos dados efetivamente confiáveis, segundo os quais a testosterona é poderosa, sim, mas não do jeito que se imagina.

Do modo como Preciado coloca a questão, usar suplementos de testosterona seria algo equivalente a ser o príncipe Adam e gritar "Pelos poderes de Grayskull, eu tenho a força!". Pronto, de criação inocente e pura, Adão se transforma em He-Man: Ele-Homem, finalmente. As coisas são mais complicadas do que isso, e parece que eu e Preciado caímos no conto do papel da testosterona como causa de agressividade. Talvez ela já estivesse em nós desde sempre, tendo sido apenas potencializada.

O biólogo Robert Sapolsky, da Universidade Stanford, afirma que desconstruir o mito de que a testosterona torna uma pessoa mais agressiva é necessário, mas isso não equivale a dizer que testosterona e agressividade não têm nada a ver uma com a outra.[18] Segundo ele, a testosterona aumenta a agressividade apenas em momentos de desafio; quando um sujeito é provocado e a sociedade espera dele uma resposta violenta, a testosterona dá um gás nisso. O que é preciso mudar é a expectativa que temos em relação às reações masculinas, e não condenar um lindo hormônio à infâmia.

Nem mesmo os estupros, escreve Sapolsky, podem ser resumidos às pressões da testosterona. Ela tem a ver, é claro, com a libido, mas a libido é responsável por apenas uma pequena proporção das agressões sexuais. Essa é a conclusão de pesquisadores que analisaram a taxa de reincidência em homens condenados, por estupro, à castração química (sim, isso ocorre em alguns estados norte-americanos). Nesses casos, são administradas drogas que inibem a produção ou bloqueiam a recepção de testosterona, com o efeito de reduzir, de fato, os impulsos sexuais naqueles que sofrem de algum desvio sexual patológico. Os sujeitos que estupram por hostilidade contra mulheres, por exercício de poder e/ou ressentimento não são afetados pelo tratamento e muitas vezes continuam os mesmos predadores de sempre.

Aqui vale lembrar também que não há base biológica para a tese tão gasta quanto persistente de que homens sentem mais tesão que mulheres. O psicólogo e primatólogo holandês Frans de Waal coloca as coisas assim: "Deixamos que esse mito se introduzisse na biologia na era vitoriana, quando ele foi adotado com entusiasmo como normal e natural. Deturpamos a realidade para atender aos nossos padrões morais", apesar da ausência de comprovações contundentes. As razões evolutivas são diferentes, diz ele, mas a "sexualidade feminina parece ser proativa e empreendedora como a dos machos".[19]

De Waal cita um exemplo maravilhoso de proatividade. A fêmea de macaco-prego, quando está a fim de ter relações sexuais, não se faz de sonsa. Vai correndo até o macho alvo — geralmente um alfa —, flerta um pouco com o olhar e então manda-lhe um soco ou um tabefe. Quando o macaco é forçado a prestar atenção nela, a fêmea sai novamente correndo, mas logo olha para trás de olhos arregalados para ver se deu certo.[20] Frequentemente, não dá: os machos da espécie costumam preferir se alimentar a transar. O autor cita um caso, descrito por uma colega, em que uma fêmea adolescente, "desesperada pela atenção do macho alfa, mordeu a cauda dele e o empurrou da árvore onde ele persistia em comer em vez de responder positivamente às investidas dela".[21]

Tanto a agressividade da fêmea de macaco-prego quanto sua frustração me fazem pensar nas nossas convenções humanas. Costumamos comparar o gesto de manifestar interesse sexual em alguém a um ataque, uma ofensiva — e, portanto, algo ainda associado ao masculino. Quando uma investida feminina não dá certo, portanto, nossa decepção se manifesta não só como a fisgada do desejo empatado, mas também (ou sobretudo?) por uma sensação de derrota como mulher. Não soubesse eu que isso seria reivindicar justamente o comportamento ressentido do macho humano que tanto nos causa aversão, confessaria desejar o direito de agir como a macaquinha rejeitada.

O problema maior na discussão acerca de a quem cabe a premissa da investida erótica vem, no entanto, na forma de frustração mesmo quando a mulher avança e é bem-sucedida. Eu sempre fui impaciente e, mesmo sem a dose certa de autoconfiança, costumava pular algumas casas do flerte para resolver logo a questão — um gesto que tinha muito mais a ver com ansiedade do que com desejo. É verdade que, se não houvesse demandado em 2007 um beijo àquele que depois se tornaria meu marido, talvez estivéssemos os dois em um boteco de Botafogo flertando até hoje. Mas quanto tempo passei cogitando que estávamos juntos só porque eu havia forçado a barra...

Fiquei muito impressionada com a destreza do escritor norte-americano John Williams ao descrever algo dessa sensação no romance *Augustus*, de 1972. Júlia, filha do imperador do título, é talvez a personagem mais interessante dessa narrativa histórica, na qual o autor entretece cartas, anotações e outros documentos — todos ficcionais — para apresentar a torção de seu personagem central entre o político e o pessoal. Júlia aparece por meio de um diário em que ela relembra sua juventude e os eventos que levaram ao seu exílio, determinado por Augusto, sob a acusação (justificada) de adultério e a acusação (não sabemos se justificada) de conspirar contra o pai. Era o ano 2 d.C., e ela tinha 37 anos.

Em uma passagem de *Augustus*, Júlia conta como começou o relacionamento com seu amante, Julo Antônio — filho de Marco Antônio e rival político de Augusto — e fala dos passos de um jogo de sedução como os de uma dança. Williams escreve: "Os dançarinos dançam, e suas habilidades são o que lhes dá prazer. Tudo está previsto, desde a primeira troca de olhares até a união definitiva". É preciso que os dois finjam estar indefesos sob o peso da paixão, diz ela, mas "a mulher nesse jogo é sempre a vencedora; e creio que ela precisa sentir certo desprezo por seu oponente; porque ele é conquistado e usado, enquanto acredita que é o conquistador e aquele que usa".[22]

Até aí, nada de terrivelmente original, mas em seguida Julia escreve que houve vezes em que, entediada com a tal dança, abandonou o jogo e atacou o objeto de desejo "de frente, como um soldado atacaria um aldeão". E conclui: "O final era o mesmo, mas a vitória, para mim, nunca era completa o bastante; porque eu não tinha nenhum segredo a guardar e, portanto, nenhum poder sobre ele".

Gosto do trecho porque não renuncia à ambiguidade da condição feminina: Júlia pode atacar; Júlia prefere não atacar. Além disso, há uma ironia em escrever sobre a conquista amorosa usando termos bélicos após ser exilada para uma ilha inóspita por adultério e conspiração. De quem é o poder, de fato, quando a mulher sedutora é desterrada por seu próprio pai por trair o marido? Com isso voltamos à testosterona e às suas propriedades, cujos efeitos mais nocivos têm muito mais a ver com competição e domínio do que com sexo e libido. Ainda assim, é desconcertante ver em um hormônio a afinidade que a ficção, desde sempre, aponta entre violência e desejo.

Robert Sapolsky lista os efeitos do hormônio masculino sobre o cérebro: ele reduz a resposta empática e torna mais difícil reconhecer as emoções alheias; aumenta a confiança e o otimismo, diminuindo o medo e a ansiedade (o que pode descambar para a arrogância e o narcisismo); encoraja a impulsividade e a propensão ao risco (inclusive o risco idiota, basta pensar em meninos na puberdade). No vetor inverso, sabe-se que o sucesso em qualquer campo, dos esportes à bolsa de valores, faz disparar os níveis de testosterona.

O biólogo, então, resume aquele meu bem-estar testosteronado dos tempos do início do climatério: "Ser destemido, confiante demais e delirantemente otimista é, sem dúvida, uma sensação boa. Não é nenhuma surpresa, portanto, que a testosterona possa ser agradável". Ele lembra, porém, que os efeitos do hormônio dependem também do contexto em que o sujeito se encontra. Correr riscos pode significar invadir um país ou fazer uma oferta de paz. A sensação boa de ganhar uma briga pode levar alguém a inventar outra disputa ou a relaxar e dar as mãos ao oponente.

O que realmente causa conflitos é que a elevação dos níveis de testosterona decorrentes de uma situação de desafio — a disputa entre primatas pela posição de líder, a briga de Aquiles com Agamêmnon — leva o macho a se comportar do modo necessário para manter o próprio status, e esse comportamento é frequentemente uma reação violenta, seja um tapão, seja, no melhor dos casos, um "Você sabe com quem está falando?".

O problema, diz Sapolsky, não é o fato de a testosterona ser capaz de aumentar os níveis de agressividade; o problema é a frequência com que recompensamos a agressividade. Ele conclui: o efeito do hormônio depende do que conta, em um dado contexto sociocultural, como virilidade. O que resta a nós, animais pensantes que somos, não é fingir que os hormônios são só um detalhe desimportante no nosso comportamento, e sim elaborar soluções para reverter seus efeitos nefastos. Em outras palavras, premiar, nos desafios, as reações mais bacanas.

Ao longo do resto deste capítulo, pondero sobre três das possíveis caminhos para encarar os ímpetos da testosterona, que descaradamente trato de modo um tanto metafórico. O foco aqui é pensar em modos de lidar tanto com a falsa premissa de que a agressividade é prerrogativa dos homens, quanto com as desordens da violência dos nossos próprios impulsos e afetos. Espero que Sapolsky e companhia perdoem a liberdade com que misturo hormônios sexuais e paixões; aos leitores deste livro, recomendo enfaticamente ir direto aos textos de divulgação científica para descobrir o mundo maravilhoso das sutilezas hormonais.

Pró e contra Medeia

Voltemos a Roma. O imperador agora é Cláudio, estamos nos anos 40. Exilado por um suposto envolvimento com ameaças de traição, o até então senador Sêneca dedica-se aos estudos. Em algum momento dessa década, escreve *Sobre a ira*, um tratado em forma de cartas a seu irmão, nas quais propõe a incompatibilidade entre a virtude e a raiva. Sêneca é adepto do estoicismo: para ele, a infelicidade humana é causada pela tentativa de manter ou obter bens que não temos garantia alguma de manter ou obter ou, inversamente, pela tentativa de evitar males quase sempre inevitáveis. Só o bem e o mal morais dependem de nós, e, para alcançá-los, o caminho é usar a razão e interromper a sublevação de toda paixão, encarada como perturbação.[23]

Em *Sobre a ira*, Sêneca rebate todo possível argumento em defesa de alguma utilidade para a exaltação da raiva. Ele se adianta a uma possível contestação do irmão: e contra um inimigo, na guerra? É a ocasião em que menos precisamos de impulsos precipitados, responde ele, e dá o exemplo dos povos germânicos, derrotados pelos romanos dois séculos antes. "O que há de mais animoso que os germanos?", pergunta, para responder: pois eles foram massacrados pelas mais fracas das tropas de Roma, justamente porque sua ira, tão facilmente despertada, os tornava vulneráveis.[24] Para Sêneca, se os iracundos se tornam presa fácil e fracassam, a raiva não poderia ser considerada um valor viril.[25]

É como se, para ele, o status e a virilidade — estamos falando de valores dos homens livres, afinal — se definissem pela repressão da fúria espontânea. E isso se dá mesmo nos casos mais ultrajantes, como o assassinato de um pai (se o amor do filho não é impulso suficiente para a vingança, há algo de errado nesse amor, diz ele). Essa seria a solução estoica para dissociar hormônios e paixões, ou testosterona e agressividade: cortar o mal pela raiz. Mas vale lembrar que ninguém está aqui rejeitando a violência, e sim dizendo que a violência — castigos a infratores, morte aos inimigos — é tanto mais eficaz quanto mais racional, e a racionalidade é privilégio masculino.

É difícil medir a influência estoica no pensamento ocidental, mas é certo que a ética, enquanto campo de reflexão, tomou um caminho diferente a partir desses pensadores. Uma das vítimas dessa mudança de atitude mental é uma mulher, a personagem clássica Medeia. Da esposa que, na tragédia do grego Eurípides, está justamente enlouquecida pela traição de seu marido e arquiteta a mais drástica das vinganças, ela passa, na versão que Sêneca escreverá da peça séculos depois, a representar de forma exagerada os riscos de se entregar às paixões, riscos a que as mulheres são particularmente suscetíveis. De uma história de ciúme legítimo, passamos a um show de pura crueldade.

No antigo mito grego, parte do ciclo dos Argonautas, o herói Jasão foi desafiado por seu tio Pélias a conquistar o velo de ouro — a lã dourada de um carneiro alado — para que pudesse ocupar o trono a que, na verdade, teria direito legítimo. O tal velo estava na Cólquida, uma região bárbara governada pelo rei Eetes, pai de Medeia. A princesa, que é descendente direta do Sol e versada nas artes da magia, cai de amores por Jasão e o ajuda a roubar o tesouro, traindo seu pai, tornando o corpo do herói invulnerável e fazendo adormecer o dragão que guardava o troço. Para retardar a perseguição ao casal, ela mata o próprio irmão e atira seu corpo despedaçado pelo mar. De quebra, após fugirem, dá cabo, com uma poção envenenada, do usurpador Pélias. O casal se estabelece em Corinto.

A tragédia *Medeia*, de Eurípides (século v a.C.), tem início alguns anos depois disso. A história é conhecida: estrangeira na Grécia do marido, Medeia descobre que Jasão, em um cálculo político, mas não só, a deixou para se casar com a jovem Glauce, filha do rei Creonte. Pior: o rei, conhecendo a índole e os poderes da heroína, decide expulsá-la, e aos seus dois filhos, de Corinto. Todos esperam que Medeia de algum modo retalie esses atos e, até o momento em que ela de fato decide qual será a vingança, o senso comum (representado pelo coro da peça) se coloca ao lado dela.

A historiadora Giulia Sissa, que escreveu uma história do ciúme no Ocidente, dá à dor e ao desejo de vingança de Medeia o nome de "raiva erótica".[26] E trata-a como uma raiva justa: a princesa deixou tudo por um homem, e este lhe tirou o amor, o lar e principalmente a honra. Mesmo após ela dizer que gostaria de ver Jasão e Glauce "reduzidos a pedaços", o coro da tragédia, composto de mulheres coríntias, pede à ama da rejeitada que lhe leve "a certeza de nosso afeto", solicitando pressa, "antes que ela possa fazer algo de mal aos seus, pois nota-se que a infeliz soltou as rédeas de seu desespero". Jasão é chamado por elas "o esposo pérfido, traidor do leito".[27]

Considerando o contexto grego clássico, Eurípides é praticamente um feminista. Anne Carson, em um texto em que assume ficcionalmente a voz dele, diz assim: "Em geral, gosto das mulheres. Gosto de glosar por aí usando a linguagem das mulheres, tão diferente da dos homens".[28] E o que Eurípides diz, na voz de Medeia, é o seguinte: "Inda dizem que a casa é nossa vida, livre de perigos, enquanto eles guerreiam. Tola afirmação! Melhor seria estar três vezes em combates, com escudo e tudo, que parir uma só vez!".[29]

É justamente porque o que cabe às mulheres, domesticamente, é o maior dos sofrimentos que ela pode admitir, sem nenhum pudor, que, quando é lesada nos "direitos do leito conjugal", torna-se "a mais sanguinária" das criaturas. E o coro das mulheres de Corinto vibra, um pouco ironicamente, dizendo mal poder esperar "a hora em que se louvará o nosso sexo e não mais pesará sobre as mulheres tão maldosa fama".[30]

Eurípides reforça a falta de caráter de Jasão, fazendo-o ter a pachorra de desdenhar da ajuda de Medeia na conquista do velo de ouro e de fazer pouco do laço do casamento. Todo o sucesso da expedição, diz o ex-herói, deve-se apenas à ajuda de Afrodite. Foi o amor, argumenta o infeliz, que fez com que a heroína o salvasse. Jasão comete, porém, um erro fatal no seu discurso: ele menciona os filhos, para dizer que seria ótimo se fosse possível procriar sem a participação de mulheres.

É nesse ponto que Medeia compreende o que é necessário fazer para se vingar. Antes precisa, porém, garantir um porto seguro. Nesse ponto, chega do nada Egeu, rei de Atenas — numa virada que Aristóteles definiu, acertadamente, como um recurso dramático irracional —, prometendo conceder asilo a ela quando fosse expulsa de Corinto. É então que começa a violenta vingança. Como diz a frase famosa, nem no inferno há fúria como a de uma mulher desprezada.[31]

Primeiro, Medeia envia à jovem noiva Glauce um vestido e uma guirlanda que envenenam seu corpo e fazem seus cabelos pegarem fogo. O rei Creonte tenta salvar a filha e sucumbe junto. Em seguida, é a hora do gesto final: o assassinato dos filhos de Jasão — isto é, dos próprios filhos. Ao tramar esse plano, mesmo sofrendo terrivelmente, ela diz ao coro: "Não permitirei, amigas, que riam de mim os inimigos!".[32] É só aqui que a coisa fica demais para as mulheres de Corinto, que desistem de apoiá-la.

A força do ódio é maior do que a tristeza. Quando Jasão chega à antiga casa, encontra os dois meninos mortos, a golpes de espada, e fica estupefato. O diálogo é maravilhoso. Ele diz a Medeia: "Mas também sofres. Nossas dores são as mesmas". E ela simplesmente responde, numa *Schadenfreude* radical: "É claro, porém sofro menos se não ris".[33] Depois disso, ela sobe em um carro do Sol, que aparece subitamente — um exemplo de deus ex machina —, e parte, levando os dois cadáveres para Atenas. A vingança está completa; a tragédia se encerra.

Antes, porém, quando se despede dos filhos, que está prestes a matar, Medeia faz uma segunda menção às dores do momento de dar à luz. "Criei-vos, filhos meus, em vão, sofri em vão por vós, dilacerada nas dores atrozes do parto!", chora ela.[34] Fica marcado, então, um aspecto que considero central nessa história: trata-se de uma mulher que está deliberadamente agindo contra a natureza. Outra forma de dizer seria: uma mulher que está desfazendo, no fio da espada, os efeitos do que a fisiologia sexual lhe impôs.

Por mais prazer que possamos sentir com a dor de Jasão — e realmente Eurípides garante que nos lambuzemos com ela —, e a despeito do horror do infanticídio, o que me parece radicalmente impactante, e mesmo atual, na Medeia euripidiana é a implosão do que se espera dos gêneros na perspectiva mais... hormonal. Nas mulheres, a única forma de agressividade que se compara em ímpeto àquela mediada pela testosterona nos homens é a provocada pela mistura de uma bomba de estrogênio com a disposição a cuidar dos filhos. Na força do ódio, a Medeia grega subverte tudo isso.

Ela me faz pensar em uma ideia sugerida pela ensaísta e polemista Camille Paglia nos anos 1990. Muito do que ela falou envelheceu bem mal nos últimos anos, mas Paglia escreveu um troço em *Vampes & vadias* que me parece um argumento sequestrado dos debates a respeito do aborto. Não que a questão da saúde feminina e os custos para a saúde pública não sejam argumentos essenciais, e provavelmente mais eficazes na luta pela descriminalização. Sinto falta, no entanto, de uma discussão que não se esquive do fato de que, sim, o aborto é uma violência contra a natureza física. E tudo bem: poucas estratégias de sobrevivência não são.

Paglia parte das ideias do Marquês de Sade, que no século XVIII defendeu que o aborto e a sodomia são louváveis por frustrar a "fertilidade incansável da mãe natureza", para afirmar que sua postura feminista é a de desafiar "o esquema fascista da menstruação e da procriação". Eu não usaria termos assim exagerados, mesmo porque esse "esquema" já foi desafiado por todos os métodos contraceptivos existentes e a mãe natureza também já está de saco cheio de nós.[35]

Acho instigante, porém, a ideia de que o aborto é a radicalização da ação feminina contra o funcionamento natural do sistema reprodutivo. "Reconheço que abortar é matar", escreve Paglia; "é um ato agressivo, uma forma de extermínio", um ato ainda assim justo porque "meu direito absoluto ao meu corpo tem precedência em relação às demandas brutais da natureza, que quer reduzir as mulheres à sua função como procriadoras".[36]

A ensaísta erra, retoricamente, ao colocar a reprodução como imperativo natural contra a vontade racional, como se a razão baixasse sobre nós de uma dimensão espiritual, e não fosse simplesmente um produto do cérebro. Estamos aqui numa batalha da natureza contra a natureza. A Medeia euripidiana é uma personagem estonteante precisamente porque seu ato final jamais se fixa seja como uma escolha passional — um gesto enlouquecido de ciúme,[37] uma fúria uterina —, seja como um cálculo racional — a medida justa para fazer Jasão sofrer por sua traição. Medeia é capaz da mais brilhante das vinganças porque está tomada pela raiva, e não apesar dessa raiva. Ela conjura a testosterona, não é vítima dela. Pelos poderes de Grayskull! Entre o instinto e a razão, escolhe ambos. Essa é a Solução Medeia, e dela escorre sangue.

Sêneca jamais poderia aceitar algo assim, por isso reescreve *Medeia* a fim de demonstrar que o crime não compensa e que, quando a racionalidade cede à paixão, o único resultado é a tragédia. Para tanto, abre sua peça com um monólogo completamente alucinado de Medeia, no qual ela já evoca "deusas vingadoras do crime".[38] Diferente de Eurípides, que apresenta a dor da mulher rejeitada nas primeiras cenas, o estoico já lança ao público, de forma suficientemente clara para quem conhece o mito, as intenções mais funestas dela. "Já nasceu a minha vingança", exclama Medeia. "Eu dei à luz!".[39]

Na tragédia de Sêneca, o coro de mulheres de Corinto jamais reconhece a legitimidade do sofrimento da agora vilã; pelo contrário, Jasão é louvado pela decisão racional de se casar com Glauce (agora chamada Creusa). Medeia é constantemente descrita pelos outros personagens como louca: a ama diz que ela "corre para aqui e para ali, numa desenfreada agitação, com sinais de delirante furor no rosto. As faces estão inflamadas, respira ofegante, grita, banha os olhos com um pranto copioso".[40] Sêneca quer apresentar um monstro, em quem ninguém deseje se espelhar.

O problema é que Medeia é mais forte que Sêneca, e a imaginação dele é mais criativa que sua filosofia. O estoico pode tirar dela o asilo em Atenas (Egeu não aparece em sua versão); pode fazê-la matar os filhos sem lágrimas e abandonar seus corpos ao pai; pode compará-la às criaturas mitológicas mais horripilantes. O poeta trágico, porém, passa a perna nas suas intenções. Nada é mais poderoso que o momento em que, após matar Creusa e Creonte, Medeia diz que tudo o que tinha feito até então — incluindo ainda o roubo do velo e o assassinato do irmão e de Pélias — não passava de coisa de menina. "Agora sou Medeia",[41] grita ela, e estamos em suas mãos.

A Solução Estoica falha — por falta de carisma. Vivemos até hoje, no entanto, as consequências da repressão das paixões proposta por ela. No caso do ciúme, para ficar nesse tema, a ficção não se cansa de explorar a tensão entre a violência da dor e a vergonha por se deixar sucumbir a ela, tensão que produz como efeito colateral o homem atormentado e bruto que, apesar de tudo, tanto nos atrai, como o Paulo Honório de *S. Bernardo* ou os assassinos das *murder ballads*. A pergunta que se desdobra é: será possível escapar à sedução da violência? Dá para aproveitar a energia da testosterona de um jeito menos destrutivo? Não reivindicar a agressividade viril, como Medeia, tampouco fingir que a racionalidade é poderosa o suficiente para coibir as paixões sem nos matar de tédio?

A prova dos nove

Aos 34 anos, Thomas Page McBee estava curtindo ser, enfim, visto inquestionavelmente como um homem. A testosterona havia chegado ao ápice de seu efeito, a barba estava crescida, o tórax alargado, a voz grossa. Os seios haviam sido removidos cirurgicamente antes do início do tratamento hormonal. McBee estava se sentindo à vontade no mundo, apesar de estranhar novos comportamentos alheios, como o da moça que mudou de calçada ao dar de cara com ele em uma rua à noite, ou a recusa de seu tio em continuar cumprimentando-o com um abraço, ou ainda a facilidade em fazer com que as outras pessoas parassem para escutá-lo quando tomava a palavra em uma reunião de trabalho.

Ele estava, apesar disso, contente. Um dia, passando pela sua rua, decidiu tirar a foto de um restaurante que havia acabado de abrir, a fim de convidar sua namorada para jantar. Foi quando surgiu um brutamontes, visivelmente bêbado, questionando o porquê de McBee estar fotografando seu carro ("o tipo de carro que parece um pau"), estacionado diante do lugar.

"Homens não fogem", é o primeiro pensamento que lhe ocorre após o ímpeto inicial de se mandar dali. "Então suspirei profundamente e me virei para ele, porque é o que os homens fazem", lembra.[42] Ao encarar o homem, sentiu medo mas também pena: "Eu me dei conta, surpreso, de que esse cara hostil diante de mim, com a barba por fazer, precisava de contato humano".[43] Também surpreso, ele constata em si mesmo a vontade louca de dar um murro na cara do sujeito.

Após uma série de eventos desse tipo, e de se questionar e questionar amigos e parentes sobre o porquê de tantos caras quererem arrumar briga com ele — e de ele querer revidar —, McBee resolve investigar o tema a fundo. E começa a lutar boxe. Ele conta essa história no livro *Amateur: A True Story about What Makes a Man* (algo como "Amador: Uma história real de como é feito um homem"), de 2018. O boxe, diz ele, parecia uma metáfora tão adequada quanto perturbadora para sua experiência recente de agressividade masculina: dois homens, despidos de roupas e outras máscaras sociais, em uma dança brutal, diante de uma plateia que quer ver sangue.

O livro de McBee é meio piegas, recheado de lugares-comuns como a descrição do que sente ao abraçar seu oponente após uma luta no Madison Square Garden: "Não o estava abraçando, estava abraçando uma parte perdida de mim mesmo".[44] Ainda assim, traz uma perspectiva interessante a respeito da agressividade masculina justamente pela observação de uma prática em que a violência física é premissa. O boxe, para ele, se mostrou um universo em que, ultrapassada a expectativa social de força e competitividade, os homens podem mostrar suas fragilidades.

Sim, o ícone Rocky Balboa já tinha apertado esses botões, mas McBee coloca a coisa objetivamente: "Com sua fachada de 'realidade brutal' e violência", escreve ele, o boxe "abre espaço para aquilo de que tantos homens sentem falta: ternura, contato físico, vulnerabilidade". Para o autor, transformada em esporte e ritual a violência esconde uma história mais profunda, que é a de dois caras que conseguem enxergar qual a fraqueza um do outro e, por isso, podem ensinar a transformá-la em vantagem. "Em academias do mundo todo, homens estão compartilhando seus medos, estão pedindo ajuda, estão socando uns aos outros com todo o cuidado do mundo", conclui.[45]

Corpos em movimento e em contato, competindo e descarregando a energia sem que isso signifique o desejo de tripudiar sobre o outro. Talvez seja uma visão utópica do boxe, mas parece promissora. O que é a agressividade senão o ímpeto de intervir fisicamente no mundo? E, se assim é, talvez o caminho seja o de pensar formas menos nocivas de intervenção. Não é preciso ser boxe, necessariamente. Nem é preciso ser uma luta. Há outros modos — com movimento e contato — de descarregar energia, superar limites, sair de si. É possível usar o corpo contra o espaço; fazê-lo se mover de modo alheio a todas às suas necessidades racionais.

Em 1936, tentando entender por que dançamos, o escritor francês Paul Valéry imagina o momento em que o ser humano "percebeu que tinha mais força, mais flexibilidade, mais potencialidades articulatórias e musculares do que as necessárias para atender às demandas de sua existência". Testando o que fazer desse excesso, "descobriu que alguns desses movimentos, pela sua frequência, sua sucessão ou sua amplitude, lhe davam um prazer que era uma espécie de intoxicação".[46]

Em outro texto, de 1921, ele havia escrito que a embriaguez da dança é o estado completamente oposto ao tédio de viver, mais nobre que o vinho, o ópio, os delírios, o amor, o ódio. No diálogo *A alma e a dança*, o personagem Sócrates exclama, diante de uma dançarina que rodopia: "Me sinto invadido por forças extraordinárias… Ou sinto que saem de mim", em uma festa intensa do corpo que "oferece luz e alegria" e torna tudo "mais solene, tudo mais leve, tudo mais vivo, mais forte; tudo é possível de uma outra maneira".[47] (Me dou conta agora de que é mais ou menos o que sinto ao ver Mads Mikkelsen dançar na cena final de *Druk*.)[48]

A palavra-chave é alegria; é a terceira e última solução. Como escreveu Oswald de Andrade em seu *Manifesto antropófago*, "a alegria é a prova dos nove". A alegria como escolha e gesto, não como um estado que depende de estímulos externos. Pelo contrário: a alegria como contestação. Quando escrevo isso, porém, começo a soar como uma *coach*. Temos todos uma dificuldade imensa em nos libertar da lucidez cínica que diz que é absurdo responder com uma risada (ou com um movimento de dança) aos horrores do mundo.

Uma longa tradição filosófica, que remonta pelo menos a Platão e é reforçada pela teologia cristã, associa o riso à zombaria e, por isso, o desautoriza como resposta positiva aos outros e ao mundo. O filósofo Benedictus de Spinoza é uma exceção. Em sua *Ética*, publicada pela primeira vez em 1677, ele faz uma grande diferença entre o escárnio e o riso, que define, tal qual a brincadeira, como "pura alegria" e, assim, desde que não excessivo, como essencialmente bom.

"Nada, certamente, a não ser uma superstição sombria e triste, proíbe que nos alegremos", escreve Spinoza, comparando o riso — forma de expulsar a melancolia — com o alimento ou a bebida, que expulsam a fome e a sede. Aqui deslizamos um tanto da raiva a outro sentimento, o melancólico, do qual vou tratar no próximo capítulo. É, porém, só um deslizamento, não uma ruptura: estamos sempre tratando da reação negativa, meio física, meio mental, aos limites que o mundo impõe a nós. A alegria é antídoto a essa reação.

Spinoza continua: "Nenhuma potestade, nem ninguém mais, a não ser um invejoso, pode comprazer-se com minha impotência e minha desgraça ou atribuir à virtude nossas lágrimas, nossos soluços, nosso medo". Pelo contrário, diz ele, "quanto maior é a alegria de que somos afetados, tanto maior é a perfeição a que passamos, isto é, tanto mais necessariamente participamos da natureza divina".[49]

Se eu, que não creio em nenhum deus, puder pensar na minha própria participação na "natureza divina" como algo mais terreno, algo como uma participação no funcionamento do mundo, digo que concordo plenamente com o filósofo, mesmo que muitas vezes derrape tanto nos dois males do cinismo: a melancolia e a zombaria. Para Spinoza, quem é sábio pode e deve "reanimar-se moderadamente com bebidas e refeições agradáveis, assim como todos podem se servir, sem nenhum prejuízo alheio, dos perfumes, do atrativo das plantas verdejantes, das roupas, da música, dos jogos esportivos, do teatro".[50] Se pudermos de vez em quando retirar o "moderadamente", concordo demais.

Resta como problema, porém, meu fascínio confesso por personagens atormentados, por cenas que misturam o erótico e o violento, pela concentração, na testosterona, de libido e força. Mas há uma exceção na minha lista de preferências literárias. No capítulo anterior, falei do Tolstói irado e das cenas de raiva que ele construiu com perfeição em *Guerra e paz*. O autor se divide no romance entre dois alter egos, o inteligente porém destemperado Pierre e o aristocrático e melancólico príncipe Andrei, um mestre da ironia sempre desesperado por uma existência cujo sentido paire acima das banalidades da vida social. Ambos são sujeitos extraordinários, no sentido literal do termo: reflexivos, sensíveis e nobres como ninguém mais, além de devotamente apaixonados pela mesma mulher, Natacha Rostova. Não me conquistam.

Há um terceiro personagem central à trama, porém: o irmão de Natacha, Nikolai Rostóv. E ele é, para dizer de um jeito sutil, um sujeito bastante mediano. Tolstói, no entanto, o transforma em algo tremendamente interessante, e acho que isso tem a ver com a alegria que concede a ele. O que me surpreende é que ninguém se apaixone por Nikolai; alguns leitores do romance dizem que ele é bobo, irresponsável, constrangedor em sua leveza e ingenuidade; outros mal se lembram dele. É meu personagem preferido.

Filho de um conde empobrecido, apaixonado pela ideia de lutar na guerra a serviço do imperador russo, às voltas com um namoro com a prima órfã, Nikolai é apresentado como um moleque empolgado e imaturo. Na primeira batalha, ele está mais interessado em mostrar bravura a um comandante do que em efetivamente enfrentar os inimigos. No segundo embate, já mais ciente dos riscos da guerra, se lança em cavalgada contra os franceses, com uma "sensação de alegria e de entusiasmo" que aumentava com a velocidade. "Ah, como vou dar golpes com o meu sabre", pensa ele.[51]

O que ocorre, porém, é que seu cavalo é atingido e, na queda, sua mão sofre uma fratura. Sozinho e apavorado, observando os franceses que se aproximam, ouvimos Nikolai em seu fluxo de consciência se perguntar: "Para que estão correndo? Será que é para mim? Será que estão correndo para mim? E para quê? Para me matar? Logo eu, de quem todos gostam tanto?".[52] Rio com ternura todas as vezes que leio essa passagem.

Leitores não costumam simpatizar com Nikolai, mas Tolstói certamente sim. O autor dá ao personagem cenas maravilhosas, como uma em que, semanas após a malfadada batalha, encontra amigos e relata o modo como se feriu, se desviando pouco a pouco da verdade rumo à fantasia de aventura. "Rostóv era um jovem sincero", diz o narrador, "não contaria mentiras de propósito, de forma alguma. Começou a contar com a intenção de contar tudo exatamente como havia acontecido, porém, de modo imperceptível, involuntário e inevitável, passou para a mentira".[53]

Entrando na cabeça do personagem, Tolstói escreve, então, que o grande risco, caso não mentisse, era de que seus ouvintes achassem que "Rostóv era o próprio culpado de não ter acontecido com ele o que acontece em geral com aqueles que contam ataques de cavalaria". Para narrar tudo precisamente como havia ocorrido, diz ele, "era preciso fazer um grande esforço contra si mesmo, a fim de contar só aquilo que havia ocorrido".[54] Um empolgado, enfim.

Tenho um fraco terrível por escritores que me fazem amar sujeitos bocós, e o carinho irônico de Tolstói por Nikolai é cativante demais. Ele faz seu personagem saber intuitivamente que não pode admitir a alegria com que se lançou no combate, e a frustração que se segue. Não, para os outros soldados, é preciso lançar mão de outro tipo de paixão. "Você não pode imaginar que estranho sentimento de fúria a gente experimenta na hora de um ataque", diz ele, carregado de satisfação e testosterona.[55]

Tolstói dá a seu Nikolai um final feliz: torna-se um proprietário de terras bem-sucedido e justo, após se apaixonar e se casar com a princesa Mária, que o autor descreve reiteradamente como feia e sem graça, porém com olhos brilhantes que indicam a intensidade de seu espírito. Me pergunto se, em alguma dimensão, eu invejo a princesa, casada com um cara tão de boas com a própria sorte. Tristemente, reconheço que não, e que a solução da alegria ainda não resolve a tentação da agressividade. Nessa conta, eu me identifico mesmo é com o próprio Nikolai, com minha disposição crescente para a alegria e, ao mesmo tempo, sabendo tão bem que apaixonantes mesmo são aqueles que se jogam na vida com raiva.

11. É preciso um bocado de tristeza

> Ai! De que serve a inteligência — lastimam-se as pedras. Nós éramos inteligentes, e contudo, pensar a ameaça não é removê-la; é criá-la.
>
> Carlos Drummond de Andrade, "O enigma"

Poucas coisas são mais cafonas do que um ateu militante. Aquela arrogância de enxergar o mundo de forma lúcida, superior à ingenuidade do homem comum; a coragem de saber que a vida é nonsense e, ainda assim, só existe uma; a arrogância moral disfarçada de humanismo, sob o argumento de que aquele que faz o bem por si mesmo é mais decente do que quem o faz esperando um prêmio divino; tudo isso nada mais é do que uma competição boboca com um sujeito maior, mais poderoso, mais amado. *Daddy issues.*

Não estou, naturalmente, falando de quem apenas não acredita em deuses — ou, mais especificamente, nos deuses das crenças monoteístas — ou de quem critica, de modo pertinente, as violências e abusos possibilitados ou encorajados pelas religiões organizadas. Meu objeto de desprezo é a falsa equivalência entre a ausência de fé e valores como inteligência, sagacidade, sensatez.

Um exemplo tão óbvio quanto radical: no primeiro capítulo do best-seller *Deus não é grande*, de 2007, o crítico britânico Christopher Hitchens conta de uma professora sua que, ainda na escola, dava aulas de religião e de "natureza". O tom começa condescendente: ela é chamada de "pobre, querida sra. Watts", por tentar juntar seus dois temas em um só e argumentar que as plantas são verdes porque Deus escolheu uma cor agradável aos olhos humanos.

No parágrafo seguinte, no entanto, a coisa esquenta, e a revolta contra a idosa que ousou acreditar em um projeto divino generoso para nós o faz se referir a ela como "aquela bruaca velha e beata". Hitchens tira onda: aos nove anos de idade, já era esperto o bastante para ficar chocado e constrangido pela professora. "Eu simplesmente sabia, quase como se tivesse acesso a uma autoridade superior", diz ele, que ela havia invertido a coisa, e que eram os olhos que se ajustavam à natureza.[1]

Alguns anos mais tarde, conta que ficou novamente indignado ao ouvir alguém justificar a fé como algo que nos ajuda quando perdemos alguém querido. Isso era como dizer, continua o autor, que a religião poderia não ser a verdade, mas que valia a pena mesmo assim, pelo conforto que garantia aos crentes. "Quão desprezível", conclui.[2] Mas por que tão desprezível assim? O que isso diz de terrivelmente ruim do caráter da pessoa que se volta para esse tipo de consolo?

Certa noite há uns anos, eu estava com algumas pessoas em um jantar na casa de um colega mais velho, e a conversa ia bem. Lá pelas tantas, sabe deus por que motivo, eu disse que adoraria crer em algo além do material, em vida após a morte, em alguma divindade ou outro plano, enfim. O sujeito com quem eu debatia, que até então parecia até bastante interessado no que eu tinha a dizer, arregalou os olhos e simplesmente me passou uma descompostura. Era como se eu dissesse que compreendia Hitler ou apoiava a queima de livros, enquanto eu só queria mesmo era ter menos ansiedade e insônias.

Nem todo ateu é tão desagradável, é claro. Mesmo entre os mais engajados na causa, há quem tente sinceramente entender o que leva alguém a buscar o que acredita ser uma ilusão. Em *O mal-estar na civilização*, de 1930, Sigmund Freud escreve que, do ponto de vista psicanalítico, as necessidades religiosas — ele está pensando aqui especificamente no cristianismo — decorrem "do desamparo infantil e da nostalgia do pai despertada por ele",[3] já que a proteção paterna é a mais forte das necessidades vindas da infância.

Para Freud, as religiões cristãs fazem com que os indivíduos rejeitem os caminhos individuais pelos quais tentariam, cada um à sua maneira, obter felicidade. Esta, por ser na verdade inalcançável, aparece sempre apenas em episódios, logo frustrados seja pelo mundo, seja pela própria psique e suas demandas. "A religião estorva esse jogo de escolha e adaptação", escreve o autor. "Sua técnica consiste em rebaixar o valor da vida e deformar delirantemente a imagem do mundo real, o que tem por pressuposto a intimidação da inteligência".[4] É um modo razoavelmente elegante de dizer que quem acredita em Deus é burro.

A coisa ficaria por aí se não fosse *O mal-estar na civilização* um texto tão bem escrito, contundente e brutal na sua premissa básica: a vida em sociedade se equilibra entre duas ameaças. Podemos rejeitar a companhia e o apoio dos outros indivíduos e sermos destruídos pela natureza, ou podemos viver em sociedade e sacrificar a satisfação plena dos nossos instintos. Não há solução, e quem vier dizer a Freud que há alguma será chamado, sem dó, de ingênuo. A criação de "um pai grandiosamente elevado" é algo "tão claramente infantil, tão alheio à realidade", escreve o autor, que qualquer sujeito pensante e decente (como ele mesmo) achará "doloroso pensar que a grande maioria dos mortais nunca se porá acima desta concepção de vida".[5]

O que cada um de nós tenta fazer todos os dias é evitar o desprazer e a dor, ao mesmo tempo que procura viver fortes prazeres. Esse programa, diz Freud, está "em desacordo com o mundo inteiro, tanto o macrocosmo como o microcosmo", sendo "absolutamente inexequível", já que "todo o arranjo do Universo o contraria".[6] Quem poderia discordar? Ficamos doentes, decrépitos e morremos, sentimos dor e medo; vivemos sob o risco perene de forças naturais limitarem a realização de nossos desejos e necessidades, além de nos matarem; e ainda temos de lidar com os outros, com o desejo de sermos amados, com os instintos agressivos, nossos e alheios.

Quando Freud escreveu *O mal-estar*, em uma casa de campo na Baviera, via a Alemanha começar a sucumbir a ameaças totalitárias e padecia de um câncer na boca, que lhe inflamava o palato. Estava compreensivelmente infeliz, e seu texto deixa transparecer esse sofrimento. Não é por isso menos perspicaz ou mesmo menos divertido. O trecho que me faz rir, porém, é este aqui: "A religião consegue poupar a muitos homens a neurose individual. Mas pouco mais que isso".[7]

Leio de novo. Será um lapso? Algo está me escapando? Não é a neurose justamente tudo o que quase todos nós tentamos contínua e impossivelmente driblar? O ser humano se torna neurótico, diz Freud, porque não consegue suportar as provações — sobretudo as frustrações da vida sexual — que "a sociedade lhe impõe, em prol de seus ideais culturais". O homem civilizado, escreve, "trocou um tanto de felicidade por um tanto de segurança". Conclui-se daí que, caso essas exigências pudessem ser "abolidas ou bem atenuadas, isto significaria um retorno a possibilidades de felicidade".[8]

A religião cristã seria, então, uma forma de consolar ao menos algumas dessas frustrações (já que não dá para dizer que ela celebra a vida sexual sem freios). É aquela coisa: não somos felizes aqui, seremos alhures. Concordo com Freud que não parece uma solução muito animada; também quero me divertir enquanto estou viva, e os prazeres do corpo me parecem uma via bem propícia para isso. O que me chama a atenção, porém, é a insistência no fato de que a saída religiosa é uma saída para idiotas. Freud, afinal, não tem problema nenhum com o que chama de "paliativos" para as "dores, decepções, tarefas insolúveis" da "vida, tal como nos coube".[9]

A hierarquia dele, contudo, não é totalmente óbvia, a não ser para quem já não acredita mesmo em um deus. Religião ou drogas? Drogas, claro. É o que pensa Freud, não eu. Quer dizer, eu penso o mesmo, instintivamente, mas é só porque eu já não acredito em nada mesmo, e não porque ache que uma solução é mais inteligente que a outra, não necessariamente (há religiões e religiões, drogas e drogas, e a cocaína de Freud me é menos atraente que um "Pai Nosso"). A fim de "nos subtrair à pressão da realidade a qualquer momento e encontrar refúgio", escreve o autor, o "método mais cru, mas também mais eficaz de exercer tal influência [no próprio organismo] é o químico, a intoxicação".[10]

Pena que as drogas fazem tão mal, diz Freud, que ficaria muito feliz, imagino, em descobrir o mundo dos cogumelos. Ele se consola, porém, com certos paliativos "superiores". A apreciação da arte promove uma "suave narcose"; o trabalho distrai-nos de toda a dificuldade; o amor erótico, quando dá certo, garante uma "sensação de prazer avassaladora". Mas o melhor que se pode mesmo fazer é lançar-se ao trabalho intelectual: o artista que se alegra ao criar, o pesquisador que sente prazer em solucionar problemas desenvolveram uma qualidade "mais fina e elevada". Infelizmente, escreve o autor, "poucos lhe têm acesso".[11]

O mais pobre dos paliativos: a religião, que conquista tantos; o mais nobre: a atividade intelectual, que tão poucos têm a capacidade de desenvolver. Fica fácil escolher qual a que desejamos para nós, se tivermos o mínimo apreço estético à nossa imagem. Fácil também é notar que foram os próprios homens intelectuais que definiram as coisas assim, puxando para si tanto os louros da inteligência quanto o fardo necessário da consciência infeliz de uma situação sem saída. Às mulheres, para nenhuma surpresa, são relegados "os interesses da família e da vida sexual", enquanto o trabalho da cultura dá aos homens "tarefas sempre mais difíceis, obriga-os a sublimações instintuais de que as mulheres não são muito capazes".[12]

O mal-estar na civilização se encerra nessa nota ambivalente, com o imbricamento entre lucidez e desesperança. Nas últimas páginas, Freud escreve que lhe "falta o ânimo de apresentar-me aos semelhantes como um profeta", e admite que não é "capaz de lhes oferecer consolo, pois no fundo é isso o que exigem todos, tanto os mais veementes revolucionários como os mais piedosos crentes, de forma igualmente apaixonada".[13] Ele tem razão: todos queremos consolo para a dor e o absurdo; todo consolo é precário. E não são poucos os que dizem que, ao longo do século XX, a própria psicanálise tornou-se uma espécie de religião dos intelectuais.

A palavra "melancolia" era usada por Freud em um sentido diferente do que damos a ela atualmente. Em *Luto e melancolia* (1917), o autor a desloca do campo da medicina — no qual nasceu, na Antiguidade — para o da psicanálise, tratando-a como uma condição psíquica específica, manifestada como "um desânimo profundamente doloroso, uma suspensão do interesse pelo mundo externo, perda da capacidade de amar, inibição de toda atividade e um rebaixamento do sentimento de autoestima". É o próprio ego que se torna "pobre e vazio", levando o sujeito a sintomas como a insônia, a inapetência e a superação "da pulsão que compele todo ser vivo a se apegar à vida".[14] Ele localiza a causa desses sintomas na perda de um objeto de amor.

No campo psicanalítico e médico atual, há certas correspondências entre essa melancolia e o que hoje chamamos de depressão, no que se refere aos sintomas, mas a semelhança fica por aí.[15] Por outro lado, tomando emprestado algumas características e truísmos dessas áreas, o uso literário do termo, absorvido pelo corriqueiro, o arrasta para estados e disposições menos restritos, que vão desde um desencanto generalizado até uma espécie de tristeza delicada e quase prazerosa, propícia à criação artística.

É esse sentido mais amplo que me interessa neste capítulo e que identifico não com a melancolia freudiana mas com o "mal-estar" evocado pelo autor no texto de 1930, um estado menos paralisante que a depressão e também mais contraditório. Entendo a melancolia aqui como a disposição — espontânea, conjurada ou mesmo encenada — de quem se deixa afetar pela consciência de que, no conflito impossível entre liberdade individual e civilização, não há vencedores: "O preço do progresso cultural é a perda de felicidade, pelo acréscimo do sentimento de culpa". Não se pode dar vazão a todos os instintos, apesar de todos sabermos que "paixões movidas por instintos são mais fortes que interesses ditados pela razão".[16] Vamos todos morrer um dia, é impossível saber o que é a verdade e, como se não bastasse ter consciência disso tudo, não podemos ou sequer sabemos, no tempo de que dispomos, fazer tudo o que temos ganas de fazer.

O problema da melancolia começa a me irritar, porém, quando se coloca o carro à frente dos bois: em vez de apenas concluir que todos aqueles que enfrentam intelectualmente, sem ilusões, a dureza de viver acabam se tornando menos ou mais melancólicos, tentam me convencer de que, se um sujeito é melancólico, é porque ele é mais inteligente, corajoso, profundo que os demais. Da melancolia como consequência passamos à melancolia como atitude, e aí já não importa se há ou não deus, amor, trabalho intelectual; tudo, desde que encarado com a devida lucidez, se torna motivo para o humor sombrio, a ironia cruel, o cinismo.

O spleen — o tédio melancólico que marcou românticos e pós-românticos no século XIX — "é uma neurose e uma 'pose social': é produto da cultura", escreve Jean Starobinski. E se pergunta: "Mas por que não incluir na lista das depressões 'reacionais' as que a cultura, a moda, a literatura inspiram?".[17] E assim essa ficção masculina se embrenhou em toda a cultura ocidental, e só com um esforço artificial eu sonharia conseguir superá-la. Também eu sempre quis ser, e às vezes sou, um homem melancólico.

Que nojo!

Essa história vai surpreendentemente longe. Já na Antiguidade Aristóteles — ou, mais provavelmente, um autor identificado, erroneamente, como Aristóteles — assinalava a tendência que melancólicos teriam para a genialidade. Na coleção conhecida como *Problemata*, o primeiro problema do livro xxx coloca-se na seguinte questão: "Por que será que todos os homens que se destacaram como filósofos, estadistas, poetas ou artistas são melancólicos?".[18]

Na teoria médica clássica dos humores, apesar de haver variações, considerava-se que tanto as qualidades pessoais quanto as predisposições dos indivíduos para doenças eram mediadas pela preponderância de uma das quatro secreções ou líquidos principais que compunham o corpo. Em quem se destacava o sangue, o temperamento sanguíneo, enérgico; aquele com bile (amarela) predominante era colérico; naquele que preponderasse a fleuma, a disposição fleumática, ou calma. No indivíduo melancólico predominava a bile negra, ou melancolia (do grego *melas*, no sentido de negro + *khole* no sentido de bile).

Quando a bile era excessiva, a condição tornava-se patológica. É o que Aristóteles, ou o Pseudo-Aristóteles, fala a respeito de Héracles. Na tragédia que leva o nome do herói, escrita por Eurípides, o infeliz é objeto de ódio da deusa Hera, que envia como emissária a deusa da loucura para produzir nele um delírio que o faz assassinar a própria esposa e os filhos do casal, tomando-os por inimigos. Nos *Problemata*, porém, o que lemos é a explicação "médica": Héracles parece ter sido um melancólico, diz o autor; tanto é que, por causa do herói, os antigos chamavam o mal de que foi acometido de "doença sagrada".[19] Empédocles, Sócrates, Platão e os maiores poetas entram no mesmo clube.

Também outra relação um pouco estranha, que voltará com tudo na ficção do século xx, já aparece na Antiguidade. O vinho intensifica as diferentes manifestações da melancolia, lemos ali, da mesma forma que "inclina os homens ao amor". A relação se dá também sem a mediação do vinho; os melancólicos, diz o texto (pseudo) aristotélico, são comumente lascivos. A explicação mais uma vez é "cientificamente" bizarra: tanto o vinho quanto a bile negra estão cheias de ar (ou sopro, do grego *pneuma*), e é o ar que promove a excitação sexual, o que pode ser provado pela ereção, já que o pênis "rapidamente passa de pequeno a grande ao inflar-se de ar".[20]

Se na Antiguidade tudo se explica pela interação entre os humores, ou secreções, e entre a loucura de Héracles e a genialidade de um Sócrates há apenas uma diferença de grau, gerada pela proporção das substâncias e pela temperatura da bile negra em cada um, a Idade Média cristã vai se empenhar em tornar corpo e alma duas instâncias bem distintas. Isso afeta a reflexão a respeito da melancolia na medida em que diferencia a circunspecção, adequada, da preguiça (ou acédia, mais precisamente), um pecado capital.

Na *Comédia* de Dante, ainda marcada pela teologia medieval, os melancólicos estão no quinto círculo do Inferno, ao lado dos iracundos, e, submersos, suspiram e fazem borbulhas, dizendo assim: "Tristes fomos em vida,/ no ar ameno que do Sol se alegra, dentro portanto névoa aborrecida:/ contrista-nos agora a lama negra".[21] Como esclarece o historiador Jean Starobinski, a melancolia tornava-se pecado quando a vontade do melancólico consentia em se entregar ao peso e ao torpor, em vez de dedicar seu pensamento ao bem espiritual. A acédia, diz o autor, escolhe suas vítimas entre quem se dedica à vida monástica, em isolamento. De repente, os esforços espirituais lhes parecem inúteis, e o desejo que sentem é o de partir dali.[22]

Com o Renascimento, porém, a melancolia retorna e brilha em sua relação com o gênio intelectual. Starobinski fala em uma verdadeira "moda elisabetana da melancolia", entre as décadas finais do século XVI e meados do século XVII.[23] É o tempo de Shakespeare e do mais melancólico dos príncipes ficcionais, Hamlet, que dá título à tragédia de 1601. O dramaturgo inglês praticamente inventou o intelectual arquetípico: charmoso, brilhante, melancólico, irônico e com sérias dificuldades em agir, Hamlet é quase um personagem do existencialismo francês — não fossem os cadáveres que se acumulam.

Tendo descoberto que o pai foi morto pelo próprio irmão, Cláudio — que com isso conquistou o trono da Dinamarca e a viúva —, Hamlet sabe que o que se espera dele, e o que ele próprio espera de si, é a vingança. Mas o príncipe é um intelectual; tudo se passa, inclusive, quando está de férias da faculdade. E então ele empaca, e começa a questionar tudo, inclusive o próprio sentido da existência. E, no fim da tragédia, bem, resta apenas uma pessoa viva, que só fica ali para poder contar a história.

A culpa é só dele? Não exatamente, mas suas hesitações e perplexidades existenciais não ajudam. Isso faz de Hamlet um personagem detestável? Jamais; ele é apaixonante. Porque, afinal, qual é a alternativa? A vingança automática? A vida impensada? O príncipe inaugura um modelo de masculinidade que tem como força não a capacidade de ação, mas a de reflexão, e com ele a ironia se mescla definitivamente à tristeza.

Quando, ainda no início da tragédia, seu tio Cláudio lhe dá uma bronca por seu luto pelo pai se prolongar em demasia, diz que o sofrimento de Hamlet é de uma "teimosia obstinada", que se mostra como um "lamento inviril" de um "coração fraco" e uma "mente ingênua e indisciplinada".[24] Hamlet responde não ao tio mas por meio do primeiro de seus sete solilóquios, isto é, verbalizações — dirigidas ao público — do que se passa em sua consciência.

Na fala, sem saber ainda que Cláudio é o assassino do pai, Hamlet lamenta somente a decisão da mãe de se casar com o cunhado pouco após a morte do marido. É o suficiente para o herói declarar sua terrível perplexidade diante das ações humanas. "Ah, se a solidez total desta carne se dissolvesse", pensa ele em voz alta, antes de se afligir ao lembrar que sua religião interdita o suicídio. "Ó Deus! Ó Deus! Que tediosos, abomináveis, murchos e inúteis/ Me parecem os procedimentos deste mundo! Que nojo! Nojo, nojo!".[25]

A diferença entre os modelos de masculinidade é reforçada mais uma vez quando Hamlet afirma, ainda no mesmo solilóquio, que, apesar de seu pai (também chamado Hamlet) e Cláudio serem irmãos, eles são tão diferentes quanto ele próprio e Héracles, isto é, entre um homem do pensamento e um homem da ação, aquele que cumpriu doze missões impossíveis antes de ser punido por Hera com a loucura.

É depois disso, porém, que Hamlet vai se perceber em uma real enrascada. No dia seguinte, descobre que o fantasma de seu pai voltou do mundo dos mortos para lhe revelar o crime de que foi vítima. Mais um tropo masculino surge aqui, o do sujeito que quer fazer bonito diante do pai, ainda que se vingar com violência seja algo completamente alheio a sua natureza. "Ouça-me bem, quero vingança", diz o espírito. E, mais adiante, a expectativa-cobrança terrível: "Acho que você é capaz", diz o rei, que afirma ainda que ficaria desalentado caso o filho nada fizesse a respeito.[26]

O que se passa a partir daí é que Hamlet enlouquece, ou melhor, ele finge enlouquecer, a fim de tramar sua vingança, esticando ao máximo a corda que liga a melancolia, consequência primeira da clareza de espírito, à loucura, desordenamento dela. A agonia do espírito é redobrada pela consciência de si mesma. Em outro solilóquio ele exclama: "Eu sou uma besta! E como sou./ Não é de estranhar,/ Que eu, filho do amado pai assassinado,/ Convocado à vingança pelo céu e o inferno,/ Fique, como uma rameira, desfolhando a alma com palavras".[27]

Uma das primeiras vítimas do confuso plano de Hamlet é Ofélia, uma jovem nobre a quem havia feito declarações de amor. Sabendo-se observado, ele passa a se dirigir a ela com desdém, atormentando-a ao afirmar que nunca houve nada entre os dois, numa espécie de *gaslighting* bem-intencionado. O diálogo vem logo depois do famoso "Ser ou não ser: eis a questão", e nele Hamlet afirma à moça que nunca a amou e que ela deveria retirar-se a um convento. "Ou se tiver que se casar, case com um idiota; pois os homens sábios sabem bem em que tipo de monstros vocês os transformam", completa ele.[28]

Não muito depois, Ofélia começa a cantar rimas enigmáticas e termina por suicidar-se afogada. Ao assistir ao enterro dela, o príncipe declara a todos, agora já inutilmente, seu imenso amor. Objeto de paixão, engrenagem de um plano, símbolo da repressão sexual e da sujeição social, Ofélia não tem a chance de entregar-se à melancolia; o mundo a leva diretamente à loucura.[29] Há na peça, inclusive, uma sugestão de que ela havia sido enganada e seduzida — "Antes de me ter/ Prometeste casamento", canta ela em seu devaneio — e de um consequente aborto, na alusão a uma erva abortiva.

A amante mais fiel

Pouco mais de duzentos anos depois, outro dinamarquês — este não ficcional — iria deliberadamente abraçar a melancolia bem ao modo de Hamlet. Para isso, decidiu evitar tornar-se o tal monstro em que, segundo o príncipe shakespeariano, as mulheres apaixonadas supostamente transformam os seus maridos. No entanto, no caso do filósofo e teólogo Søren Kierkegaard, esse monstro, parece, seria simplesmente um homem feliz.

Em 1849, oito anos após romper seu noivado com uma moça chamada Regine Olsen, Kierkegaard ainda pensava nela e anotava em seu diário: "Não fosse eu um penitente, não tivesse minha vida até então sido a de um melancólico, o casamento com ela me teria feito feliz além dos sonhos".

Ser feliz do modo como homens comuns são felizes, porém, não estava em seus planos, e ele conclui: "Tive de dizer que, sem ela, eu poderia ser mais feliz em minha infelicidade do que com ela".[30]

Repito: oito anos depois, ele ainda pensava em Regine e explicava para si mesmo — e para a posteridade, afinal quem acredita na intenção de segredo dos diários? — o porquê de ter abandonado a moça, mesmo amando-a profundamente. Mas, diferentemente de Ofélia, Regine não se matou, apesar de jamais ter se recuperado do primeiro amor. Já casada com outro homem, uma década após o fim do noivado com Kierkegaard (com quem nesse período não trocou mais sequer uma palavra), voltou a encontrar o filósofo na rua, em horários cuidadosamente sincronizados, nem que fosse para cumprimentá-lo com um leve aceno.[31]

As explicações que Kierkegaard elabora para o abandono de Regine, de quem foi noivo por cerca de um ano, não se esgotam na pura escolha de abraçar a melancolia. Estão em jogo também uma relação intensa com Deus e o cristianismo e a intenção deliberada de dedicar-se a escrever. Ambos os objetivos exigem atenção, isolamento, silêncio, interioridade — uma noção central na obra do autor —, hábitos e experiências que, ele acreditava, seriam prejudicados por uma vida em família, assim como por uma atividade profissional convencional.

A questão religiosa do autor — que desistiu de ser pastor, apesar de formar-se para tanto — ultrapassa em muito a capacidade destas páginas e desta autora: há um mundo de discussões a respeito, indo de uma suposta maldição sob a qual a família Kierkegaard acreditava viver desde que o pai do filósofo, então ainda criança, havia praguejado contra Deus, até os escritos dos últimos anos de vida, dedicados a criticar o que ele entendia como um cristianismo cultural, distanciado dos verdadeiros valores do Novo Testamento.

O que é razoavelmente seguro afirmar é que, para Søren Kierkegaard, a grande questão existencial se resumia a tornar-se aquilo que se é, um processo em nada autoevidente, já que vivemos tentando escapar das escolhas que nos levam a nós mesmos, seja lançando-nos a imaginar as infinitas possibilidades que se apresentam, sem tomar ação alguma, seja assumindo uma atitude fatalista, que desconsidera essas possibilidades, encarando o mundo como uma série de imperativos. Deus entra no jogo apresentando-se como o outro absoluto em relação ao qual cada um, desejavelmente, irá constituir-se. A maior parte dos indivíduos, no entanto, não encara essa encrenca que é confrontar-se com Deus e constitui-se em relação a seres humanos como eles próprios.

Não é o caso de Kierkegaard, e nessa contenda Regine leva a pior. Na época do rompimento, ele anota em seu diário que, "quando Deus quer atar devidamente um ser humano a si, convoca sua mais fiel serva, sua mensageira mais confiável, que é a Dor, e diz a ela: 'Vá correndo até ele, o alcance, não o deixe sozinho'". Não fosse já deprimente, ele conclui, em um parêntese: "e nenhuma mulher agarra-se com mais ternura a quem ela ama do que a Dor".[32] Como uma mulher de carne e osso pode competir com essa amante tão doce?

Entre as razões para o abandono de Regine está também o desejo de se dedicar aos livros. E ele de fato se dedica: é na década após o fim do romance, em 1841, que ele escreve a maior parte de sua gigantesca obra. A primeira a ser lançada, em 1843, foi *Ou isso ou aquilo*, um livro que inaugura também o vasto uso de pseudônimos por Kierkegaard. A obra se divide em dois volumes, editados por um personagem chamado Victor Eremita. A primeira parte reúne escritos por um sujeito anônimo, conhecido como A, que se define como um esteta; a segunda é assinada pelo juiz Wilhelm, que defende a vida ética.

A seção que é provavelmente a mais famosa do livro, no entanto, encerra o primeiro volume e reúne um punhado de cartas e um diário, supostamente encontrado pelo esteta anônimo em uma escrivaninha, e narra o processo de conquista de uma moça, Cordélia, por um homem chamado Johannes. Nesse *Diário de um sedutor*, lemos o modo como ele manipula as emoções da jovem, que só percebe as más intenções dele quando é abandonada. Todo o plano de sedução é arquitetado para que Johannes escape do tédio de viver; A o define como alguém que não distingue a poesia da realidade e que se delicia esteticamente com a própria personalidade.[33]

Quando enfim ele esgota todas as aventuras da sedução, o que inclui até mesmo o romper e o reatar do relacionamento, e Cordélia está completamente em suas mãos, o sedutor anota: "Quando uma jovem tudo entrega, ela se torna fraca, ela tudo perde", e depois: "Agora qualquer resistência é impossível, e só quando há resistência é belo amar; quando ela não existe mais, o amor é só fraqueza e hábito".[34]

Kierkegaard afirmou diversas vezes em seus diários que compôs o *Diário de um sedutor* a fim de fazer Regine crer que se tratava dele próprio. O gesto fazia parte de um plano para que ela deixasse de amá-lo e para que acreditasse que ele nunca a havia amado, que era apenas um canalha. Ainda em

1841, ele escreve que a relação dos dois era um "amor infeliz": "Eu a amo — ela é minha — seu único desejo é que eu fique com ela — a família me implora — é meu maior desejo — preciso dizer não".

Então ele planeja: "Para que seja mais fácil para ela, farei o possível para que creia que eu era apenas um simples enganador, uma pessoa frívola, quem sabe assim me odeie; pois acredito que será mais difícil para ela se suspeitar que era melancolia".[35] Essa melancolia, ele anota em outra entrada, se torna então sua "confidente mais próxima". No meio da alegria do trabalho, "ela acena para mim, me puxa para seu lado, mesmo que fisicamente eu não me mova; ela é a mais fiel amante que já conheci".[36]

Johannes, o sedutor, não está interessado nessa forma de melancolia. Kierkegaard, ainda em seu diário, escreve que havia começado a conceber uma outra história, que restou inacabada e, portanto, ficou fora de *Ou isso ou aquilo*. "Era para se chamar 'Amor infeliz'", diz ele. "Deveria formar um contraste ao Sedutor. O herói se comportava exatamente como o Sedutor, mas o motivo era a melancolia." Ele então dá uma alfinetada nos românticos: "Não é porque não havia conquistado a garota amada que ele se tornava infeliz; heróis desse tipo estão abaixo da minha dignidade". Não, o herói era ele mesmo, claro: "Ele a conquistou. Enquanto a batalha durou, ele nada percebeu; ela então se entregou, ele foi amado pela garota de modo arrebatador — então ele ficou triste, a melancolia despertou, ele se retraiu".[37]

Se a história "Amor infeliz" aparecesse no livro, Regine não teria dúvidas a respeito da verdade, isto é, da persistência do amor de Kierkegaard. Será arrogância masculina eles se acreditarem capazes de nos enganar sobre o amor que sentem? Arrisco dizer que é menos provável nos deixarmos convencer de não sermos amadas do que o contrário, ou seja, é mais comum crermos em um falso amor quando um sujeito se dedica com afinco a mostrar sentimentos inexistentes — à moda do sedutor Johannes.

Até mesmo no caso de Ofélia, posso ler sua loucura como consequência não da rejeição, mas da incerteza da correspondência do amor, uma incerteza, aliás, que é também compartilhada pelo público, já que a jovem é um recurso usado tanto por Hamlet, o personagem, quanto por *Hamlet*, a peça. Já Regine Olsen, uma mulher real, sofreu menos pela rejeição amorosa — de que provavelmente duvidava — do que por sua consequência prática, a separação. Ela não parece ter se surpreendido terrivelmente quando, ao receber a notícia da morte do ex-noivo, em 1855, descobriu que ele havia deixado todas as suas (poucas) posses para ela, a quem se afirmava ligado por laços tão fortes quanto os do casamento.[38]

Ainda assim, ao escrever em 1849 sobre o porquê do rompimento, Kierkegaard apelava de forma condescendente para uma variação da fórmula não-é-você-sou-eu. Se tivéssemos nos casado, conjectura ele em seu diário, "em menos de um ano ela estaria em frangalhos", por causa de "algo espectral" que o atormentava. Em casa, diz ele, ficaria evidente que "habito um mundo espiritual", que ela não conhecia. Ele, enfim, admite a mão dupla da frustração: "Ela provavelmente estragaria a minha vida também, pois estaria sempre me sobrecarregando, porque a sua realidade é de certo modo leve demais". E conclui: "Eu era pesado demais para ela, ela leve demais para mim".[39]

É tentador lastimar o desperdício dessas vidas, desse amor, não fosse o alcance e o interesse de tudo o que o solitário Kierkegaard escreveu. Por outro lado, não temos o contrafactual: seria de fato impossível para ele conceber toda a sua obra sem que contasse com sua fiel amante, a melancolia? Gostaria de pensar que a imposição da escolha — ou isso ou aquilo, ou o casamento ou o gênio — é ilusória. Do mesmo modo, esse Deus que exige exclusividade na dedicação do espírito me soa terrivelmente desinteressante na vida prática, ainda que esteticamente muito produtivo.

O que resta, no entanto, é a obra de gênio, e com ela a perpetuação da ideia de uma inimizade fundamental entre felicidade amorosa e sucesso intelectual. E o que me perturba, de fato, é meu receio duradouro de ser considerada leve demais por alguém ou, ainda pior, de ser feliz demais para ter boas ideias ou de me contentar com minha vida a ponto de não saber mais escrever ou pensar.

Antes de se tornar um teórico da literatura marxista e chato, o húngaro Georg Lukács escreveu um belo ensaio acerca do gesto de rompimento de Kierkegaard e Regine. No texto ele afirma que só o amor a Deus poderia garantir ao filósofo o tipo de amor absoluto que buscava, o amor que significa "se esforçar para nunca ter razão". A raiz da religiosidade do dinamarquês, diz Lukács, está na busca por um ideal que nunca poderá se mostrar frustrante: "Meu amor só é seguro e inquestionável se eu nunca tiver razão, e essa tranquilidade apenas Deus pode conceder".[40]

Freud provavelmente não admiraria essa tranquilidade, embora pudesse reconhecer que a relação de Kierkegaard com Deus era bem diferente do que ele concebia como uma ilusão ingênua. Em seu *O mal-estar na civilização*, ele admite que "o deliberado isolamento dos demais é a salvaguarda mais disponível contra o sofrimento que pode resultar das relações humanas",[41] mas a verdade é que o filósofo, um século antes, não se isolou da sociedade — ele morreu, aliás, em meio a uma grande briga pública com a Igreja dinamarquesa. O que Kierkegaard quis evitar foi o casamento e o amor erótico-romântico, quase intuindo o que Freud colocaria nos seguintes termos: "No auge do enamoramento, a fronteira entre Eu e objeto ameaça desaparecer".[42] E esse desaparecimento, essa dissolução da subjetividade, não interessava minimamente ao filósofo.

Freud, por sua vez, reconhecia a ambiguidade da realização amorosa. Se o amor sexual "nos proporcionou a mais forte experiência de uma sensação de prazer avassaladora, dando-nos assim o modelo para nossa busca da felicidade", também é verdade que "nunca estamos mais desprotegidos ante o sofrimento do que quando amamos, nunca mais desamparadamente infelizes do que quando perdemos o objeto amado ou seu amor".[43]

Todos os apaixonados se reconhecem ou já se reconheceram nessas afirmações, é claro. O que não é evidente, no entanto, é o impulso de inverter as coisas e assumir que "todo amor só é bem grande se for triste", como diria Vinicius de Moraes, e atormentar-se de propósito a fim de viver a paixão de filmes e livros. Ou, no sentido kierkegaardiano, fazer ainda pior: reconhecer a possibilidade de felicidade amorosa e rechaçá-la para proteger a própria melancolia. Dois modos de rimar amor e dor, igualmente estúpidos, igualmente difíceis de resistir.

A trama se complica

No problema xxx.1, Aristóteles, ou alguém sob seu nome, escreveu que quase todo homem, após ter relações sexuais, fica meio deprimido. Ele explicava isso pelo fato de que o sêmen leva consigo o ânimo do sujeito. Só não ficam tristes os poucos cujo sêmen carrega para fora secreções nocivas. "*Triste est omne animal post coitum, praeter mulierem et gallum*", diz a frase famosa atribuída ao médico romano Galeno: "Todo animal fica triste depois do sexo, a não ser a mulher e o galo". O que a literatura do século xx me mostrou, porém, é que eles ficam tristes desde antes do sexo, que o sexo é um troço triste ou, pelo menos, um pouco desesperançado.

Em nenhum romance que eu tenha lido isso é mais enfatizado do que no segundo livro do português António Lobo Antunes, um dos poucos escritores verborrágicos que eu amo. Em *Os cus de Judas*, de 1979, o narrador usa seu moto-contínuo de imagens e analogias em uma noite na qual conta a uma mulher que acaba de conhecer — e que pretende levar para a cama — a respeito de suas experiências terríveis em uma guerra injusta, de seu casamento desfeito, de suas "inquietações metafísicas", de sua vida de "solteirão melancólico a quem se não telefona", do encanto das bebidas alcóolicas, por meio das quais a carne "se livra, um pouco espantada, do espírito".[44]

É uma grande miscelânea da masculinidade intelectual, uma espécie de síntese do que eu amo e odeio nos homens, o suprassumo do que move este livro. Eu teria horror a *Os cus de Judas*, não fosse tão apaixonada por ele. Olha só que coisa atordoante o momento em que descobrimos que aquilo que acabamos de ler nas duas páginas anteriores — uma elucubração nostálgica sobre um zoológico frequentado na infância — foram ditas a uma mulher por um sujeito que havia acabado de conhecer. Se fôssemos tamanduás, propõe ele, "em lugar de conversarmos um com o outro neste ângulo de bar, talvez que eu me acomodasse melhor ao seu silêncio, às suas mãos paradas no copo, aos seus olhos de pescada de vidro boiando algures na minha calva ou no meu umbigo". Talvez, continua ele, "nos pudéssemos entender numa cumplicidade de trombas inquietas farejando a meias no cimento saudades de insectos que não há, talvez que nos uníssemos, a coberto do escuro, em coitos tão tristes como as noites de Lisboa".[45]

Sim, eu sei que é só um recurso narrativo, isso de colocar uma palestra infinita na boca de um homem que está querendo (e conseguindo) seduzir uma mulher em um bar. Não há nenhuma intenção de verossimilhança, eu sei. Não é para ser realista, sei também. Mas na verdade o trecho talvez seja mais verossímil e realista do que a pretensão original. Do mesmo modo que é verossímil e realista o fato de a mulher cair no truque — porque não é um truque, ou assim eu e ela queremos acreditar.

O primeiro elemento irresistível é a guerra, por ser uma experiência tradicionalmente tão exclusiva aos homens. Se eu assisto a tantos filmes de guerra, por que não ouviria durante toda uma madrugada alguém contar do desespero de uma guerra injusta, desnecessária, deprimente? Como desperdiçar a chance de entender o que é estar nessa situação-limite, em que o medo de morrer é imediato e brutal, em que a raiva é não ponto de partida para a violência, mas efeito dela, em que a solidariedade só não é maior do que a solidão absoluta e o consequente e inescapável encontro com o mais íntimo de si?

Em suas memórias sobre a participação na Primeira Guerra Mundial, o escritor alemão Ernst Jünger afirma que a mistura entre o odor "pesado e adocicado" dos cadáveres e "a neblina penetrante dos explosivos" invocava nele "uma excitação quase premonitória, como só a mais íntima proximidade da morte é capaz de produzir". Existe, escreve ele no clássico *Tempestade de aço*, "uma espécie de horror estranho como uma terra inexplorada", que faz desaparecer o medo e deixa no lugar "uma leveza elevada e quase demoníaca".[46]

O narrador de *Os cus de Judas* não fala de nada elevado a respeito da guerra, o que não impede escutarmos em sua fala a convicção de que experimentou algo extraordinário, em última instância objetivamente incomunicável, que esteve em "uma terra inexplorada". Ele narra sua experiência como médico do Exército português na guerra colonial em Angola, promovida pelo governo ditatorial de António Salazar, experiência que o próprio Lobo Antunes viveu, entre 1971 e 1973, do mesmo modo que viveu o nascimento da filha, do qual tomou conhecimento por carta, e o fim do primeiro casamento, poucos anos depois do regresso.

De nada, no entanto, interessa aqui (aliás, quase nunca interessa) investigar a medida do autobiográfico no romance, e sim os efeitos de sua leitura. O leitor, afinal, é colocado na posição dessa mulher que, com alguma indiferença, se deixa seduzir pela narrativa, e o sucesso de *Os cus de Judas* depende da eficácia dessa sedução, o que diz bastante a respeito da personalidade de quem, metaforicamente ou não, termina o livro na cama do narrador — seja por identificação, por atração ou pela matéria confusa que há entre os dois.

Em qualquer caso, o leitor, a leitora devem se deixar seduzir por um bocado de melancolia e de lirismo. Não é para qualquer um. Você continuaria à mesa com um cara que logo propõe que talvez terminem a noite "a fazer amor um com o outro, furibundos como rinocerontes com dores de dentes até a manhã aclarar lividamente os lençóis desfeitos pelas nossas marradas de desespero"?[47] Dureza, né? Mas também não dá uma certa vontade de ver até onde ele é capaz de ir?

De qualquer modo, como julgar essa melancolia se não estive na guerra, se minhas madrugadas, mesmo as insones, não são atravessadas por um comboio lento "a transbordar de homens fardados que cabeceiam contra as janelas à procura de um sono impossível"?[48] E como interromper um homem que suplica que o olhe e escute "tal como eu me debrucei para o hálito do nosso primeiro morto na desesperada esperança de que respirasse ainda"?[49] É muito injusto, para todos os envolvidos. É preciso escutá-lo, porque afinal não é só um sujeito, é a memória terrível da guerra, e ele mesmo brinca que parece um romance de mau gosto inventado para comover sua interlocutora e levá-la para casa: "um terço de paleio, um terço de álcool, um terço de ternura, sabe como é?".[50] É, enfim, de uma sinceridade desconcertante.

O encontro no bar, como não poderia deixar de ser, é embalado a muito álcool — outro legado tão discutível quanto sedutor que os poetas e intelectuais melancólicos nos deixam e deixaram. O álcool traz a esperança de compreender o mundo e as pessoas ("o delicado núcleo do mistério"), coisa que quase se consegue, depois de seis ou sete doses, para então se afundar "no júbilo informe de uma idiotia pastosa a que me arranco no dia seguinte, a golpes de aspirina e sais de frutos, para tropeçar nos chinelos a caminho do emprego, carregando comigo a opacidade irremediável da minha existência".[51] Terrivelmente palavroso? Sim. Lindo? Também.

Finalmente, já na casa dele, o sexo é triste, como já havia sido antes com sua ex-mulher ("fazíamos amor numa raiva de urgência, inventando uma desesperada ternura"), com outras amantes ocasionais ("evaporam-se da minha vida abandonando no lençol a mancha de clara de ovo que constitui como que o selo branco que certifica o amor acabado"), com uma prostituta africana com quem não consegue ter uma ereção ("entesa-te, supliquei a mirar de viés a minha pila morta"; "rodei até ficar de bruços no lençol e desatei a chorar"[52]). A exceção, rememorada, é Sofia, a lavadeira que tinha conhecido no interior de Angola, que o esperava silenciosa e alegre e que entendia "a minha angústia carregada de ódio de homem só, a indignação que a minha cobardia provocava em mim, a minha submissa aceitação da violência e da guerra".[53]

Com a mulher que conhece no bar, o sexo entremeia-se à narrativa de destroços e cadáveres na guerra angolana, e a melancolia *post coitum* de que Galeno falava ganha ares de agonia, mas também de ternura. O corpo da parceira torna-se o lugar de conforto possível, "o espaço onde ancorar" entre Portugal e Angola, ou "para deitar, sabe como é, a minha esperança envergonhada".[54] A personagem que escuta a narrativa de guerra não se deixa vencer pelos pedidos para que fique um pouco mais e vai embora na primeira luz da manhã — ela é, afinal, uma alegoria da própria Lisboa, indiferente ao passado de horrores no Além-mar. Mas eu fico um pouco por ali ainda, perdida na falsa honestidade do triste homem que goza, talvez meio convencida de que há mesmo um laço indesatável entre sexo e melancolia. Que estrago.

O narrador de Lobo Antunes é o reverso do encolerizado Aquiles, do modelo masculino de agressividade espontânea, da fúria competitiva e embriagante. No deprimente século xx não há mais honra na guerra ou competição com deuses poderosos, apenas o Cristo exausto entregue aos braços da Pietà[55] e os santos nos quadros das tias carolas e salazaristas que se despedem do narrador no cais suspirando que "felizmente a tropa há-de torná-lo um homem",[56] e que o recebem de volta lastimando: "Estás mais magro. Sempre esperei que a tropa te tornasse um homem, mas contigo não há o que fazer".[57] A literatura, no entanto, já tinha inventado um novo modelo masculino, mais atraente para as novas sensibilidades: "De facto, e consoante as profecias da família, tornara-me um homem: uma espécie de avidez triste e cínica, feita de desesperança cúpida, de egoísmo, e da pressa de me esconder de mim próprio".[58]

Patéticos melodramas

Faz parte desse modelo e dessa sensibilidade a relação estremecida com deus, que pode tomar muitas faces, não somente a do ateísmo arrogante de um Christopher Hitchens, de um Richard Dawkins ou de seus discípulos. Que saudades, por exemplo, da elegância de Albert Camus, que anotou em seu diário, em novembro de 1954: "Não acredito em Deus e não sou um ateu", e se define como um "incrédulo" (*incroyant*). Isso quer dizer, como ele havia explicado em uma fala a frades dominicanos seis anos antes, que, "não sentindo deter nenhuma verdade absoluta e nenhuma mensagem, jamais partirei do princípio de que a verdade cristã é ilusória, mas apenas do fato de que não pude adentrá-la". Embora compartilhasse o "horror ao mal", afirmou ele, não sentia a mesma esperança em uma salvação — o que o levava a combater esse mal por aqui mesmo.[59]

Em *A queda*, meu romance preferido de Camus, de 1956, o protagonista — que, aliás, também conta sua história a um estranho em um bar — afirma que "o peso dos dias é terrível", e tanto pior para quem não acredita em nada. "Deus não está mais na moda", diz ele, e conta o caso de "um romancista ateu que rezava todas as noites", enquanto "descarregava contra Deus em seus livros". Todos os moralistas ateus, diz ele, ateiam fogo no céu porque só creem no pecado; na graça, nunca.[60]

Muitos intelectuais, em seu tempo e ainda hoje, acusaram — um verbo aqui engraçado — Camus de ser um cristão enrustido, e alguém talvez possa pensar o mesmo de mim, embora por aqui só tenham sobrado a culpa indelével e uma paixão por são Francisco de Assis aprendida na escola católica. Restou também um apreço estético pelo imaginário cristão, do qual não consigo me desapegar: assim como Camus, quando penso em Deus, é essa entidade masculina todo-poderosa e meio cruel que me vem à cabeça. Mas, se insisti, nas páginas precedentes, no meu desejo fracassado de acreditar nesse Deus, é porque isso me parece uma impossibilidade absoluta. Não consigo conceber como é crer em algo além do mundo que nos é sensível. Eu não posso rezar para acreditar e fico então dependendo de um golpe de sorte qualquer. O que me leva ao último dos amantes melancólicos deste capítulo.

Em *Fim de caso*, de 1951, Graham Greene — um católico tardio e inquieto — junta guerra, ciúme e Deus em um supercombo da tristeza. É um romance melodramático, talvez demais, sobretudo para quem tem alergia ao cristianismo. O norte-americano Jonathan Franzen afirmou que não via graça no livro e que o britânico Greene escrevia só "réplicas quase perfeitas de romances".[61] Outros desmereceram a reflexão sobre sacrifício e redenção, taxando de ridículo o final do livro. Defendo *Fim de caso*, mesmo compreendendo parte das críticas (Greene pode ser mesmo meio brega), porque seu conflito central me parece produtivo, ainda que não verossímil. Assim como Camus, não parto do princípio de que a verdade cristã é ilusória; e, como Greene, acho que uma boa história de amor precisa de um triângulo, e que rival melhor do que Deus?

A trama do romance é a seguinte: escritor razoavelmente bem-sucedido, Maurice Bendrix se aproxima de um burocrata londrino como inspiração para um livro que está escrevendo, se apaixona pela esposa do sujeito, Sarah, e eles têm um caso arrebatador. O cenário é a Londres dos últimos anos da Segunda Guerra, e o casal costuma se encontrar no apartamento de Bendrix. As bombas alemãs tornaram-se raras. Uma noite qualquer, porém, há um ataque aéreo pesado e, enquanto Sarah espera o amante checar se o abrigo no porão está vazio, uma explosão estilhaça todos os vidros e o derruba inconsciente na escada por alguns minutos. Voltando ao quarto, Bendrix encontra a amante ajoelhada no chão. "Oh, Deus", ela exclama quando o vê. "Você está vivo". "Você parece desapontada", ele retruca.[62]

Do diálogo a seguir, ficamos sabendo que ela desceu e verificou, ou pensou verificar, que ele estava morto. Quando Bendrix volta ao quarto, ela fica surpresa e vai embora correndo, após se despedir dizendo: "Você não precisa ficar assustado. O amor não acaba. Só porque não nos vemos...".[63] E eles só se veem novamente dois anos depois. É nesse ponto, aliás, que começa o livro em si — o episódio da explosão é contado em flashback. Quando finalmente se reencontram, quase ao acaso, Bendrix decide contratar um detetive para segui-la e pensa descobrir que ela está tendo um novo caso. É só quando toma posse do diário da ex-amante que ele descobre a verdade.

Vou dar ao menos algum spoiler, não tem outro jeito. Lemos, nas anotações dela sobre o dia da explosão, que o motivo do fim do caso foi uma promessa. "Ajoelhei-me no chão: estava louca", ela escreve. Como nunca havia rezado, nem quando criança, não sabia o que fazer. Até aquele momento, continua, não acreditava em "uma coisa chamada alma". Então ela reza para acreditar em Deus, e lemos no diário o que propôs: "Eu disse bem devagar: vou desistir dele para sempre, deixe apenas que esteja vivo e que tenha uma chance". É quando Bendrix aparece no quarto, e ela pensa que "agora começa a agonia de ficar sem ele".

O narrador Bendrix repete ao longo das páginas que o seu livro é um livro de ódio — de ódio e de ciúme —, não de amor. É de amor, a gente sabe, ainda que de um amor fracassado, contado sem medo de ser infeliz. Gosto muito dele por isso. A passagem na qual, em uma carta, Sarah se desculpa com Bendrix por acreditar em Deus me acompanha há décadas: "A fé se entranhou em mim como uma doença. Do mesmo modo como me apaixonei".

Sempre repeti que adoraria contrair também esse vírus da fé, mas, ao escrever isso neste momento, hesito e penso, a despeito de minhas mais apaixonadas censuras aos ateus, que há mesmo algo um bocado bobo nesse desejo. Talvez, no que diz respeito a Deus, todo gesto deliberado seja um pouco patético. É justamente por isso, por Greene não ter receio do patético, que ainda acho extraordinárias as páginas que amarram *Fim de caso*: "Eu O odeio, Deus, O odeio como se Você existisse", escreve Bendrix, e nas últimas linhas, conclui sua antioração: "Oh Deus, Você já fez o bastante, já me privou do bastante, estou cansado e velho demais para aprender a amar, deixe-me em paz para sempre".[64]

Também eu tenho minha própria competição com Deus, mas ela não tem nada a ver com ódio ou com o desejo de matá-lo. Nada do ciúme de Bendrix ou das *daddy issues* dos ateístas. Minha relação com meu pai, aliás, sempre foi a mais saudável, e meu único problema com ele — isto é, com a aleatoriedade da vida — é o fato de ter morrido cedo demais, me roubando um grande interlocutor. Devo a meu pai (que também queria acreditar em alguma coisa), e às nossas conversas sobre música, filosofia, religião, boa parte da confiança que tenho na minha inteligência e a segurança para falar do que me interessa com qualquer um, ou quase qualquer um. Ele iria adorar este livro.

Não, minha competição com Deus não vem do desejo psicanalítico de matar o pai. Isso não quer dizer que seja destituída de neuroses, pelo contrário, só que elas foram fomentadas por homens que vieram depois. Uma vez, lembro bem, disse ao meu analista que só me sentiria realmente desejada, e desejável, se um padre largasse a batina — isto é, Deus — por mim. Minha competição com Deus é, afinal, pelo amor e pela atenção, não para saber quem é mais forte ou a quem cabe a razão. Será essa outra forma de relacionar desejo e melancolia? Sexo e tristeza? Eternamente presa nessa cilada?

"Padre, não me digas que no teu peito amor guerreia amor, e que não escolheste para sempre", diz a moça raptada pelo clérigo, no mais bonito dos poemas de Carlos Drummond de Andrade, "O padre, a moça".[65] Na poesia, um amor assim interdito só pode terminar em uma mula sem cabeça e em tragédia; e a redenção só vem, se é que vem, do céu. No mundo real, porém, já conheci mais de uma história feliz de padres que deixaram os votos e se casaram.

Quando assisti à segunda temporada de *Fleabag* (2016-9), escrita e protagonizada por Phoebe Waller-Bridge, torci mais que qualquer um para que ela vencesse Deus e levasse o amor do padre (interpretado por Andrew Scott), por quem se apaixonou e que retribuiu brevemente a paixão — mesmo que isso tornasse a série narrativamente muito mais fraca. Chorei feito um bebê — quero dizer, como uma mulher rejeitada — ao ouvi-lo dizer a ela que escolheu Deus. Quando ela responde "Eu te amo", e ele rebate "Vai passar", foi crueldade demais para o meu pobre coração.

Eu sou ainda, ao menos de vez em quando, uma melancólica melodramática. O Deus que eu queria que existisse também lutaria com suas melhores armas. "Os autores do Velho Testamento gostavam de usar a expressão 'um Deus ciumento', e talvez esse fosse um modo rude e indireto de expressar a sua crença no amor de Deus pelo homem",[66] escreve Bendrix em *Fim de caso*. De que valeria brigar com Ele por alguém se Ele, além de colorir o mundo para agradar os nossos olhos, não fosse o mais terrível dos amantes?

12. Eu quero tocar fogo neste apartamento

> *Sit down, dear, we gotta talk, you're acting like a kid*
> *We don't wanna hear about the things you never did*
> *You could've been a legend but you became a father*
> *That's what you are today*
> *That's what you are today.*
>
> THE NATIONAL, "Slipping Husband"

NUNCA ENTENDI MUITO BEM o apelo duradouro da figura mítica de Penélope, a rainha grega que aguarda por vinte anos seu marido Odisseu — ou Ulisses, em latim — voltar da Guerra de Troia. Falo em figura mítica e não literária, porque é mesmo um prazer ler, no texto da *Odisseia*, as artimanhas dessa mulher extraordinária e as aventuras de seu espertíssimo marido. O problema é que a essência do mito que dá origem à epopeia homérica é a de que é próprio do homem partir, enquanto cabe à mulher esperar.

Nenhuma novidade aqui. É sabido que os gregos não tinham muito respeito pelo intelecto das mulheres mortais. Elas, quando se mostravam inteligentes, eram geralmente definidas como astuciosas, qualificação que, aplicada ao sexo feminino, fica ali pertinho de ardilosas ou de sem-vergonha mesmo. O quase feminista Eurípides, por exemplo, concentra em seu abominável personagem Hipólito, na peça homônima, toda a misoginia de que se era capaz. Ao descobrir que sua madrasta Fedra estava enlouquecida de paixão por ele — por vingança de Afrodite —, Hipólito simplesmente dá um chilique: "Detesto a mulher pensante/ e faço votos para que em meu lar futuro,/ jamais haja mulher com mais inteligência/ que a meramente necessária ao próprio sexo!/ O fato é que Cípris faz a perversidade/ nascer principalmente na mulher pensante".[1]

Penélope, por outro lado, é apresentada logo no início da *Odisseia* de Homero como "bem ajuizada". "Sensata", "virtuosa" e "nobre" são outras traduções encontradas em português. Fiquemos, neste momento, com o "bem ajuizada" do tradutor Christian Werner.[2] Por que "bem ajuizada"? E por que eu, antes, a chamei de "extraordinária"? Há, de fato, outras mulheres fora do comum nos relatos que compõem todo o ciclo da Guerra de Troia, mas somente Penélope reúne duas qualidades quase inconciliáveis no conjunto das histórias antigas: a inteligência afiada e a lealdade — para não dizer submissão.

Penélope é a personificação de uma característica há muito e ainda identificada às mulheres: o apego ao lar. É outra forma, mais dura e complexa, de enxergar a domesticidade. Ir embora é coisa de homem, seja no plano concreto ou no domínio dos anseios. Da Grécia antiga para cá muita água rolou, e não é mais tão simples assim dar no pé para viver duas décadas em terras distantes enquanto a mulher cuida da casa e dos filhos. Mas a pulguinha do "e se?" marca posição em uma tonelada de histórias modernas e contemporâneas escritas por homens, do sertanejo brasileiro ao rock anglófono, passando por muitos e muitos poemas e romances de tudo quanto é lugar.

Em uma canção inglesa que ouço há tempos, a discussão fica mais sofisticada e me provoca emoções contraditórias. É uma faixa não muito conhecida do vocalista da banda Tindersticks, Stuart A. Staples, chamada "That Leaving Feeling" (algo como "Aquela vontade de partir"). Em um dueto com a maravilhosa Lhasa de Sela, cantora canadense morta em 2010, ouvimos o "protagonista" da historinha se contorcer entre o ímpeto de partir e a vontade de ficar.

"That Leaving Feeling" é de 2006 e me parece refletir como essa divisão de predisposições entre os gêneros também maltrata os homens. Staples começa a primeira estrofe cantando *"I get that leaving feeling/ this time it's here to stay"*, e depois: *"Maybe tomorrow,/ today looks like it's bringing rain"*. Vou tentar uma tradução razoável: "Me vem essa vontade de partir/ Desta vez veio para ficar". Mas quando chega à última parte, ele suspira: "Talvez amanhã/ Hoje parece que vai chover". Dá aperto no meu coração.

Entre uma coisa e outra, a voz de Lhasa, como uma Penélope debochada, manda a real: olha, todo mundo sonha em largar tudo, todo mundo quer recomeçar do zero, dar um pontapé nas preocupações e nas amarguras, pegar um café e subir num trem. Mas não adianta ficar inventando moda, porque a vida é dura, campeão! E só resta à voz masculina dizer, pouquíssimo convincente, que vai deixar tudo prontinho para ir embora assim que o tempo melhorar.

O que me mata é o fato de que Lhasa só diz verdades — mas Staples também. Não, um adulto não pode simplesmente se mandar quando estiver atarantado pelo mundo real. Mas, não, essa não é uma contingência tranquila de se aceitar! "Este futuro aqui é tão certo que me deixa desesperado", entoa o cantor.³ E eu entendo a sensação. E como queria poder cantar isso sem culpa, como só os homens parecem poder fazer.

Porque, vejam só, a letra é do próprio Staples, e a canção está em um álbum intitulado *Leaving Songs*, então sabemos que o cara já pensou um bocado no assunto. E o que ouvimos na voz de Lhasa como argumento para que ele permaneça no mesmo lugar não apela para o absurdo tremendo que é abandonar a família, nem diz respeito aos perigos do mundo, e sim evoca a impossibilidade de ser plenamente feliz não importando o destino que se escolha. A vontade de ir embora é o sintoma mais agudo da melancolia que já conhecemos do capítulo anterior. Contra os surtos melancólicos tão em voga na Inglaterra elisabetana, que lançavam poetas e filósofos longe da ilha, uma das prescrições era justamente voltar para casa.⁴

Isso me faz pensar que é como se nós, mulheres, nem tivéssemos a chance de sentir a angústia mais profunda desse impasse, já que antes de qualquer coisa temos que nos preocupar com quem vai alimentar as crianças ou, em última instância, se vamos sobreviver ao deslocamento sem que ninguém nos perturbe na viagem. Ou ainda, o que é pior, em como vamos conseguir ser felizes sob o chumbo do remorso. Enquanto isso, para que o cara não se vá, o argumento é existencial: ele vai sofrer de qualquer jeito, indo ou ficando, porque, afinal, é impossível escolher entre o amor e a vida em movimento. E não é mesmo uma angústia fácil de superar. "É suicídio estar longe", diz um personagem de Samuel Beckett. Mas, ele se pergunta, o que é estar em casa? "Uma dissolução arrastada."⁵

Modelos de esposa

"E as pessoas que você ama, elas mudam quando você as deixa para trás",⁶ canta Lhasa na canção de Staples. Na Antiguidade era diferente. Odisseu vai. E Penélope fica, e fica sem mudar — não fundamentalmente — por duas longas décadas, dez anos de guerra e mais os dez que dura a travessia de volta de Odisseu. O filho dos dois, Telêmaco, que só havia estado com o pai quando bebê, se torna um homem nesse meio tempo. Penélope fica. Fica em seu palácio em Ítaca, claro, porque guerrear não é coisa de mulher mortal, mas fica também em um sentido mais amplo; fica no seu lugar simbólico, de mãe, esposa fiel. Fica como dona e mantenedora da casa. A casa de Odisseu.

Esperta ela é: recusando-se a se casar com um dos inúmeros pretendentes que a perturbam dia e noite, Penélope tece e destece a famosa mortalha que prepara para seu sogro Laerte. "Jovens, meus pretendentes!", ela repete três vezes ao longo da *Odisseia*. "Visto que morreu o divino Odisseu,/ tende paciência (embora me cobiceis como esposa) até que termine/ esta veste [...],/ para que entre o povo nenhuma mulher aqueia me lance a censura/ de que jaz sem pano quem tantos haveres granjeou".⁷

Há um ardil, é claro, de que são vítimas os que cobiçam sua mão. Mas com isso ela protege o mais precioso dos bens: a casa, a família, o nome, que são ali basicamente a mesma coisa. Ainda mais importante para o desfecho da trama, é ela quem propõe uma competição de arco e flecha entre os pretendentes, na qual estes deverão usar o arco de Odisseu, um arco particularmente firme, que só ele, de fato, consegue dominar — coisa que ela sabe muito bem, pois é sensata e bem ajuizada, além de muito atenta às particularidades e excepcionalidades do marido.

A maior dessas excepcionalidades é o talento para a trapaça. E, enquanto esse talento seria condenado como o maior dos defeitos em uma mulher infiel, no caso de Odisseu ele o torna divino, um homem cuja inteligência só é comparável à de Zeus. Aqui cabe, aliás, um parêntese mitológico: a primeira esposa do poderosíssimo Zeus era Métis, que dá nome à qualidade da inteligência astuciosa — em grego, Odisseu é chamado de *polimétis*, algo como "cheio de truques" ou "cheio de recursos". E que fim levou Métis? Foi literalmente engolida pelo marido, que assim se protegia de ter seu trono tomado.

É desse modo que a esperteza de Odisseu é divina. E seu porte também não é nada mau: na *Ilíada*, ele é descrito como um guerreiro mais baixinho que o comandante Agamêmnon, porém mais largo nos ombros e no peito, e que, inspecionando as fileiras de soldados, se assemelha a um carneiro de pelo espesso que atravessa um rebanho de ovelhas brancas.[8] Essa inteligência e esse garbo são usados na guerra e no amor. Ele é o brilhante guerreiro de Troia, mas é também o homem que se livra dos feitiços da deusa Circe seduzindo-a (com a ajuda decisiva de Hermes), na primeira parte de sua volta ao lar. O lance dá tão certo que, além de se livrar de virar um porco, ele ainda passa um ano junto a ela, com quem tem, aliás, dois filhos...

Depois, é Calipso quem o prende por sete anos em sua bela ilha, onde ele de dia fica olhando o mar e chorando e de noite compartilha a cama da ninfa. Estou soando irônica e rancorosa contra o herói? Me defendo logo dizendo que não é nada pessoal. Odisseu é um desses personagens que mobilizam paixões: em 2018, a primeira mulher a traduzir a *Odisseia* para o inglês, Emily Wilson, ousou apresentá-lo no início do primeiro canto como "complicado" — em vez de recorrer a traduções tradicionais mais na linha do "versátil"[9] — e levou uma enxurrada de críticas violentas, que a acusavam de insultar o herói e corromper a verdade. De um personagem fictício, lembre-se.

Mas esqueçamos Odisseu e sua esposa por um momento. Vejamos, agora, a história de duas primas de Penélope. As irmãs Clitemnestra e Helena também são extraordinárias, de modos bem diferentes entre si, e ainda mais diferentes da rainha de Ítaca. Helena é um universo de coisas a contar, mas é principalmente a mulher mais bonita do mundo (e também bastante inteligente), que, abandonando seu marido Menelau, parte de Esparta com o príncipe Páris rumo a Troia, desencadeando a famosa guerra.

Poucas personagens recebem descrições tão díspares quanto Helena, ao longo dos muitos textos — compostos por homens — em que aparece. Porque é lindíssima, é divina; porque largou o marido, é detestada pelas "boas" mulheres. Porque é estrangeira em Troia, é objeto de desprezo e desconfiança. Não há sequer uma versão única sobre o seu quinhão de responsabilidade no abandono do lar: se apaixonou por Páris e se jogou nessa louca paixão, ou foi raptada contra a vontade e encantada por Afrodite?

Há ainda uma versão em que Helena nem mesmo foi a Troia. Conta-se que o poeta arcaico Estesícoro, no século VII a.C., compôs uma palinódia, um poema-retratação, após ter difamado a beldade e, por isso, perdido a visão. "Não é veraz esse relato:/ não andaste nas naus de belos bancos, nem chegaste à cidadela de Troia",[10] escreveu ele, tendo sido então curado da cegueira por uma Helena que, como vemos, não era ressentida como costumam ser os deuses e deusas. Dois séculos depois, Eurípides escreveu *Helena*, uma tragédia na qual se apresenta o reencontro de Menelau com sua verdadeira esposa, que havia sido levada por Hera ao Egito, enquanto milhares de homens guerreavam e morriam por um simulacro forjado pela deusa para acompanhar Páris.

O troço obcecava tanto os gregos que, no século IV a.C., mais de quatrocentos anos depois do estabelecimento em texto do épico atribuído a Homero, o sofista Górgias escreveu um tratado no qual, para defender a inocência de Helena, retira completamente qualquer agência dela, que "fez o que fez porque assim quis a sorte e o plano dos deuses e o decreto da necessidade, ou foi tomada por força ou persuadida por palavras, ou capturada pelo amor".[11] O enamoramento é aqui descrito como uma força que subjuga todas as vontades, uma espécie mesmo de loucura. A beleza está ali pertinho. O subtexto é a pergunta perplexa: como pode uma mulher ser tão livre e ainda ser considerada divina?

Helena personifica a ambiguidade de que se reveste uma mulher bonita. Não à toa, a poeta canadense Anne Carson escreveu há alguns anos uma peça em que a personagem grega se confunde com Marilyn Monroe, intitulada *Norma Jean Baker of Troy*. Os gregos eram obcecados pela beleza, mas, se nos homens ela era sinônimo de força, virtude e coragem (lembremos Aquiles, por exemplo), uma mulher bela trazia sempre o perigo da sedução e, portanto, do desvario. E o valor central para a civilização grega antiga era o autocontrole: para o homem, tão importante quanto sentir violentas paixões era a habilidade de saber contê-las.

Menelau não vai guerrear contra Troia, no exército comandado por seu irmão Agamêmnon, porque está doido de paixão e ciúme, e sim porque a partida da mulher, de quem deveria ser possuidor, coloca as coisas fora do eixo. O brio é um troço fragilíssimo, e, como Menelau não se destacava pelo brilhantismo, nem pela glória na guerra, era na posição de militar apenas eficiente e de rei honrado que se baseava seu nome. E é atrás desse nome que ele vai. Mesmo assim, Helena, por longos séculos, foi considerada a culpada, e seu epíteto mais famoso ainda é o do "rosto que lançou ao mar mil navios", uma expressão escrita pelo dramaturgo Christopher Marlowe na Inglaterra do século XVI.

Já na *Ilíada* de Homero, ela é descrita pela deusa Hera como a responsável pela morte de milhares de gregos. Em um trecho no qual o experiente Nestor conclama seus companheiros de armas a derrotar e destruir Troia, ele defende que ninguém se apresse a regressar para casa, "antes que ao lado da mulher de algum troiano tenha dormido,/ vingando assim os estrebuchamentos e lamentações de Helena".[12]

Essa passagem é particularmente interessante porque, no original, o correspondente a "estrebuchamentos" é *hormemata*, termo que pode também ser traduzido por "ímpetos" ou mesmo "ofensivas" — em qualquer caso algo que leva ao movimento —, sendo usado também para se referir ao ataque de tropas. E da mesma raiz do termo *hormemata* vieram os nossos... hormônios. Gosto de pensar que os hormônios de Helena são ao menos em parte responsáveis pela Guerra de Troia.

O que dói, porém, é que os textos fazem questão de deixar muito evidente que Helena é assombrada pela culpa, e pelo rancor contra Afrodite. Seria raiva do amor erótico? A ela não é dada nem a chance de, tendo feito bobagem, ao menos curtir um pouquinho seu belíssimo Páris — quando vai para cama com o novo marido, é por encanto de Afrodite, contra quem se revolta. Ela passa toda a *Ilíada* se lamentando e desejando não ter nascido, e, quando fala de si mesma, é recorrente o uso de expressões como "cadela fria e maldosa".[13] Na *Odisseia*, já é novamente a esposa de Menelau, comportada, paciente, domesticada (ainda que, seguramente, mais inteligente que o marido). E, mesmo na peça de Eurípides, que costuma ser mais legal com as mulheres, ela lamenta em sua primeira fala, ainda no Egito, que "muitas almas perdem/ por mim a vida".[14]

Temos já então, no jogo do ir e ficar, dois modelos de mulheres: a que espera, "bem ajuizada" e leal; e a que parte, "maldosa" e infeliz, carniceira como um cão selvagem, assombrada pela culpa mesmo quando é só um joguete na briga entre deusas. Afinal, vale lembrar que a Guerra de Troia só tem início porque, num concurso para indicar a mais bonita entre as deusas, o príncipe Páris é nomeado juiz e, para assombro de zero pessoa, escolhe a deusa da beleza, que lhe promete em troca o amor da mais bela das mortais.

Há, porém, mais um modelo de mulher, representado pela minha preferida entre as três. Já falei dela ao tratar da raiva, no capítulo 9. Clitemnestra é a mulher de Agamêmnon, o grande comandante grego que reúne os tais mil navios que vão zarpar para trazer Helena de volta à casa do pobre irmão Menelau. E é ele também quem, na volta da guerra, tem uma bela surpresa, ao ser assassinado, dentro da própria casa, pela mulher e seu amante Egisto, que o abatem "como quem mata um boi na manjedoura". As palavras são do próprio defunto, diretamente do Hades, em conversa com Odisseu, na *Odisseia*. "Uma morte lamentável", ele define.[15]

No texto homérico, Clitemnestra é apresentada um pouco lateralmente, como exemplo negativo de esposa: sujeita à lascívia, é seduzida por Egisto, que arquiteta e põe em prática o assassinato. Ainda que ela seja menos passiva, o esquema lembra um pouco o que Górgias defende para Helena: não é que ela seja particularmente cruel, mas sua fraqueza e insensatez a levam à terrível traição. A coisa muda de figura na tragédia *Agamêmnon*, de Ésquilo. Agora, Clitemnestra é a protagonista da vingança, e faz tudo de maneira brilhante.

Há também um elemento que não aparece nas epopeias de Homero, mas define a trama de Ésquilo, escrita três séculos depois. Na tragédia, ficamos sabendo que, ao tentar zarpar para Troia, a esquadra grega ficou imobilizada por ausência de ventos, obra de Ártemis, que, para liberar os navios, exigia que Agamêmnon sacrificasse sua filha Ifigênia. Sim, nos mitos gregos há até sacrifício de meninas para que os homens possam partir.

Agamêmnon, a tragédia, começa com a fala de um vigia, cuja ordem — imposta por Clitemnestra — é procurar no horizonte sinais da tomada de Troia e da volta da esquadra. O rapaz está cheio de pavor e cansaço e afirma que sua rainha tem "ânimo viril",[16] o que no contexto é lisonjeiro. O rei e comandante finalmente aporta, trazendo ao lado como troféu a princesa troiana Cassandra, e Clitemnestra o recebe com um tapete púrpura e palavras sentimentais de amor devoto.

Agamêmnon protesta contra tanto luxo, já que a tintura púrpura era cara como prata, e esse tipo de exagero era coisa de mulher. Mas, mesmo perguntando "O que vão pensar de mim?", o rei acaba por dar o braço a torcer e caminha sobre o tapete que o leva até o interior do palácio. Lá de dentro, então, ouvem-se os gritos, e entendemos as verdadeiras intenções de Clitemnestra, que aparece triunfante com uma espada na mão.

O coro de anciãos da cidade fica em choque total, e ela manda algo tipo: parem de me tratar feito idiota, meu coração é de aço, e eis aqui minha obra-prima de justiça; podem me culpar ou me aplaudir, estou pouco me lascando.[17] Clitemnestra explica então que esperava havia anos a oportunidade de vingar a morte da filha — filha que ela, afinal, deu à luz, sofrendo as agonias do parto, só para depois ver o marido dá-la à morte para desencantar uns ventos e ir lutar a guerra do irmão.

Como não amar Clitemnestra? Se Helena é a que vai embora à revelia e Penélope a que espera, com lealdade sobre-humana, Clitemnestra é aquela que impõe sua própria vontade, a despeito das consequências. E consequências haverá: nas tragédias antigas, ela será odiada e morta pelos próprios filhos. Em uma versão mais recente, a ópera *Elektra*, de Richard Strauss (1909), ela é apresentada enlouquecida por pesadelos, pálida e carregada de talismãs e pedras preciosas que crê poderem lhe restituir o sono. Ao final do libreto, escrito por Hugo von Hofmannsthal, mais uma vez a rainha é morta pelo filho Orestes, gritando como um demônio ao ser atingida.

Só a título de comparação: Odisseu transa com duas deusas, volta a Ítaca disfarçado para espiar o que está rolando na ausência dele e então simplesmente chacina, de forma aliás bem covarde, todos os pretendentes da mulher — como se não fosse totalmente legítimo assumir que ela estava viúva, depois de o marido demorar dez anos para chegar desde o que hoje seria o extremo ocidental da Turquia até a costa oeste grega. Para completar, o muito versátil herói manda para a forca doze das criadas da esposa, que ele acusa de terem dormido com os pretendentes. As consequências nesse caso? Odisseu, Telêmaco e Penélope vivem felizes para sempre. *Happy end*.[18]

Não preciso mais uma vez insistir em que não estou propondo reescrever a *Odisseia*. Odisseu é o que é, e são suas complicações, ou versatilidades, que transformam esse poema épico no troço apaixonante que ainda é. Respeitar e amar os clássicos também demanda, porém, refletir a respeito de seus efeitos sobre nós, e, em luz positiva ou nem tanto, nenhum herói foi e é ainda tão recordado quanto o marido de Penélope.

Em 1922 James Joyce cravou na história da literatura seu arquimodernista romance *Ulysses* — no qual os desvarios são restritos a um único dia, e a esposa em casa não é tão fiel assim (embora muito leal). E em 1963 Jean-Luc Godard filmou um dos longas-metragens mais belos do mundo, *O desprezo*, baseado em um romance de Alberto Moravia que conta a história de um roteirista que trabalha na versão cinematográfica do épico homérico, enquanto sua esposa Camille sofre um doloroso processo de desencantamento amoroso. Na cultura popular basta ver — embora eu não recomende — a versão hollywoodiana da *Ilíada*, o horrível *Troia* (de 2004), para dar de cara com um Odisseu esperto porém justo, bem-humorado mas sensato, além de mais longilíneo.

Mas quem fala de Clitemnestra hoje em dia? Helena ainda é discutida, e Penélope a ficção e a poesia até hoje recuperam, para louvá-la, reescrevê-la, tomá-la como exemplo ou apontar o absurdo de sua situação. Margaret Atwood, em sua *A odisseia de Penélope*, de 2005, faz da mulher de Odisseu a narradora de sua própria história, na qual reclama de ter se tornado "uma lenda edificante" e "um bastão usado para bater nas outras mulheres" e grita: "Não sigam meu exemplo!".

Por que ainda e sempre Penélope? É a angústia diante do sacrifício dessa personagem? Ou passamos tantos séculos sendo consideradas intelectualmente inferiores que, ao ver homens antigos reconhecerem a inteligência em uma mulher, nos apegamos a ela assim fervorosamente? Prefiro, apesar do destino infeliz, rezar o credo de uma Clitemnestra.

A verdadeira história da humanidade

Eu gostaria muitíssimo de compreender a medida de quanto os séculos e milênios de guerra deixaram impressa geneticamente nos homens, até hoje, essa comichão do desbravar ou destruir outras terras, enquanto às mulheres restam o lar e o útero, emblemas da imobilidade. E, se essa hipótese cientificamente absurda tivesse algo de real, eu talvez trocasse a paz da minha confortável vida de classe média pela possibilidade de ser de repente alistada para lutar uma guerra qualquer.

Não que eu queira fugir da minha vida tal como ela é, mas a certeza de um futuro previsível não desespera só homens como Stuart A. Staples. O que fazer de todas as outras possibilidades que não exerci, cidades que não visitei, dores que não sofri, risadas que não dei? De fato, a "nossa realidade é o que não conseguimos nunca", como escreveu Fernando Pessoa, por seu heterônimo deprimido Álvaro de Campos,[19] e o desespero para fugir do previsível é o que há de mais real.

Lembro logo o caso de um outro Ulysses, o general norte-americano Ulysses S. Grant. No século XIX, ele lutou na absurda guerra contra o México, em que se destacou, e depois, nos tempos de paz, encheu tanto a cara para suportar o tédio do cotidiano que foi levado a abandonar o Exército. Casou-se, aparentemente por amor, tentou fazer de tudo para prover à família, fracassou miseravelmente em todas as empreitadas. Quando estourou a Guerra Civil, voltou à vida militar, deixando por longos meses a família que amava, e tamanho foi seu sucesso ao enfrentar os confederados que, oito anos depois, tornava-se presidente dos Estados Unidos.

Um de seus biógrafos, William McFeely, escreveu que a guerra foi para Grant a única fuga do comum disponível para homens comuns como ele.[20] O autor afirma que, para alguns destes, a guerra significava algo ainda maior, uma espécie de realização que o mundo não ofereceria de nenhum outro jeito. Só na guerra, escreveu McFeely, Grant "encontrou a completude da experiência".

Tudo bem, esse é um caso radical, e talvez nome seja mesmo destino. Como, porém, será sofrer esse desespero atávico pelo movimento? Voltemos à nossa vida e ao meu gênero. Quem é a garota que nunca romantizou botar o pé na estrada, com uma mochila nas costas, sem saber onde ia parar? Aí escutamos o conselho: "Quando pegar ônibus, escolha o assento junto ao corredor, que é mais seguro", e nos damos conta de que as coisas não são tão simples assim.

Aos dezenove anos, eu tinha um carro velho e um namorado novo. Um dia, chegamos à casa dos meus pais, com ele ao volante. Minha mãe quase teve uma síncope e me fez jurar que nunca mais daria meu carro na mão de marmanjo nenhum. Uns anos depois, querendo me curar do pé na bunda de um outro rapaz, tentei encenar aquela canção do Roberto Carlos: "Eu vou voando pela vida sem querer chegar/ Nada vai mudar meu rumo nem me fazer voltar". Só que, enquanto ele ia "só na escuridão a 180 fugindo de você", eu fui com meu Ford Ka 1.0 para uma pousada a uns 150 quilômetros da minha cidade. Nada mais bobo e seguro, mas minha mãe quase surtou de novo — agora de preocupação.

No longa-metragem brasileiro *Viajo porque preciso, volto porque te amo*, de Marcelo Gomes e Karim Aïnouz, acompanhamos a voz do geólogo cearense José Renato enquanto dirige por paisagens do sertão durante um mês, trabalhando na transposição de um rio e lastimando o fim de seu casamento. No finzinho do filme, enquanto caminhamos com ele por uma cidade desocupada, o ouvimos dizer que, ao ser abandonado, se sentiu completamente paralisado, e que fez aquela viagem por isso, "para me mover, para voltar a caminhar".

Alguns minutos depois, ele diz que se sente pronto para mergulhar na vida com coragem, "com a mesma coragem daqueles homens de Acapulco, que pulam daqueles rochedos". Se a frase em si é meio cafona, a imagem que a acompanha, dos mergulhadores que saltam, como se dançassem, das pedras ao mar é absolutamente esplêndida. É o símbolo da liberdade de movimento. E é tão lindo que minha inveja não resiste à força da admiração e me faz lembrar os muitos momentos em que Odisseu precisa e consegue lutar contra as ondas do mar lançadas contra ele por Posídon.

Nosso herói é sacudido para cá e para lá pelos ventos, mas resiste das mais variadas formas. Em certo momento, ao sair da ilha de Calipso, é arremessado para longe de sua balsa, mas uma outra ninfa, Io, apiedada, diz para ele tirar a roupa, colocar um véu mágico e nadar feito um louco até a terra. É o que ele faz, depois de tentar se agarrar ainda aos destroços da embarcação e "cavalgar o tronco, como a guiar um cavalo de corrida". Não dá certo, mas ele consegue resistir no mar "por duas noites e dois dias", e ainda nadar para longe de pedras pontiagudas que o aguardam próximo à margem. Odisseu é ajudado por deuses, mas mesmo assim! Se algum outro povo tinha tamanha devoção à força masculina, eu desconheço. E somos herdeiros e herdeiras dessa fascinação.

Se as mulheres pudessem sobreviver a essas coisas, literária ou factualmente, o mundo seria bem diferente. Mas isso não quer dizer que não compartilhemos a vontade de nos aventurar. Nos anos 1960, Joni Mitchell já cantava, em "Urge for Going": "Sinto a ânsia de ir embora, mas nunca chego a ir" (e, depois: "Ele sentia a ânsia de ir embora, e tive que deixá-lo ir").[21] Que a gente também quer sair por aí, sem dar satisfação a ninguém, atestam as mulheres com quem convivo e, quero acreditar, ao menos parte do sucesso da tetralogia napolitana da Elena Ferrante — em que a narradora Lenu tenta construir o retrato de sua amiga que desaparece sem deixar pistas.

Também a própria narradora relata, no terceiro livro da saga, *História de quem foge e de quem fica* (2013), a decisão de deixar seu marido e suas filhas para viver uma aventura romântica, e nos diz que "está acontecendo algo de grandioso, que vai dissolver completamente o velho modo de viver, e eu sou parte dessa dissolução".[22] Ficamos sabendo no romance seguinte, *História da menina perdida* (2014), que o gesto, porém, não será bem-sucedido, tanto pelo desfecho do caso amoroso quanto pela culpa que Lenu sente em relação à família. Mesmo sendo para ela "evidente quanto poderia ser estreito ser esposa e mãe aos trinta e dois anos", é a bronca que leva da amiga Lila — "pense no mal que você está fazendo a suas filhas" — que se fixa como "uma espécie de epígrafe permanente que introduzia a infelicidade".[23]

O conflito entre, de um lado, a vida familiar e a maternidade e, de outro, a aventura e a carreira já tinha sido tema de Ferrante em *A filha perdida*, de 2005, tornado filme sob a direção de Maggie Gyllenhaal, em 2018. Na história, uma mulher beirando os cinquenta relembra o momento em que, vinte anos antes, tinha decidido abandonar marido e filhas, ou "fugir para não morrer".[24] A protagonista, mais adiante, explica a uma jovem mãe por que voltou para as crianças: ela havia partido, diz, para procurar "um emaranhado confuso de desejos" e, três anos depois, se sentia como "alguém que conquista a própria existência e sente um monte de coisas ao mesmo tempo, entre elas uma ausência insuportável".[25]

Quando vi o filme de Gyllenhaal, sozinha em uma tarde melancólica de domingo, chorei cântaros. Senti uma mistura maluca de culpa difusa pelas filhas hipotéticas que também eu desejaria abandonar e a ainda mais dolorosa certeza de que eu não as abandonaria, que não fugiria "para não morrer", que viveria soterrada por um "emaranhado confuso de desejos". E nem o fato de que escolhi não ter filhos é suficiente para me livrar de uma espécie de sensação herdada de imobilidade. De novo, Álvaro de Campos a sussurrar no meu ouvido: "Ah, quem escreverá a história do que poderia ter sido?/ Será essa, se alguém a escrever/ A verdadeira história da Humanidade".[26]

É fascinante, portanto, penetrar o que sentem os homens ao girar a chave do carro e pisar até duzentos por hora, ou subir no ônibus, sem culpa e sem medo de se sentar à janela. Ou ainda o que sentem aqueles atormentados por esse desejo sem nunca efetivamente tomar a coragem de partir. Ou seria apenas uma obrigação herdada essa, a de partir? E talvez tantos deles sofram mesmo é porque querem ficar no conforto de casa mas se sentem menos viris por essa inclinação tão doméstica? "Escute, garota, será a estrada uma prisão? Eu acho que sim, você finge que não", cantava Humberto Gessinger no hit de 1987 dos Engenheiro do Hawaii, "Infinita highway".

Em *O sonho dos heróis*, grande romance do argentino Adolfo Bioy Casares, essa questão se coloca de maneira bonita e sinistra. O protagonista é Emilio Gauna, um rapaz em tudo comum, para não dizer medíocre, não fosse o fato de que, no Carnaval de 1927, aconteceu a ele algo muito importante... de que ele não se lembra. É esse fantasma de uma "prodigiosa aventura",[27] de algo que o distingue dos demais — algo fora da vida comum —, que ele vai perseguir ao longo do livro, para piada dos amigos e angústia da sua namorada, e depois mulher, Clara. Mas fantasmas, como sabemos desde o gótico inglês, são entidades bem domésticas...

A aventura vivida, ele intui, revela a possibilidade de uma existência diferente da sua: mais perigosa, sim, contudo também mais intensa. E ele vai perseguindo essa lembrança, tentando reabilitá-la e revivê-la, até o desfecho do livro. Clara, no entanto, aparece para desviá-lo do curso. Muito mais bonita, mais popular, mais inteligente e perspicaz que ele, ela é descrita por Gauna, contudo, sob uma sombra de rancor. Temos nele o mesmo problema que Staples aponta: o amor é um obstáculo não por ser uma obrigação, mas porque é um deleite. "Gauna se perguntava se um homem podia estar enamorado de uma mulher e ansiar, com desesperado e secreto empenho, ver-se livre dela", descreve o narrador.[28] É um modo bem articulado de descrever uma constante da ficção.

Metade dos filmes de faroeste trazem o tema do cavaleiro desgarrado. E até na ficção científica encontramos a mesma história. Quem não se lembra do personagem de Richard Dreyfuss, o eletricista Roy Neary, meio fofo, meio doido, que deixa mulher e filhos para embarcar com os alienígenas de *Contatos imediatos do terceiro grau*, adorável filme do Spielberg de 1977? Quando comentei sobre isso com meu marido, ele me repreendeu, argumentando que o tropo da fuga era democrático: "Ah, mas tem uma mulher também, que vai com ele até a nave espacial". Sim, porque o filho dela tinha sido abduzido!

Adolescente, me lembro de ouvir o Robert Plant, do Led Zeppelin, bradando *"Baby I'm gonna leave you"* e pensar o quanto aquele papo de "te amo, mas a estrada está me chamando" não fazia o menor sentido. Ele não estava dizendo nada muito diferente, porém, do que o bom e velho Odisseu, reinventado no século XIV em *A divina comédia*, confessa a Dante. No oitavo círculo do inferno, quando o florentino pergunta como ele morreu, o agora Ulisses responde que nem a ternura do filho, nem o amor da mulher "puderam vencer o fervor" que o levava a explorar o mundo e conhecer outros homens e lugares. Ele se lançou então "ao mar aberto e fundo" e acabou naufragando com seus companheiros.²⁹ Ainda é um final mais interessante que o de Penélope.

Na música, o tema marca desde xotes brasileiros até o country e o folk norte-americanos. Tentei escolher uma só letra do Bob Dylan para comentar, mas foi impossível. A primeira faixa autoral que ele gravou, no disco de 1962, começa com os versos *"Ramblin' outa the wild West/ Leavin' the towns I love the best"* (algo como "Saindo do Oeste selvagem/ Deixando as cidades que mais amo", em "Talkin' New York"). Em um disco mais recente, *Rough and Rowdy Ways*, de 2020, já beirando os oitenta, Dylan homenageia alguns dos nomes da chamada Geração Beat. "Nasci do lado errado do trilho do trem, assim como Ginsberg, Corso e Kerouac", canta ele depois do refrão de "Key West", que celebra a busca infinita: "Fique na pista, siga os sinais".³⁰

Dylan, pelo menos, também transfere aos objetos de desejo femininos um pendor por desaparecer por aí. No meu disco preferido, *Blood on the Tracks*, de 1975, um eu lírico manda um alô para uma mulher que ele respeita por "fazer o que faz e conseguir se safar" e que, após ele tentar convencê-la a ficar, agora "pode estar em Tânger" (em "If You See Her Say Hello"). Em uma das mais bonitas e doloridas canções do mundo, "Simple Twist of Fate", o sujeito acorda sozinho enquanto a moça com quem passou a noite caminha "pela arcada" e lança "uma moeda na caneca de um cego junto ao portão", se esquecendo do encontro — a "simples guinada do destino" do título. O coitado ainda suspira: "Talvez ela me escolha de novo".

Às mulheres reais, no entanto, resta esperar os telefonemas de beira de estrada, como me faz lembrar Joan Baez, namorada de Dylan nos anos 1960, naquela que é provavelmente a minha canção preferida de coração partido, a autobiográfica "Diamonds and Rust", do álbum de mesmo nome, também de 1975. Na letra, Baez é sacudida por uma ligação do ex e abre a gravação cantando — traduzo aqui com liberdade, sarcasmo e punhos cerrados — "Puta merda! Lá vem você de novo, do fundo dos infernos". No original, *"Well I'll be damned/ Here comes your ghost again"*.

Na estrofe seguinte, logo após lembrar que Dylan dissera que a poesia dela era uma porcaria, Baez pergunta: "De onde você está ligando? De um orelhão no Meio-Oeste?". É bem verdade que ela passa o resto da letra dizendo que está pronta para se lascar de novo, mas vamos aceitar, é o Bob Dylan, afinal, o antepassado do hipster sujinho, "o errante original", que, tal qual um Odisseu na ilha de Calipso, havia anos atrás se perdido nos braços de Baez — então a musa do folk — e lá ficado, "temporariamente perdido no mar".[31] Quem não ficaria pendurada no telefone com ele, curtindo uma nostalgia? Joan, não me orgulho disso, mas te entendo demais.

A identificação de Dylan com os beats não é fortuita. Estes ficaram conhecidos pela recusa das convenções sociais e da estabilidade, bem como pela celebração da vida na estrada, tornada livro no clássico *On the Road*, ou *Pé na estrada*, de Jack Kerouac, de 1957. "Eu tinha a sensação de que tudo estava morto", diz o protagonista Sal, claramente autobiográfico, explicando por que decidiu enfim realizar o sonho de atravessar o país, após uma separação traumática.[32]

Claro, há mulheres também na estrada de Kerouac, mas geralmente elas são bobas, "piranhas" ou "histéricas".[33] A primeira a ser apresentada, a mulher de seu amigo Dean Moriarty (Neal Cassady, na vida real), aparece como "uma loira linda", que "ficava ali sentada, na beira do sofá, com as mãos apoiadas sobre as coxas e os olhos caipiras azul-esfumaçados fixos numa expressão assustada porque, no fim das contas, ali estava ela, em um cinzento e diabólico apartamento de Nova York, justamente como ouvira falar lá no Oeste". Marylou (na realidade, LeAnne) é o clichê da mulher bonita e burra, sempre a atrapalhar as aventuras masculinas: "além de gostosa, era profundamente estúpida, e capaz de fazer coisas horríveis".[34]

Se é tão instigante, na experiência da ficção, a oportunidade de calçar os sapatos dos outros, que estado esquisito é esse em que me vejo quando leio e ouço esses homens proclamando a liberdade de se mover sozinhos? Eu poderia apenas vivenciar essa sensação vicariamente, certo? Botar o pé na estrada com Sal/ Jack? Mas como esquecer que eu também sou Marylou ou Camille (a segunda mulher de Cassady, descrita no livro como "a mais constante, mais amarga")?[35]

Então estou recomendando que passemos longe desses livros? Diria o contrário: de que outro modo podemos enxergar esses homens por dentro, sem correr o risco de sermos abandonadas enquanto eles curtem a vida por aí? Ou, no caso dos leitores homens, talvez a experiência emprestada possa ser o suficiente para que não cometam erros demais na vida real — ou ao menos para que confrontem seus fantasmas e fantasias. De cá, leio esses personagens com fascínio e inveja. Há uma pequena parte de mim, abafada pelo amor ou pelo sentido de responsabilidade, que sempre gostaria de poder escolher a aventura em detrimento da família.

À espera das feras

E há os personagens masculinos com os quais a identificação é mais fácil. Um de meus livros preferidos, uma novela do norte-americano-convertido-em-britânico Henry James, apresenta a história de um cara bastante sem noção. Em *A fera na selva*, o protagonista John Marcher tem "este pressentimento, esta convicção" de que está "sendo poupado para algo raro e estranho".[36] Se é algo bom ou ruim, ele não sabe; tem apenas certeza, assim como o Gauna de Bioy Casares, de que é uma espécie de escolhido.

Não se apressem em dar risada da cara dele, não foi por isso que chamei Marcher de sem noção. Henry James é um autor sofisticado demais para apresentar essa impressão de seu personagem de modo a não nos lembrarmos de que também nós, mesmo que às vezes, sentimos algo parecido. O lance é que Marcher, em dado momento, contou sobre essa convicção íntima para uma moça que conheceu brevemente em uma viagem. *A fera na selva* se inicia uns dez anos depois dessa revelação, quando Marcher e May Bartram se reencontram por acaso. Que ela se recorde dele e ele não se lembre dela é indício do que vem por aí.

A coisa é, no entanto, mais complicada. Tomando pé da situação, May fica sabendo que o tal grande acontecimento ainda não se deu — a metafórica fera ainda não saiu da selva. E se dispõe a ser a companheira de Marcher na espera, como uma amiga fiel e desinteressada. Poderíamos pensar num complexo de Penélope aqui: afinal, a aventura cabe ao homem, e a lealdade à mulher, ainda que, nesse caso, não haja, de fato, envolvimento amoroso. Mas a Marcher não cabe aventura nenhuma, só a angústia tremenda, que no final se mostra surpreendentemente justificada.

São pouco mais de cem páginas, em que vamos acompanhando o modo como o protagonista amadurece sem deixar de ser — não há outra palavra — um idiota autocentrado, à espera de seu destino extraordinário. Ele é, porém, um idiota adorável, no que tem de tremendamente humano. Não é astucioso como Odisseu, não há deuses que lhe emprestam a mão: ele está tremendamente só, muito mais só que sua amiga, que tem ao menos a clareza da situação e que a vive com paixão. "Não há mais nada a esperar. Já aconteceu", diz ela lá pelas tantas. "Você não ter ficado sabendo é o estranho dos estranhos. É o assombro dos assombros".[37]

O protagonista do livro de James, de 1903, vai descambar, ao longo do século xx, em personagens igualmente desamparados, mas tocados pelo cinismo que só uma guerra mundial e depois outra podem fazer despertar. O charme de Marcher é a profunda pureza com que mete os pés pelas mãos, e a cena do reconhecimento final é trágica, como tem de ser. Ao fim e ao cabo, não dá para dizer que quem se dá bem na história é a May, mas ao menos ela viveu uma vida com sentido, ela fez sua escolha e encarou as consequências de forma resoluta. E isso me deixa bem mais à vontade para me identificar com o mocinho, e ser um homem da virada do século xx por algumas páginas.

Poucos autores modernos poderiam estar mais distantes do ideal grego do homem viril do que Henry James. Um dos fatos biográficos mais repetidos sobre ele é justamente o de que, tal como John Marcher, nada aconteceu em sua vida, além de uma mudança de nacionalidade e alguns milhares de páginas escritas. Mesmo as aventuras de seus personagens acontecem, em sua maioria, no interior da imaginação, e nesta há muito espaço para feras ou seus fantasmas, paixões e partidas.

Das tensões e torções da imaginação, mas falando agora dos leitores — ou das leitoras, ou de mim —, é que vêm o reconhecimento e a alegria, mas também uma espécie de ruído e uma fisgada, produtos desse empréstimo de experiências que é o gesto de se lançar em vidas inventadas. É do encontro imaginativo com o masculino que me vem a meia identificação esquisita com esse tanto de homem que grita por aí que quer largar tudo e se jogar no mundo, sem amarras. Fico sem saber o que, deixada por conta própria, eu mesma quereria. Mas ser deixada por conta própria é só um contrafactual não posto em ação; é só uma ficção como qualquer outra.

A verdade é que o longo tempo que já passei me equilibrando entre minha experiência e a dos homens me apresentou muito mais possibilidades do que eu poderia sozinha imaginar, incluindo-se aí a possibilidade de aventuras compartilhadas. No fim das contas, mais promissora que os brados desgarrados deste capítulo é a voz do Caetano cantando "eu quero é ir-me embora, eu quero é dar o fora" e completando: "e quero que você venha comigo". Mas ainda melhor é poder tomar na minha voz a canção e gritar que eu mesma "quero tocar fogo neste apartamento".[38] A ficção me ensinou também, afinal, que às vezes é preciso sair da ficção, dar a cara a tapa e correr perigo.

Agradecimentos

Tanta gente contribuiu para estas páginas existirem que só muita cara de pau me leva a assiná-las sozinha. Ricardo Teperman praticamente escavou o livro de dentro de mim: eu nem sabia que ele existia até aquela primeira conversa que tivemos. A entrada da Juliana Freire na conversa só tornou tudo mais legal e desafiador. Repito muitas vezes: amei ser editada.

Agradeço também as leituras finíssimas de Clarice Zahar e Angela Ramalho Vianna, que deixaram o texto mais preciso, redondo, elegante, e de Clara Crepaldi, que me salvou de enrascadas clássicas. É uma felicidade tremenda contar com gente tão atenta e esperta — o que inclui muitos outros profissionais da Zahar/ Companhia das Letras.

Pedro Ferreira de Souza e Ana Paula Carvalho, meus editores honorários, não tenho nem roupa para celebrar o privilégio de contar com as conversas, ideias e querelas com que vocês me alimentaram ao longo desses dois anos de escrita. Vocês são geniais, implicantes e adoráveis.

Outros leitores de primeira hora que contribuíram com gentileza, sugestões e críticas foram os escritores Breno Kummel e Roberto Taddei. Além deles, Flávia Marreiro empenhou horas na leitura cuidadosa do manuscrito — e, para além disso, este livro é a materialização dos vinte anos de conversas fundadoras que venho tendo com ela e com Isabelle Moreira Lima, com a participação imprescindível de Michele Oliveira.

Tenho a sorte e o mérito de me cercar de pessoas muito sabidas e generosas. Clarissa Mattos me ajudou tremendamente com dúvidas historiográficas e stendhalianas, e Murillo José Nogueira teve a paciência infinita de discutir conceitos psicanalíticos comigo. Nos dois casos, naturalmente, os equívocos que persistirem nestas páginas são responsabilidade minha.

Áurea Vieira, Júlia Manacorda, Tereza Novaes e Luísa de Freitas leram capítulos e colaboraram em momentos fundamentais. Muitos outros amigos e colegas deram ideias e fizeram sugestões — às vezes sem sequer saber onde estavam se metendo. Menciono alguns: Sérgio Alcides, Antônio Orlando, Kauani Rachid, Elisa Menezes, Thiago Camelo, Ludimila Menezes, Rafael Pereira, Fabiana Freitas, Frederico Abraham, Chico Mattoso, Margareth Guimarães, Sepp Gumbrecht, João Ronaldo Stemler, Rafael Saldanha, Leonardo Lamha, Rita Jover--Faleiros, Aline Magalhães Pinto e todo o pessoal do grupo Mito e Modernidade.

Agradeço também a alunes e orientandes que me ouviram por horas e horas falar dos meus "hominhos" e me ajudaram a afinar meu pensamento e meu discurso. Cito apenas alguns nomes, mas espero que todes se sintam contemplades: Júlia Gomes, Yagho Szulik, Scarlett Lauriano, João Pedro Spagnollo, Fernanda Pimenta, Giovana Machado, Ana Carolina Isidório, Vinícius Bozzo de Souza, Arthur Felipe, Danielle Augusta, Laura Maria, Clara Rafael, Lin Carrerette.

Não sei se agradeço ou peço desculpas aos ex-namorados e casos que aparecem neste livro. O mesmo vale para os que não aparecem: aquele que me emprestou um Cortázar que nunca devolvi; o que encenou comigo uma versão sincera de *Antes do amanhecer*; o que desistiu de mim porque achou que eu ia prejudicar sua carreira (eu ia mesmo).

Mas tudo começa sempre em casa. Maria Lucinda Diniz me levava para brincar em livrarias, me mostrou Bergman e me ensinou a ser feminista e ambiciosa. Sólon do Valle me fez ouvir Beatles todos os dias das duas primeiras décadas da minha vida, além de mostrar que homens podem ser adoráveis. Eu e este livro somos a mistura disso tudo.

Por fim, Carmela e Matilda, minhas contrapartes não humanas, me tornaram mais atenta à força e à beleza da fúria, do amor e da alegria. Se tem alguém que existe, são essas meninas.

Notas

Apresentação [pp. 9-18]

1. Camus era diretor do jornal clandestino *Combat*, ligado à Resistência, durante a Ocupação nazista na França, que durou até dezembro de 1944. Paris foi libertada em agosto do mesmo ano.
2. Albert Camus, Maria Casarès, *Correspondance (1944-59)*. Paris: Gallimard, 2017, p. 30. Salvo indicação em contrário, as traduções neste livro são minhas.
3. Como Jean-Paul Sartre famosamente o definiu.
4. Ver, por exemplo, Albert Camus, *O avesso e o direito*, prefácio de 1958. Trad. de Valerie Rumjanek. Rio de Janeiro: Record, 2018.
5. Albert Camus, *O estrangeiro*. Trad. de Valerie Rumjanek. Rio de Janeiro: Record, 1996, p. 46.
6. Aqui ele descreve um dos modelos de "homem absurdo", Don Juan. Albert Camus, *O mito de Sísifo*. Trad. de Ari Roitman e Paulina Watch. Rio de Janeiro: Record, 2004, p. 87.
7. Ibid., p. 86.
8. Albert Camus, *Le Malentendu*. In: _____. *Caligula suivi de Le Malentendu*. Paris: Gallimard; Folio, 1958, pp. 228-9.
9. A expressão é de outra crítica, Judith Fetterly. In: Shoshana Felman, *What Does a Woman Want? Reading and Sexual Difference*. Baltimore: The Johns Hopkins Press, 1993, pp. 4-6. No livro, Felman discute o modo como as presenças femininas na literatura masculina por vezes resistem a seus próprios autores e faz uma leitura sofisticada de Freud e Balzac.
10. Susan Sontag, "Contra a interpretação". In: _____. *Contra a interpretação e outros ensaios*. Trad. de Denise Bottmann. São Paulo: Companhia das Letras, 2020, p. 29.
11. Virginie Despentes, *Teoria King Kong*. Trad. de Márcia Bechara. São Paulo: N-1, 2016, p. 114.
12. Jacques Lacan, *O Seminário*, Livro 20: *Mais, ainda*. Trad. de M. D. Magno. Rio de Janeiro: Zahar, 2008, p. 79.

13. Ibid., pp. 14-5, 79-80. Vale observar que, para Lacan, as categorias homem e mulher não são necessariamente fixadas pela anatomia.
14. Simone de Beauvoir, *O segundo sexo*. Trad. de Sérgio Milliet. Rio de Janeiro: Nova Fronteira, 2009, p. 17.

1. **Inútil lâmpada apagada** [pp. 21-51]

1. Roberto Bolaño, *Os detetives selvagens*. Trad. de Eduardo Brandão. São Paulo: Companhia das Letras, posições 814-33.
2. Bernardo Guimarães, "O elixir do pajé". In: ____. *O elixir do pajé: Poemas de humor, sátira e escatologia*. São Paulo: Hedra, 2010, p. 63.
3. Ibid., pp. 63, 68-9.
4. Cito como exemplo o artigo de Amara Moira "Alegoria trans em novo 'Matrix' passou de libertação a desencanto". *Folha de S.Paulo*, 5 fev. 2022. Disponível em: <https://www1.folha.uol.com.br/ilustrissima/2022/02/alegoria-trans-em-novo-matrix-passou-de-libertacao-a-desencanto.shtml>.
5. Philip Roth, *O escritor fantasma*. In: ____. *Zuckerman acorrentado: 3 romances e 1 epílogo*. Trad. de Alexandre Hubner. São Paulo: Companhia das Letras, posição 592. No original, lemos *"blood in the penis"*; na tradução, "sangue no pinto".
6. Philip Roth, *O avesso da vida*. Trad. de Beth Vieira. São Paulo: Companhia das Letras, 2008, posições 56, 136.
7. Ibid., posição 92.
8. Ibid., posição 209.
9. Ibid., posição 3704.
10. Ibid., posição 306.
11. Para um exercício imaginativo maravilhoso a respeito de uma experiência sexual ambivalente, recomendo enfaticamente a leitura do romance *A mão esquerda da escuridão* (São Paulo: Aleph, 2019), de Ursula K. Le Guin, que se passa em um planeta no qual os habitantes alternam os sexos a cada período fértil.
12. Paul B. Preciado, *Testo junkie: Sexo, drogas e biopolítica na era farmacopornográfica*. Trad. de Maria Paula Gurgel Ribeiro, colab. de Verônica Daminelli Fernandes. Rio de Janeiro: Zahar, 2023, p. 87.
13. Sigmund Freud, *Três ensaios sobre a teoria da sexualidade*. In: ____. *Obras completas*, v. 6: *Três Ensaios sobre a teoria da sexualidade, Análise*

fragmentária de uma histeria ("O caso Dora") e outros textos (1901-5). Trad. de Paulo César de Souza. São Paulo: Companhia das Letras, 2016, p. 104.

14. Sigmund Freud, *Sobre a sexualidade feminina*. In: _____. *Obras completas*, v. 18: *O mal-estar na civilização, Novas conferências introdutórias e outros textos (1930-6)*. Trad. de Paulo Cézar de Souza. São Paulo: Companhia das Letras, 2010, p. 343.
15. Sigmund Freud, *Novas conferências introdutórias*. In: _____. *Obras completas*, v. 18: *O mal-estar na civilização, Novas conferências introdutórias e outros textos (1930-6)*. Trad. de Paulo Cézar de Souza. São Paulo: Companhia das Letras, 2010, p. 239.
16. Thomas Laqueur, *Making Sex: Body and Gender from the Greeks to Freud*. Cambridge, MA: Harvard University Press, 2003, pp. 3-5.
17. Luce Irigaray, *Speculum of the Other Woman*. Trad. para o inglês de Gillin C. Gill. Ithaca, NY: Cornell University Press, 1987, p. 20.
18. Ibid., p. 22.
19. Ibid., p. 37.
20. Apud ibid., p. 39.
21. Ibid., p. 39.
22. Peter Fonagy, "Psychosexuality and psychoanalysis: An overview". In: Peter Fonagy, Rainer Krause e Marianne Leuzinger-Bohleber (Orgs.). *Identity, Gender, and Sexuality: 150 Years After Freud*. Londres: Karnac, 2009, pp. 1-2.
23. Ibid., p. 4.
24. Ver Susan Coates, "Developmental Research on Childhood Gender Identity Disorder". In: Peter Fonagy, Rainer Krause, Marianne Leuzinger-Bohleber (Orgs.). *Identity, Gender, and Sexuality: 150 Years After Freud*. Londres: Karnac, 2009, p. 105.
25. Ben Lerner, *The Topeka School*. Nova York: Farrar, Straus and Giroux, posições 985-9.
26. Ibid., posições 1210-32.
27. Sigmund Freud, *Sobre as teorias sexuais infantis*. In: _____. *Obras completas*, v. 8: *Os delírios e os sonhos na Gradiva, Análise da fobia de um garoto de cinco anos e outros textos (1906-9)*. Trad. de Paulo César de Souza. São Paulo: Companhia das Letras, 2015, posições 5100-1.
28. Sigmund Freud, *Compêndio de psicanálise*. In: _____. *Obras completas*, v. 19: *Moisés e o monoteísmo, Compêndio de psicanálise e outros textos (1937-9)*. Trad. de Paulo César de Souza. São Paulo: Companhia das Letras, 2018, p. 255.

29. Ibid., p. 248.
30. É também famosa a tripartição que Lacan faz da estrutura psíquica em real, simbólico e imaginário. Como escreve Marco Antonio Coutinho Jorge, "o núcleo do inconsciente é real, é uma falta originária constituída pelo objeto perdido do desejo e é em torno dessa falta que o inconsciente se estrutura, no simbólico, como uma linguagem". O real é "o que não tem nenhum sentido", enquanto o simbólico é o "registro que permite ao falante mediatizar o encontro com o não-senso do real" — real este que invade persistentemente nossa tentativa, sempre falha, de dar sentido ao mundo por meio do imaginário. Marco Antonio Coutinho Jorge, *Fundamentos da psicanálise*, v. 1: *As bases conceituais*. Rio de Janeiro: Zahar, 2022, pp. 113, 131. Sobre o imaginário e a interação das três instâncias, ver os capítulos 1 e 2 do mesmo livro.
31. Jacques Lacan, "A significação do falo". In: _____. *Escritos*. Trad. de Vera Ribeiro. Rio de Janeiro: Zahar, 1998, p. 699. Deborah Luepnitz faz uma boa reflexão sobre a proposta de Lacan quanto ao falo em "Beyond the Phallus: Lacan and Feminism" (In: Jean-Michel Rabaté (Org.). *The Cambridge Companion to Lacan*. Cambridge: Cambridge University Press, 2003).
32. Apud Marco Antonio Coutinho Jorge, *Fundamentos da psicanálise*, v. 1: *As bases conceituais*, op. cit., p. 264, nota 30.
33. Apud Peter Gay, *Freud: A Life for Our Time*. Nova York: Norton, posição 3610.
34. Audre Lorde, "Usos do erótico: O erótico como poder". In: _____. *Irmã outsider: Ensaios e conferências*. Trad. de Stephanie Borges. Belo Horizonte: Autêntica, 2019, p. 68.
35. Freud trata do que chama de "impotência psíquica" masculina no ensaio "Sobre a mais comum depreciação na vida amorosa". Certos indivíduos, escreve ele, não conseguem fazer coincidir em uma só mulher as correntes "terna" e "sensual", que formam o amor. Nesses indivíduos, diz Freud, o objeto escolhido lembra alguma pessoa proibida pelo tabu do incesto (mãe, irmã), resultando em uma "ternura ineficaz eroticamente". Esta é solucionada pela "depreciação psíquica" da mulher. Sigmund Freud, *Sobre a mais comum depreciação na vida amorosa (1912)*. In: _____. *Obras completas*, v. 9: *Observações sobre um caso de neurose obsessiva ["O homem dos ratos"], Uma recordação de infância de Leonardo da Vinci e outros textos*

1910). Trad. de Paulo César de Souza. São Paulo: Companhia das Letras, 2013, pp. 349, 351. Corretas ou não as teorias de Freud, resta a impressão que um amigo psicanalista resumiu ao me dizer que a dissociação entre o desejo sexual e o afeto é a maior das misérias masculinas.
36. Philip Roth, *O avesso da vida*, posição 189.
37. Ibid., posição 569.
38. Ibid., posições 41-59.
39. Nicole Loraux faz uma reflexão instigante sobre essa passagem mítica em *The Experiences of Tiresias: The Feminine and the Greek Man* (Trad. para o inglês de Paula Wissing. Princeton: Princeton University Press, 1990, p. 11). Lacan também comenta o mito de Tirésias ao falar da natureza do desejo feminino em seu seminário sobre a relação entre desejo e angústia. Lá, afirma que o vidente mítico "deveria ser o padroeiro dos psicanalistas". Jacques Lacan, *O Seminário*, Livro 10: *A angústia*. Trad. de Vera Ribeiro. Rio de Janeiro: Zahar, 2005, p. 202.

2. Duas cabeças, duas medidas [pp. 52-74]

1. Santo Agostinho, *A cidade de Deus*, livro XIV, capítulos XVI-XIX. Trad. de J. Dias Pereira. Lisboa: Fundação Calouste Gulbenkian, 2000, v. 2, pp. 1288-96.
2. Michel de Montaigne, "De la force de l'imagination". In: ____. *Essais*, livro I, cap. 21. Paris: Gallimard/ Folio, 1965, p. 167.
3. David M. Friedman, *A Mind of Its Own: A Cultural History of the Penis*. Nova York: Simon & Schuster, 2008.
4. Alberto Moravia, *Io e lui*. Florença; Milão: Giunti, 2018, p. 41.
5. Sam Anderson, "Schlong of myself". Disponível em: <https://nymag.com/arts/books/reviews/37997/#_ga=2.71611795.1856605369.1625182809 1001935232.1625182809>. No original: *"The upstanding hero of his entire oeuvre, divining rod of his fictional vision, gushing fountainhead of the famous vitality, pulsing column of strength at the center of his books' elaborate architecture, perpetually pumping piston of his ever-thrusting narrative engine—the main vein, if you will, of the author's fully engorged imagination"*.
6. Philip Roth, *A lição de anatomia*. In: ____. *Zuckerman acorrentado: 3 romances e 1 epílogo*. São Paulo: Companhia das Letras, posição 5197.

7. O esforço de relegar os personagens apenas ao papel de funções ou convenções narrativas baseadas em modelos culturais, ou mesmo de nódulos textuais que organizam a trama, foi moda na teoria e até mesmo na escrita de romances de vanguarda no século XX. Mais recentemente, porém, teóricos e críticos sabemos que, enquanto lemos um livro, em boa medida desprezamos o tabu segundo o qual é embaraçoso tratar personagens como se fossem pessoas reais. Como observa lindamente a escritora Olga Tokarczuk, "o simples fato de que um personagem inventado ou projetado suscita emoções testemunha que ele já se constituiu, delimitou-se, adquiriu caraterísticas humanas, demarcou seu lugar na existência, separando-se, desse modo, de seu criador". Olga Tokarczuk, "Palestras de Łódź". In: _____. *Escrever é muito perigoso: Ensaios e conferências*. São Paulo: Todavia, 2023, p. 200.
8. Toril Moi, "Rethinking Character". In: Toril Moi, Rita Felski e Amanda Anderson, *Character: Three Inquiries in Literary Studies*. Chicago; Londres: The University of Chicago Press, 2019, p. 27.
9. Rebecca Solnit, "Oitenta livros que nenhuma mulher deveria ler". In: _____. *A mãe de todas as perguntas: Reflexões sobre os novos feminismos*. Trad. de Denise Bottmann. São Paulo: Companhia das Letras, 2017, pp. 158-9.
10. "[...] ela precisava passar alguns minutos sentada na privada esperando o xixi chegar. Os homens conseguiam provocar o xixi em segundos, esse era um dos seus poderes, o jato estrondoso que saía enquanto eles ficavam em pé diante do vaso, altivos. Tudo neles era mais direto, suas entranhas não eram o mesmo labirinto das entranhas femininas em que o xixi precisava encontrar seu caminho" (John Updike, *As bruxas de Eastwick*. Trad. de Fernanda Abreu. São Paulo: Companhia das Letras, posições 2322-5).
11. Rebecca Solnit, "Oitenta livros", pp. 160-1.
12. Admito, porém, que, em um dos meus contos preferidos, "The Short Happy Life of Francis Macomber", Hemingway consegue me fascinar ao descrever cenas de caçadas e quase me convencer de que há algo de grandioso no embate entre homens e feras. Quase.
13. Giles Harvey, "To Decode White Male Rage, First He Had to Write in His Mother's Voice". *The New York Times Magazine*, 8 out. 2019. Disponível em: <https://www.nytimes.com/interactive/2019/10/08/magazine/ben-lerner-topeka-school.html>.

14. Ibid.
15. Luce Irigaray, *Este sexo que não é só um sexo: Sexualidade e status social da mulher*. Trad. de Cecília Prada. São Paulo: Senac, 2017, p. 34.
16. Ibid., p. 34.
17. Anne Carson, "Desejo e sujeira: Ensaio sobre a fenomenologia da poluição feminina na Antiguidade". In: Sofia Nestrovski e Danilo Horta (Orgs.). *Sobre aquilo em que mais penso: Ensaios*. São Paulo: Editora 34, 2023, p. 15. A tradução, linda e corajosa, é de Sofia Nestrovski.
18. Ibid., p. 22.
19. Anne Carson, "The Gender of Sound". In: _____. *Glass, Irony and God*. Nova York: New Directions, 1995, p. 131.
20. Clarice Lispector, "Devaneio e embriaguez de uma rapariga". In: _____. *Laços de família*. Rio de Janeiro: Rocco, 2013, posições 56-64.
21. Ibid., pp. 69-70.
22. Ibid., pp. 75-87.
23. Anne Carson, "The Gender of Sound", op. cit., p. 136. A escolha entre os termos "repressão" e "recalque" para o alemão *Verdrängung* se dá conforme a preferência individual dos diferentes tradutores. Vale observar também que, nesse ensaio, Carson aproxima a sofrósina grega da repressão freudiana com propósitos retóricos mais do que teoréticos — ela se refere ao seu método como uma "etnografia ingênua", cujo papel é o de irritar. Há, afinal, uma distância conceitual significativa entre o autocontrole masculino, de viés eminentemente social, propagado por Aristóteles ou Plutarco e o mecanismo cuja essência Freud descreve como "rejeitar e manter algo afastado da consciência", sendo esse algo justamente "uma ideia ou grupo de ideias investido de um determinado montante de energia psíquica" a partir do instinto, bem como os afetos de que este se reveste (Sigmund Freud, *A repressão*. In: _____. *Obras completas*, v. 12: *Introdução ao narcisismo, Ensaios de metapsicologia e outros textos (1914-6)*. Trad. de Paulo César de Souza. São Paulo: Companhia das Letras, 2018, pp. 84-91). Em comum entre os dois processos, Carson destaca a primazia dada ao discurso racional, ao qual as mulheres não teriam acesso senão quando cerceadas ou conduzidas por homens. Cabe observar também que Carson nunca se define como "feminista".
24. Tommy Lee e Anthony Bozza, *Tommyland*. Nova York: Atria, 2009, p. 1.

25. Michel de Montaigne, "De la force de l'imagination", op. cit., p. 166.
26. Michel de Montaigne, "Sobre versos de Virgílio". In: M. A. Screech (Org.). *Os ensaios: Uma seleção*. Trad. e notas de Rosa Freire d'Aguiar. São Paulo: Penguin-Companhia das Letras, 2010, pp. 450-1.

3. O mundo em uma gota [pp. 75-97]

1. Herman Melville, *Moby Dick, ou A baleia: Edição* comentada e ilustrada. Trad. de Bruno Gambarotto. Rio de Janeiro: Zahar, 2022, p. 519. Desde aqui estou, conforme comento na p. 76, adaptando a tradução de *sperm* para esperma, e não espermacete.
2. Ibid., p. 204.
3. Ibid.
4. Ibid., pp. 518-9.
5. Ibid., p. 602.
6. Michael S. Kimmel, *Manhood in America: A Cultural History*. Nova York: Free Press, 1996, p. 129. Ver também: Thomas W. Laqueur, *Sexo solitario: Una historia cultural de la masturbación*. Trad. para o castelhano de Marcos Mayer. Buenos Aires: Fondo de Cultura Económica, 2007, pp. 51-2.
7. Brian C. Wilson, *Dr. John Harvey Kellogg and the Religion of Biologic Living*. Bloomington; Indianapolis: Indiana University Press, 2014.
8. Gênesis, 38,1-30.
9. Aristóteles, *Generation of Animals*. In: Jonathan Barnes (Org.). *Complete Works*, livro II, v. 1, 734b19-735a9. Princeton: Princeton University Press, 1991, pp. 38-9.
10. Santo Agostinho, *Opus imperfectum contra Julianum*. Ver: Pier Franco Beatrice, *The Transmission of Sin: Augustine and the Pre-Augustinian Sources*. Oxford: Oxford University Press, 2013, p. 68.
11. Christopher S. Mackay, *The Hammer of Witches: A Complete Translation of the "Malleus Maleficarum"*. Cambridge: Cambridge University Press, 2009, p. 107.
12. Ibid., pp. 380, 431.
13. Ibid., pp. 121-2.
14. Ibid., pp. 227-9.
15. Ver Kenneth D. Keele, *Leonardo Da Vinci's Elements of the Science of Man*. Nova York: Academic Press, 1983, p. 244. Keele destaca a

obsessão de Da Vinci com o mecanismo de ereção do pênis. O italiano foi mais um entre os perplexos com a autonomia peniana. Para o membro rebelde, escreve Da Vinci, "parece que o homem que tem vergonha de falar dele ou de mostrá-lo está errado, sempre ansioso por cobri-lo e esconder o que deveria adornar e mostrar com solenidade como um ministro da espécie humana" (p. 350).

16. Jean-Jacques Rousseau, *Emílio ou Da educação*. Trad. de Sérgio Milliet. Rio de Janeiro: Difel, 1979, p. 396.
17. Anônimo, "Pollution", "Polluer". In: Denis Diderot e Jean le Rond d'Alembert. *Encyclopédie, ou Dictionnaire raisonné des sciences, des arts et des métiers...* Robert Morrissey e Glenn Roe (Orgs.). ARTFL Encyclopédie Project, University of Chicago, outono 2022. Disponível em: <https://encyclopedie.uchicago.edu>.
18. Ménuret de Chambaud, "Manstupration ou Manustupration". In: Ibid.
19. Thomas Laqueur, *Sexo solitario*, op. cit., pp. 253-4.
20. Charles Dickens, *David Copperfield: Edição comentada e ilustrada*. Trad. de Bruno Gambarotto. Rio de Janeiro: Zahar, posições 4816-7.
21. Marcel Proust, *À procura do tempo perdido*, v. 1: *Para o lado de Swann*. Trad. de Mario Sergio Conti. São Paulo: Companhia das Letras, posições 2875-7.
22. James Joyce, *Ulysses*. Trad. de Caetano W. Galindo. São Paulo: Penguin-Companhia, posições 9734-812.
23. Ibid., posições 18018-26.
24. Emily Martin, "The Egg and the Sperm: How Science has Constructed a Romance Based on Stereotypical Male-Female Roles". In: Evelyn F. Keller e Helen E. Longino (Orgs.). *Feminism and Science*. Nova York: Oxford University Press, 1996, pp. 103-20.
25. Londa Schiebinger, *Has Feminism Changed Science?*. Cambridge, MA; Londres: Harvard University Press, 1999, p. 146.
26. Sobre isso, vale ler Lisa Jean Moore, *Sperm Counts: Overcome by Man's Most Precious Fluid* (Nova York; Londres: New York University Press, 2007, cap. 4).
27. Denis Diderot, "O sonho de D'Alembert". In: _____. *O sonho de D'Alembert e outros escritos*. Trad. de Pedro Paulo Pimenta. São Paulo: Editora da Unesp, 2023, pp. 52-3.
28. Ibid., p. 53.
29. Essa seção aparece pela primeira vez na versão de 1860 de *Leaves of Grass*. A primeira edição do livro de Whitman é de 1855.

30. Walt Whitman, *Leaves of Grass*. Nova York: Barnes & Noble, posições 4674-5. No original: *"From my own voice resonant, singing the phallus,/ Singing the song of procreation,/ Singing the need of superb children and therein superb grown people,/ Singing the muscular urge and the blending"* ("From Pent-Up Aching Rivers").
31. *"And if the body were not the soul, what is the soul?"*. Ibid., posição 4707 ("I Sing the Body Elecric").
32. *"The hubb'd sting of myself"*. Ibid., posição 4869 ("Spontaneous me").
33. *"The limpid liquid within the young man"*. Ibid., posição 4871.
34. *"The wholesome relief, repose, content,/ And this bunch pluck'd at random from myself,/ It has done its work — I toss it carelessly to fall where it may"*. Ibid., posições 4882-3.

4. Alguns centímetros a mais [pp. 98-112]

1. As influências culturais do chamado Oriente Próximo sobre a Grécia — e portanto sobre o Ocidente — vêm sendo amplamente investigadas desde o último século. Walter Burkert, por exemplo, observa que "é impressionante o quanto o conceito homérico de Hades corresponde ao mesopotâmico: um domínio de lama e escuridão que não deixa esperança alguma aos mortais. Ele é descrito em uma cena famosa de *Gilgámesh* na qual o fantasma de Enkídu encontra seu amigo, cena essa que pode estar ligada a Homero inclusive em um nível literário". Walter Burkert, *The Orientalizing Revolution: Near Eastern Influence on Greek Culture in the Early Archaic Age*. Trad. para o inglês de Margaret E. Pinder e Walter Burkert. Cambridge, MA; Londres: Harvard University Press, 1992, p. 65.
2. Sin-léqi-unnínni, *Epopeia de Gilgámesh: Ele que o abismo viu*, 65-7. Trad. de Jacyntho Lins Brandão. Belo Horizonte: Autêntica, 2017, pp. 47.
3. Ibid., 96-100, p. 134.
4. Aristófanes, *As nuvens*. In: *Ésquilo, Sófocles, Eurípides, Aristófanes. O melhor do teatro grego: Prometeu acorrentado, Édipo rei, Medeia e As nuvens*. Trad. de Mário da Gama Kury. Rio de Janeiro: Zahar, posições 8243-4.
5. Pausânias, *Descrição da Grécia*, 31, 1, 2. In: *Pausanias, Description of Greece*. Trad. para o inglês de W. H. S. Jones e H. A. Ormerod. Cambridge, MA; Londres: Harvard University Press; William Heinemann, 1918. 4 v.

6. Horácio apud Umberto Eco, *História da feiura*. Trad. de Eliana Aguiar. Rio de Janeiro: Record, 2007, p. 132.
7. Ovídio, *Metamorfoses*. Livro XIV, 640. Trad. de Rodrigo Tadeu Gonçalves. São Paulo: Penguin-Companhia das Letras, 2023, p. 393.
8. Tibulo, Elegia I.IV. Trad. de João Paulo Matedi Alves. In: Raimundo de Carvalho et al. (Orgs.). *Por que calar nossos amores? Poesia homoerótica latina*. Belo Horizonte: Autêntica, 2017, p. 107.
9. Paul Veyne, "O Império Romano". In: *História da vida privada*, v. 1: *Do Império Romano ao ano mil*. Trad. de Hildegard Feist, São Paulo: Companhia das Letras, 2009, p. 184. Fiz, no entanto, uma adaptação na tradução, a partir do original em francês. Isso porque a tradução de Hildegard Feist é muio tímida: "possuir e não ser possuído" não tem a graça do verbo original, *sabrer*, ou seja, usar um sabre, pequena espada.
10. Anônimo, Poema 9, "Poemas da *Priapeia Latina*". Trad. de João Angelo Oliva Neto. *Cadernos de Literatura em Tradução*, n. 2, pp. 87--91, 1998.
11. Marcial, Poema 29 (Livro 9, epigrama 33). Trad. de João Angelo Oliva Neto. In: Raimundo Carvalho et al. (Orgs.), *Por que calar nossos amores?*, op. cit., p. 201.
12. Kenneth D. Keele, *Leonardo da Vinci's Elements of the Science of Man*. Nova York: Academic Press, 1983, p. 351.
13. Os trabalhos científicos apontam, porém, a dificuldade em obter dados confiáveis. Ver, por exemplo, David Veale et al. "Am I Normal? A Systematic Review and Construction of Nomograms for Flaccid and Erect Penis Length and Circumference in up to 15521 Men". BJU *International*, v. 115, n. 6, pp. 978-86, 2015. Disponível em: <https://doi.org/10.1111/bju.13010>.
14. Marcial, Livro 7, epigrama 35. In: _____. *Epigrams*, v. 2. Org. e trad. para o ingles de D. R. Shackleton Bailey. Cambridge (MA): Harvard University Press, 1993, p. 107.
15. Ezequiel, 16,25-26. *Bíblia*, v. III: *Antigo Testamento: Os livros proféticos*. Trad. de Frederico Lourenço. São Paulo: Companhia das Letras, posições 15588-90.
16. Ezequiel, 23,20. Ibid., posições 16397-8.
17. Gênesis, 17,12-13. *Bíblia King James Atualizada*. Rio de Janeiro: Casa da Palavra, posições 773-5.
18. David M. Friedman, *A Mind of Its Own: A Cultural History of the Penis*. Nova York: Simon & Schuster, 2008, pp. 91-4.

5. Que cara é essa? [pp. 115-53]

1. Lucius Annaeus Seneca, *Natural Questions*, livro 1, 17.1, §8. Chicago; Londres: The University of Chicago Press, 2010, p. 162. A tradução do latim é de Harry M. Hine.
2. Ibid., livro 1, 17.1, §7, p. 162.
3. Ibid., livro 1, 16.1, §2, p. 159.
4. Ibid., livro 1, 16.1, §3-4, p. 159.
5. Ibid. livro 1, 16.1, §§5-8, p. 160.
6. Juan Luis Vives, *The Education of a Christian Woman: A Sixteenth-Century Manual*. Livro 1, §72. Chicago; Londres: The University of Chicago Press, 2000, p. 108. Tradução do latim de Charles Fantazzi.
7. Jacques Lacan, "O estádio do espelho como formador da função do eu". In: _____. *Escritos*. Trad. de Vera Ribeiro. Rio de Janeiro: Zahar, 1998.
8. Molière, *O misantropo*, ato 1, cena 1, 35-6, 69-71. Trad. de Barbara Heliodora. Rio de Janeiro: Zahar, 2014, posições 110-50.
9. Jean-Jacques Rousseau, *As confissões*. Trad. de Wilson Lousada. Rio de Janeiro: Nova Fronteira, posições 112-4.
10. Stendhal, *O vermelho e o negro: Crônica de 1830*. Trad. de Raquel de Almeida Prado. São Paulo: Penguin-Companhia das Letras, 2018, p. 133.
11. Ibid., p. 134.
12. Machado de Assis, "O espelho". In: _____. *Papéis avulsos*. São Paulo: Penguin-Companhia das Letras, posições 3775 e 3648.
13. Carta de 18 fev. 1972. Disponível em: <https://whitmanarchive.org/criticism/disciples/traubel/WWWiC/4/med.00004.30.html>.
14. Bram Stoker, *Dracula*. Nova York: Barnes & Noble Classics, posições 881-3.
15. Ibid., posição 6500.
16. Johann Casper Lavater, *Physiognomy*. Londres: Cowie, Low and Co., 1826, pp. 213, 220.
17. Emily Brontë, *O morro dos ventos uivantes: Edição comentada*. Trad. de Adriana Lisboa. Rio de Janeiro: Zahar, 2016, posições 1366-73.
18. Sam George, "'He Make in the Mirror no Reflect': Undead Aesthetics and Mechanical Reproduction – Dorian Gray, Dracula, and David Reed's Vampire Painting". In: Sam George e Bill Hughes (Orgs.). *Open Graves, Open Minds: Representations of Vampires and the Undead*

from the Enlightenment to the Present Day. Manchester: Manchester University Press, 2003, pp. 56-78.
19. As duas histórias aparecem em Sam George, "'He Make in the Mirror no Reflect'", p. 66.
20. *Dracula*, posições 1253-4.
21. Ibid., posições 5460-3.
22. Ibid., posições 7106-7.
23. Wyndham Lewis, *The Art of Being Ruled*. Santa Rosa: Black Sparrow, 1989, p. 150.
24. Angela Saini, *Inferior: How Science Got Women Wrong and the New Research That's Rewriting the Story*. Boston: Beacon Press, 2017, posições 584-8. Assim como outras publicações que trazem uma mirada feminista acerca da diferença fisiológica entre os sexos, o livro de Saini parece exagerar na desvalorização dessa diferença, por exemplo, no que tange aos efeitos da testosterona no organismo.
25. Alice Evans, "Ten Thousand Years of Patriarchy". Entrada de blog, 3 jun. 2022. Disponível em: <https://www.draliceevans.com/post/ten-thousand-years-of-patriarchy-1>.
26. Wyndham Lewis, op. cit., p. 248.
27. Luigi Pirandello. *Um, nenhum, cem mil*. Trad. de Maurício Santana Dias. São Paulo: Cosac Naify, 2001, pp. 19-20.
28. Virginia Woolf, *Mrs. Dalloway*. Trad. de Claudio Alves Marcondes. São Paulo: Penguin-Companhia, posições 787-9.
29. Luigi Pirandello, *Um, nenhum, cem mil*, op. cit., p. 23.
30. Ibid., p. 39.
31. Ibid., posições p. 198.
32. Em entrevista a Sergio Buarque de Hollanda, que consta da mesma edição de *Um, nenhum, cem mil*, p. 221.
33. Simone de Beauvoir, *O segundo sexo*. Trad. de Sérgio Milliet. Rio de Janeiro: Nova Fronteira, 2009, posições 13117-20.
34. Luigi Pirandello, *Um, nenhum, cem mil*, op. cit., pp. 200, 203.
35. Ibid., pp. 31, 214.
36. Milan Kundera, *A insustentável leveza do ser*. São Paulo: Companhia das Letras, 1999, p. 53. A tradução, bem bonita, é de Teresa Bulhões de Carvalho da Fonseca.
37. Daniel Galera, *Barba ensopada de sangue*. São Paulo: Companhia das Letras, posições 950-74.
38. Equipe IMS, "Zonas escuras, atos inexplicáveis: Quatro perguntas a Daniel Galera". Blog IMS, 7 nov. 2012. Disponível em: <https://

blogdoims.com.br/zonas-escuras-atos-inexplicaveis-quatro-perguntas-a-daniel-galera/>.
39. Marco Roth, "The Rise of the Neuronovel". *N+1 Magazine*, out. 2009. Disponível em: <https://www.nplusonemag.com/issue-8/essays/the-rise-of-the-neuronovel/>.
40. Daniel Galera, *Barba ensopada de sangue*, op. cit., posição 41.
41. Ovídio, *Metamorfoses*. Livro III, versos 416-7. Trad. Rodrigo Tadeu Gonçalves. São Paulo: Penguin-Companhia, 2023, p. 110.
42. Ibid., livro III, versos 427, 464-7, 348, pp. 110, 111, 108.
43. Sabine Melchoir-Bonnet, *The Mirror: A History*. Nova York: Routledge, 2014, posições 1628-30. A tradução para o inglês é de Katharine H. Jewett. O livro de Melchoir-Bonnet me ajudou imensamente a conceber e escrever este capítulo.
44. Charlotte Higgins, *Mitos gregos: Nas tramas das deusas*. Trad. de Denise Bottmann. Rio de Janeiro: Zahar, 2022, p. 202.
45. Ovídio, *Metamorfoses*, livro IV, versos 797-9, p. 146. Minerva é o nome romano de Atena.
46. Pierre Ménard, *Mitologia e arte*. Trad. de Aldo Della Nina. São Paulo: Editora das Américas, 1965, p. 76. v. III. (Coleção Deuses, Mitos e Heróis).
47. Nathaniel Hawthorne, *Mitos gregos — histórias extraordinárias de heróis, deuses e monstros para jovens leitores: Edição comentada*. Trad. de Bruno Gambarotto. Rio de Janeiro: Zahar, 2016, posições 249-50.
48. Ovídio, *Metamorfoses*, livro III, verso 354, p. 108.
49. Leon Battista Alberti, *On Painting*, livro II. Trad. para o inglês de Rocco Sinisgalli. Cambridge: Cambridge University Press, 2011, p. 26.

6. Quem ama o feio [pp. 154-87]

1. Em tradução livre: "E cerrando o punho por aqueles como nós/ Que são oprimidos pelas figuras de beleza/ Você se ajeitou, você disse: "Bem, não importa/ Somos feios mas temos a música".
2. Ben Lerner, *10:04*. Trad. de Maira Parula. Rio de Janeiro: Rocco, 2018, posições 901-2.
3. Ben Lerner, *Estação Atocha*. Trad. de Gianluca Giurlando. Rio de Janeiro: Rádio Londres, 2015, p. 9.
4. Ben Lerner, *10:04*, op. cit., posição 3412.
5. Ben Lerner, *Estação Atocha*, op. cit., p. 149.

6. Ben Lerner, *10:04*, op. cit., posições 1104-17.
7. Ben Lerner, *Estação Atocha*, op. cit., p. 31.
8. Ibid., p. 31.
9. Ben Lerner, "Damage Control: The Modern Art World's Tyranny of Price". *Harper's Magazine*, dez. 2013. Disponível em: <https://harpers.org/archive/2013/12/damage-control/>.
10. Stendhal, *Rome, Naples and Florence*. Richmond, UK: Alma, 2018, p. 302.
11. Ben Lerner, "Damage Control", op. cit.
12. As descrições foram tiradas da abertura de James Huneker, *Egoists: A Book of Supermen*. Nova York: Charles Scribner's Sons, 1909.
13. Stendhal, *Memoirs of Egotism*. Nova York: Barnes & Noble; Fall River, posições 1939-50.
14. Stendhal, *De l'amour*. Paris: Gallimard, 1980, p. 41.
15. Clarissa Mattos Faria, *Por uma epistemologia amorosa: Do amor (1822) de Stendhal como teoria do conhecimento*. Rio de Janeiro: PUC-Rio, 2022, p. 30. Tese (Doutorado em História Social da Cultura).
16. Jean Starobinski, *L'Oeil vivant: Corneille, Racine, La Bruyère, Rousseau, Stendhal*. Paris: Gallimard, posições 3510-3.
17. Ibid., posições 3359.
18. Ibid., posições 3458-600.
19. Simone de Beauvoir, *O segundo sexo*. Trad. de Sérgio Milliet. Rio de Janeiro: Nova Fronteira, 2009, posições 4991-7.
20. Ibid.
21. Don Ihde, "The Tall and the Short of It: Male Sports Bodies". In: Nancy Tuana et al. (Orgs.). *Revealing Male Bodies*. Bloomington, Indianapolis: Indiana University Press, 2002, p. 237.
22. Ibid., p. 234.
23. Apud Isaac Butler, *The Method: How the Twentieth Century Learned to Act*. Nova York: Bloomsbury, 2022, posições 6679-80.
24. Os versos aparecem ligeiramente diferentes no poema "Auguries of Innocence": "*Some are born do sweet delight/ Some are born to endless night*". Na tradução de Paulo Vizioli: "Uns nascem para o gozo ainda./ Outros nascem numa noite infinda". William Blake, *Prosa e poesia selecionadas*. Seleção, trad. e notas de Paulo Vizioli. São Paulo: Nova Alexandria, 1993, p. 79.
25. Louis-Ferdinand Céline, *Viagem ao fim da noite*. Trad. de Rosa Freire d'Aguiar. São Paulo: Companhia das Letras, 2004, p. 244.

26. Ibid., p. 244.
27. Ibid., p. 298.
28. Dominique Kalifa, "Virilidades criminosas?". In: Jean-Jacques Courtine (Org.). *História da virilidade*, v. 3: *A virilidade em crise? Séculos xx-xxi*. Trad. de Noéli Correia de Melo Sobrinho, Thiago de Abreu e Lima Florêncio. Petrópolis: Vozes, 2013, p. 303.
29. Ibid., pp. 304-5.
30. Ibid., pp. 318-9.
31. Vladimir Maiakóvski, "A nuvem de calças". Trad. de Boris Schnaiderman. In: Boris Schnaiderman. *A poética de Maiakóvski*. São Paulo: Perspectiva, 1984, p. 178.
32. Bengt Jangfeldt, *Mayakovsky: A Biography*. Chicago: University of Chicago Press, 2014, p. 21.
33. Ibid., p. 61.
34. Letícia Mei, *Do caos ao universo: Uma cosmologia da poética de Maiakóvski*. São Paulo, USP, 2019, p. 92. Tese (Doutorado em Literatura e Cultura Russa).
35. Apud Letícia Mei, *Do caos ao universo*, op. cit., p. 91.
36. Tradução de Letícia Mei, em *Do caos ao universo*, op. cit., p. 117.
37. Bengt Jangfeldt, *Mayakovsky: A Biography*, op. cit., p. ix. Usei a tradução para o português, mais uma vez, de Letícia Mei, em *Do caos ao universo*, op. cit., p. 118.
38. Tradução de Letícia Mei, em *Do caos ao universo*, op. cit., pp. 118-9.
39. Em Boris Schnaiderman, *A poética de Maiakóvski*, op. cit., p. 178.
40. Apud Letícia Mei, *Do caos ao universo*, op. cit., p. 289.
41. Ibid., p. 134.
42. Vladimir Maiakóvski, "Amo". In: _____. *Antologia poética*. Trad. de Emílio Carrera Guerra. Rio de Janeiro: Leitura, s/d, p. 159.
43. Em Boris Schnaiderman, *A poética de Maiakóvski*, op. cit., p. 83.
44. Tradução de Letícia Mei, em *Do caos ao universo*, op. cit., p. 137.
45. Apud Roman Jakobson, *A geração que esbanjou seus poetas*. Trad. de Sonia Regina Martins Gonçalves. São Paulo: Cosac Naify, 2006, p. 12.
46. Bengt Jangfeldt, *Mayakovsky: A Biography*, op. cit., p. 547.
47. Roman Jakobson, *A geração que esbanjou seus poetas*, op. cit., p. 14.
48. In Boris Schnaiderman, *A poética de Maiakóvski*, op. cit., p. 96.
49. Tradução de Letícia Mei, em *Do caos ao universo*, op. cit., pp. 137, 130, 140.
50. Ibid., p. 202.

51. Apud Bengt Jangfeldt, *Mayakovsky: A Biography*, op. cit., pp. 77, 146.
52. Vladimir Maiakóvski, *Sobre isto*. Trad. de Letícia Mei. São Paulo: Editora 34, pp. 27-9.
53. Ibid., pp. 80-1.
54. O lindo "Lilitchka!", que eu talvez ainda saiba todinho de memória. "Fumo de tabaco rói o ar…".

7. As portas do paraíso [pp. 188-229]

1. Platão, *O banquete*, 206b-206-c. Trad. de José Cavalcante de Souza. São Paulo: Editora 34, 2016, p. 131.
2. Ibid., 208e, p. 139.
3. Ibid., 209b-209c, p. 141.
4. Ibid., 210d-210e, p. 145.
5. Platão, *Fedro*, 251a-251d. Trad. de Maria Cecília Gomes dos Reis. São Paulo: Penguin-Companhia das Letras, 2016, pp. 104-5.
6. Anne Carson, *Eros o doce-amargo*. Trad. de Julia Raiz. Rio de Janeiro: Bazar do Tempo, 2022, p. 224.
7. A tirada é do filósofo britânico Alfred North Whitehead, *Process and Reality: An Essay in Cosmology*. Nova York: Free Press, 1978, p. 39.
8. Homero, *Ilíada*. Intr. e apêndices de Peter Jones. Trad. de Frederico Lourenço. São Paulo: Penguin-Companhia das Letras, 2013, posições 12 463-6.
9. David M. Halperin, "One Hundred Years of Homosexuality". In: _____. *One Hundred Years of Homosexuality and Other Essays on Greek Love*. Nova York: Routledge, 1990, p. 21n.
10. Ibid., p. 31.
11. Ibid., p. 34.
12. Dante Alighieri, *A divina comédia*, v. 2: *Purgatório*. Canto xxx, 28-48. Trad. de Italo Eugenio Mauro. São Paulo: Editora 34, 2003, p. 196.
13. Ibid., canto xxxi, 22-145, pp. 202-6.
14. Dante Alighieri, *Vida nova*. Trad. de Carlos Eduardo Soveral. Lisboa: Guimarães, 1993, p. 64.
15. Ibid., pp. 68-9.
16. Ibid., p. 10.
17. Ibid., p. 58.

18. Robert Pogue Harrison, "Approaching the *Vita nuova*". In: Rachel Jacoff (Org.). *The Cambridge Companion to Dante*. Cambridge; Nova York: Cambridge University Press, 2007, pp. 44-5.
19. Apud Eduardo Sterzi, "Dante e a necessidade da morte". *Revista Trama Interdisciplinar*, v. 4, n. 2, 2013, p. 93. Disponível em: <https://editorarevistas.mackenzie.br/index.php/tint/article/view/6403>.
20. Elisabeth Bronfen, *Over Her Dead Body: Death, Femininity and The Aesthetic*. Manchester: Manchester University Press, 1996, p. xi.
21. Ibid., p. 361.
22. Robert Pogue Harrison, "Approaching the *Vita nuova*", op. cit., p. 44.
23. Michel de Montaigne, *Essais*, livro III, cap. 12: "De la physionomie". Paris: Gallimard; Folio, 1965, p. 345.
24. Ibid., livro II, cap. 17: "De la præsumption", p. 397.
25. Ibid., pp. 398-9.
26. Suetônio apud Mary Beard, *Doze césares: Imagens do poder do mundo antigo ao moderno*. Trad. de Stephanie Fernandes. São Paulo: Todavia, 2022, p. 67.
27. Michel de Montaigne, *Essais*, livro III, cap. 5: "Sur des vers de Virgile". Paris: Gallimard; Folio, 1965, p. 464.
28. Ibid., p. 413.
29. Ibid., p. 448.
30. F. Scott Fitzgerald, *O grande Gatsby*. Trad. de Vanessa Barbara. São Paulo: Penguin-Companhia das Letras, posições 1617-48.
31. Catherine Hakim, *Erotic Capital: The Power of Attraction in the Boardroom and the Bedroom*. Nova York: Basic Books, 2011, posições 215-98.
32. Ibid., posição 3139.
33. Ibid., posições 1810 e 1489.
34. Lou Andreas-Salomé, *The Erotic*. Trad. para o inglês de John Crisp. Nova York: Routledge, 2017, posições 900-1.
35. Ver, por exemplo, Heather A. Rupp, Kim Wallen, "Sex Differences in Response to Visual Sexual Stimuli: A Review". *Archives of Sexual Behavior*, v. 37, n. 2, abr. 2008. Disponível em <https://www.semanticscholar.org/paper/Sex-Differences-in-Response-to-Visual-Sexual-A-Rupp-Wallen/0babb3235c8096e6cb3012a7e0222fd887239a89>.
36. Lou Andreas-Salomé, *The Erotic*, op. cit., posições 849-60.
37. Ibid., posições 943-6.
38. Ibid., posições 964-6.

39. Friedrich Nietzsche, *A gaia ciência*, livro IV, frag. 339. Trad. de Paulo César de Souza. São Paulo: Companhia das Letras, 2011, p. 229.
40. Dorian Astor, *Lou Andreas-Salomé*. Trad. de Julia da Rosa Simões. Porto Alegre: L&PM, 2016, posições 1670-4.
41. Lou Andreas-Salomé, *The Freud Journal*. Trad. para o inglês de Stanley A. Leavy. Nova York: Basic Books, 1964, p. 118.
42. Ibid.
43. Ibid., p. 56.
44. Martha Nussbaum, "The Speech os Alcebiades: A Reading of Plato 'Symposium'". *Philosophy and Literature*, v. 3, n. 2, out. 1979, p. 152.
45. Friedrich Hölderlin, "Sócrates e Alcibíades". In: _____. *Todos os poemas*, seguido de *Esboço de uma poética*. Trad. de João Barrento. Lisboa: Assírio & Alvim, 2021, p. 296.
46. Safo, "Fragmento 16". In: _____. *Fragmentos completos*. Trad. de Guilherme Gontijo Flores. São Paulo: Editora 34, 2017, p. 56.

8. Vamos fetichizar esses corpos [pp. 230-57]

1. Tennessee Williams, *A Streetcar Named Desire*, cena V. In: _____. *A Streetcar Named Desire and Other Plays*. Londres: Penguin, 2000, p. 167.
2. Ibid., cena III, pp. 153-4.
3. Ibid., cena IV, pp. 156, 161.
4. O episódio é relatado na biografia de Brando escrita por William J. Mann, *The Contender: The Story of Marlon Brando*. Nova York: HarperCollins, 2019, posições 2556-67.
5. Susan Bordo, *The Male Body: A New Look at Men in Public and in Private*. Nova York: Farrar, Straus and Giroux, 1999, p. 127.
6. Michel Leiris, *A idade viril*. Trad. de Paulo Neves. São Paulo: Cosac Naify, 2003, p. 27.
7. Ibid., pp. 27-8.
8. Ibid., pp. 191-2.
9. Michel Leiris, *L'Afrique fantôme*. Paris: Gallimard, 1988, p. 305.
10. Marguerite Duras, *Le Marin de Gibraltar*. Paris: Gallimard, 2013, posição 15.
11. Marguerite Duras, *O amante*. Trad. de Denise Bottmann. São Paulo: Cosac Naify, 2013, posições 380-2.

12. O desejo "é o desejo do Outro", defendeu famosamente o teórico. Jacques Lacan, O Seminário, Livro 10: *A angústia*. Rio de Janeiro: Zahar, 2005, p. 31.
13. Marguerite Duras, *O amante*, op. cit., posições 659-61.
14. Laura Mulvey, "Visual Pleasure and Narrative Cinema". *Screen*, v. 16, n. 3, out. 1975, p. 11.
15. Amia Srinivasan, *The Right to Sex*. Londres: Bloomsbury, 2021, posições 42-6.
16. Ibid., posições 762-810.
17. Ibid., posições 1138-42.
18. Ibid., posição 1252.
19. Herman Melville, *Billy Budd*. In: ____. *Billy Budd and Other Stories*. Nova York: Penguin, posições 4634-40.
20. D. H. Lawrence, *Mulheres apaixonadas*. Trad. de Renato Aguiar. Rio de Janeiro: Record, 2004, p. 17.
21. Ibid., pp. 30-1.
22. Ibid., pp. 50-9.
23. Ibid., p. 59.
24. Em uma passagem famosa, muito bem filmada por Ken Russell em sua versão cinematográfica do romance, de 1969, os dois amigos lutam jiu-jítsu nus.
25. D. H. Lawrence, *Mulheres apaixonadas*, p. 25.
26. Ibid., p. 216.
27. Ibid., p. 368.
28. Ibid.

9. No princípio era a fúria [pp. 261-90]

1. "Dê de comer à raiva e ela acaba —/ É a fome que a engorda —", em tradução de Adalberto Müller para Emily Dickinson, *Poesia completa. V. 2: Folhas soltas e perdidas*. Brasília; Campinas: Editora UnB; Editora Unicamp, 2021, p. 477.
2. A tradução excelente é de Rubens Figueiredo. Liev Tolstói, *Guerra e paz*, v. 2. São Paulo: Companhia das Letras, 2017, p. 1191. 2 v.
3. Ibid., v. 2, pp. 1113-4.
4. Ibid., v. 1, pp. 680-4.
5. Ibid., v. 1, p. 1365.

6. John Williams, *Stoner*. Nova York: New York Review Books, 2006, p. 232.
7. Rachel Bespaloff, *Da Ilíada*. Trad. de Giovani T. Kurz. Belo Horizonte: Ayiné, 2022, pp. 51, 60.
8. Peter Sloterdijk, *Ira e tempo: Ensaio político-psicológico*. Trad. de Marco Casanova. São Paulo: Estação Liberdade, 2012, p. 12.
9. No original, o termo aparece na forma acusativa, *menin*, que corresponde ao objeto direto, mas ocupa a primeira posição na sentença.
10. Homero, *Ilíada*, canto I, verso 1. Trad. de Frederico Lourenço. São Paulo: Penguin, Companhia das Letras, 2013, posição 1483.
11. Seu registro por escrito aconteceria dois séculos depois.
12. Apenas para dar um exemplo: Posídon incita os gregos a se lançarem contra os troianos, e um dos heróis percebe no corpo o gesto do deus dos mares: "O meu ânimo no peito está mais desejoso/ de combater na guerra e de batalhar; e ávidos/ estão meus pés embaixo e minhas mãos em cima!" (*Ilíada*, op. cit., canto XIII, versos 72-5, posição 7700).
13. Ibid., canto I, versos 103-4, posição 1566.
14. Ibid., canto I, versos 184-5, posições 1634-6.
15. Ibid., canto I, verso 125, posição 1667; verso 243, posições 1682-3.
16. Hélène Monsacré, *The Tears of Achilles*. Trad. para o francês de Nicholas J. Snead. Washington, DC: Center for Hellenic Studies, 2018, p. 33. Disponível em: <http://nrs.harvard.edu/urn-3:hul.ebook:CHS_MonsacreH.The_Tears_of_Achilles.2018>.
17. Homero, *Ilíada*, op. cit., canto I, versos 491-2, posições 1881-2.
18. Ibid., canto I, versos 438-43, posições 7996-8001.
19. Discórdia, Raiva, Briga e as assustadoras Eríneas (as "Fúrias" dos romanos). O longo e violento dia contado ao longo de oito cantos tem início com "um grito enorme e terrível" lançado pela "medonha Discórdia", divindade enviada por Zeus para transmitir "grande força no coração para guerrear e combater" (Homero, *Ilíada*, op. cit., canto XI, versos 3-12, posições 6575-82).
20. Ibid., canto XVI, versos 2-4, posições 9352.
21. Ibid., canto XVIII, versos 22-35, posições 10708-19.
22. Ibid., canto XVIII, versos 107-10, posições 10777-80.
23. Ibid., canto XVIII, versos 336-7, posições 10964-5.
24. Ibid., canto XXII, versos 346-7, posição 12726.
25. Recomendo, por exemplo, o debate proposto por Agnes Callard em *On Anger* (Boston: Boston Review, 2020).

26. Aristóteles, *De anima*, I, 403a. Trad. de Maria Cecília Gomes dos Reis. São Paulo: Editora 34, 2006, p. 48.
27. Aristóteles, *Retórica das paixões*, 1378a. Trad. de Isis Borges B. da Fonseca. São Paulo: Martins Fontes, 2000, p. 7.
28. Aristóteles desenvolve esse ponto mais detidamente em *Ética a Nicômaco* (Trad. de Edson Bini. São Paulo: Edipro, 2018), esp. livro IV, 5.
29. Aristóteles, *Retórica das paixões*, op. cit., 1378b, p. 7.
30. Amia Srinivasan, "The Aptness of Anger". *Journal of Political Philosophy*, v. 26, n. 2, 2018, p. 128.
31. Ibid., p. 133. Os grifos são meus.
32. Audre Lorde, "The Uses of Anger: Women Responding to Racism". In: _____. *Sister Outsider: Essays and Speeches*. Berkeley: Crossing Press, 2007, posição 1933.
33. Ibid., posição 1953.
34. Amia Srinivasan, "The Aptness of Anger", op. cit., pp. 143-4.
35. Virginie Despentes, *Teoria King Kong*. Trad. de Márcia Bechara. São Paulo: N-1, 2016, p. 60.
36. Ibid., p. 66.
37. Anne Carson, "The Glass Essay". In: *Glass, Irony and God*. Nova York: New Directions, 1995, p. 6. No original: *"Yet her poetry from beginning to end is concerned with prisons,/ vaults, cages, bars, curbs, bits, bolts, fetters,/ locked windows, narrow frames, aching walls"*.
38. Ibid., p. 7. No original: *"... why all this beating of wings?"*.
39. Ibid., p. 30. No original: *"Banal sexism aside,/ I find myself tempted/ To read Wuthering Heights as one thick stacked act of revenge/ for all that life withheld from Emily. [...] As if anger could be a kind of vocation for some women./ It is a chilly thought"*.
40. Ibid., pp. 30-1. No original: *"The vocation of anger is not mine./ I know my source./ It is stunning, it is a moment like no other,/ When one's lover comes in and says I do not love you anymore"*.
41. Ibid., p. 28. No original: *"It is generally anger Dreams that occupy my nights now./ This is not uncommon after loss of love"*.
42. Ibid., p. 11. No original: *"I don't want to be sexual with you, he said. Everything gets crazy./ But now he was looking at me./ Yes, I said as I began to remove my clothes./ Everything gets crazy. When nude/ I turned my back because he likes the back. He moved onto me./ Everything I know about love and its necessities/ I learned in that one moment/ When I found myself/ thrusting my little burning red backside like a baboon/ at a man who*

no longer cherished me./ There was no area of my mind/ not appalled by this action, no part of my body/ that could have done otherwise".
43. Vilém Flusser, *A história do diabo*. São Paulo: Martins Fontes, 1965, pp. 101-2.
44. Dante Alighieri, *A divina comédia*, v. 1: *Inferno*, canto VII, versos 109--14. Trad. de Italo Eugenio Mauro. São Paulo: Editora 34, 2003, p. 65.
45. Charles Darwin, *The Expression of the Emotions in Man and Animals*. Cambridge: Cambridge University Press, 2009, p. 251.
46. Philp Fisher, *The Vehement Passions*. Princeton: Princeton University Press, 2002, p. 21.
47. R. F. Christian (Org.). *Tolstoy's Letters Volume 1: 1828-1879*, carta de 2 jul. 1856. Londres: Faber & Faber, 2015, pp. 59-61.
48. R. F. Christian (Org.). *Tolstoy's Diaries Volume 1: 1847-1894*, entrada de 21 mar. 1856. Londres: Faber & Faber, 2015.
49. Ibid., entrada de 25 jun. 1861.
50. Ibid., entrada de 27 nov. 1858.

10. Raiva erótica [pp. 291-322]

1. James Baldwin, *O quarto de Giovanni*. São Paulo: Companhia das Letras, 2018, pp. 123-4. A bela tradução é de Paulo Henriques Britto.
2. Ibid., p. 41.
3. Ibid., p. 155.
4. Ibid., p. 124.
5. No original, na versão gravada por Johnny Cash, os trechos citados são: *"And only say that you'll be mine/ In no others arms entwined/ [...] I plunged a knife into her breast/ And told her she was going to rest/ She cried 'Oh Willy, don't murder me/ I'm not prepared for eternity'/ I took her by her golden curls/ And drug her down to the river side/ And there I threw her into drown/ And I watched her as she floated down"*. Há variações na letra das gravações de outros artistas.
6. No original: *"I met a little girl in Knoxville/ A town we all know well/ And every Sunday evening, out in her home, I'd dwell/ We went to take an evening walk about a mile from town/ I picked a stick up off the ground and knocked that fair girl down/ [...] I'm here to waste my life away/ Down in this dirty old jail/ Because I murdered that Knoxville girl/ The girl I loved so well"*.

7. Algo como: "Se afeição igual não pode haver/ Que eu possa amar mais que você". W. H. Auden, "The more loving one". In _____. *Selected Poems*. Nova York, Vintage, 1979, p. 237.
8. No original, o primeiro trecho citado diz: *"He cried like a baby/ He screamed like a panther/ In the middle of the night"*; no segundo, ouvimos: *"My heart breaking loss is another man's gain/ Her happiness, always, I hope will remain"*; na quarta faixa: *"And they smiled at each other when he walked through the door/ And they died with their smiles on their faces/ They died with a smile on their face"*; e, por fim, na faixa 6, que dá título ao álbum: *"Don't cross him, don't boss him/ He's wild in his sorrow/ He's riding and hiding his pain"*.
9. Graciliano Ramos, *S. Bernardo*. Rio de Janeiro: Record, 2003, pp. 117, 169.
10. Ibid., pp. 141, 128.
11. Ibid., p. 215.
12. Ibid., p. 220.
13. Antonio Candido, *Ficção e confissão*. Rio de Janeiro: Ouro sobre Azul, 2006, p. 40.
14. Ibid., p. 33.
15. Graciliano Ramos, *S. Bernardo*, p. 221.
16. Paul B. Preciado, *Testo Junkie: Sexo, drogas e biopolítica na era farmacopornográfica*. Trad. de Maria Paula Gurgel Ribeiro, colab. de Verônica Daminelli Fernandes. Rio de Janeiro: Zahar, 2023, pp. 91, 93.
17. Para conhecer a posição "anti" testosterona, vale a pena ler o livro da psicóloga Cordelia Fine, *Testosterona Rex: Mitos de sexo, ciência e sociedade* (São Paulo: Três Estrelas, 2019). Na obra, a autora elenca pesquisas que supostamente destroem as evidências de que a testosterona tem um papel significativo no comportamento masculino. Em um livro que me parece mais convincente, porém, a bióloga Carole Hooven contesta Fine: "É generalizada a crença de que explicações biológicas para as diferenças entre os sexos inevitavelmente leva ao pessimismo quanto ao progresso e a uma aceitação fatalista das normais sociais para cada gênero", escreve Hooven. Mas, continua ela, embora acredite que suposições sexistas podem afetar as pesquisas, a ciência mostra inequivocamente que as diferenças sexuais são reais: "De diversos importantes modos, a testosterona separa a psicologia e o comportamento dos sexos". Isso não é má notícia, em si, diz Hooven. "Nada do que sabemos sobre

testosterona ou sobre as diferenças entre os sexos implica termos de aceitar os níveis atuais de agressões sexuais, assédio, discriminação ou coerção" (Carole Hooven, *The Story of Testosterone, the Hormone that Dominates and Divides Us*. Nova York: Henry Holt and Company, 2021, posições 350-70).

18. Sapolsky faz um ótimo resumo do comportamento da testosterona e de outros hormônios sexuais no quarto capítulo, intitulado "De horas a dias antes" (*Comporte-se: A biologia em nosso melhor e pior*. São Paulo: Companhia das Letras, 2021).

19. Frans de Waal, *Diferentes: O que os primatas nos ensinam sobre gênero*. Rio de Janeiro: Zahar, 2023, p. 245. Vale destacar que o mito da mulher naturalmente casta é mesmo uma invenção moderna, dos séculos XVIII e XIX. Lembre-se do ensaio de Montaigne "Sobre versos de Virgílio", em que ele afirma que "é loucura tentar frear nas mulheres um desejo que lhes é tão candente e natural" (p. 421).

20. Frans de Waal, *Diferentes*, op. cit., p. 234.

21. Susan Perry apud Frans dee Waal, *Diferentes*, op. cit., p. 235.

22. John Williams, *Augustus*. Nova York: Vintage, 2013, posições 4109--16.

23. A definição sucinta é tirada de Pierre Hadot, *Exercícios espirituais e filosofia antiga*. Trad. de Flavio Fontenelle Loque e Loraine de Fátima Oliveira. São Paulo: É Realizações, 2014, pp. 23, 31.

24. Sêneca, *Sobre a ira*, livro I, II. Trad. de José Eduardo S. Lohner. São Paulo: Penguin-Companhia das Letras, 2014, posição 1705.

25. A filósofa Martha Nussbaum reflete sobre esse aspecto de *Sobre a ira* em *Anger and Forgiveness: Resentment, Generosity, Justice*. Oxford: Oxford University Press, 2016, p. 145.

26. Giulia Sissa, *Jealousy, a Forbidden Passion*. Cambridge: Polity, 2018, cap. 1.

27. Eurípides, *Medeia*, versos 179, 198-202. In: Ésquilo, Sófocles, Eurípides, Aristófanes. *O melhor do teatro grego — Prometeu acorrentado, Édipo rei, Medeia, As nuvens: Edição comentada*. Trad. de Mário da Gama Kury. Rio de Janeiro: Zahar, posições 5066-71.

28. Anne Carson, "Why I Wrote Two Plays about Phaidra". In: Eurípides. *Grief Lessons: Four Plays*. Nova York Review Books, 2006, p. 311.

29. Eurípides, op. cit., *Medeia*, versos 279-83, posição 4765.

30. Ibid., versos 300-2, 476-8, posições 5174 e 5385.

31. A frase original é do britânico William Congreve, na peça *The Mourning Bride*, de 1697: "*Heav'n has no Rage, like Love to Hatred turn'd, Nor Hell a Fury, like a Woman scorn'd*" (ato III, cena 2).
32. Eurípides, *Medeia*, versos 910-1, posição 5902.
33. Ibid., versos 1553-5, posição 6648.
34. Ibid., versos 1172-5, posição 6219.
35. Camille Paglia, "No Law in the Arena: a Pagan Theory of Sexuality". In: _____. *Vamps & Tramps: New Essays*. Nova York: Vintage, 1994, posição 965. É interessante também pensar como Paul Preciado atualiza a discussão ao tratar da aplicação artificial de hormônios sexuais. Ele chega a afirmar que a "testosterona não é masculinidade" e que nada permite "concluir que os efeitos produzidos pela testosterona são masculinos"; afinal, tudo o que se sabe é que, "até agora, em sua maioria, esses efeitos foram propriedade exclusiva dos homens cis" (*Testo junkie*, op. cit., p. 136).
36. Camille Paglia, "No Law in the Arena", op. cit., posição 967.
37. Diversos autores recusam caracterizar o sofrimento de Medeia como ciúme, apontando que a heroína se vinga de Jasão em razão da quebra de juramentos e da ofensa à sua honra. Creio, no entanto, que, como tantas emoções, a definição do ciúme é instável, e a revolta pela traição moral não exclui a dor pelo abandono erótico. Acompanho aqui Giulia Sissa, que ressalta as muitas menções de Medeia ao leito conjugal: "A justiça do leito foi destruída. O lamento de Medeia tem, portanto, um conteúdo moral e social, mas é a reação a um evento de natureza sexual, que ela sofre com grande intensidade emocional. A sua humilhação decorre de uma perda de prestígio, mas a causa é erótica [...]. A dor de Medeia tem a ver com justiça, honra e amor carnal, tudo ao mesmo tempo". Giulia Sissa, *Jealousy: A Forbidden Passion*, op. cit., posições 544-549.
38. Sêneca, *Medeia*, verso 13. Trad. de Ana Alexandra Sousa. Coimbra: Centro de Estudos Clássicos e Humanísticos, 2011, p. 37.
39. Ibid., versos 25-6, p. 38.
40. Ibid., versos 385-8, p. 61.
41. Ibid., verso 910, p. 94.
42. Thomas Page McBee, *Amateur: A True Story about What Makes a Man*. Nova York: Scribner, 2018, posição 70.
43. Ibid., posição 83.
44. Ibid., posição 1675.

45. Ibid., posições 1718-22.
46. Paul Valéry, "Filosofia da dança". Trad. de Charles Feitosa. *O Percevejo Online*, v. 3, n. 2, p. 4. Disponível em: <https://seer.unirio.br/opercevejoonline/article/view/1915/1541>.
47. Paul Valéry, *A alma e a dança*. Trad. de Marcelo Coelho. Rio de Janeiro: Imago, 1996, p. 61.
48. No Brasil, *Mais uma rodada*, filme de Thomas Vinterberg, 2020.
49. Baruch Spinoza, *Ética*, livro IV, P45C2S. Trad. de Tomaz Tadeu. Belo Horizonte: Autêntica, posições 3073-9.
50. Ibid., posição 3082.
51. Liev Tolstói, *Guerra e paz*, v. 1. Trad. de Rubens Figueiredo. São Paulo: Companhia das Letras, 2017, p. 230.
52. Ibid., p. 231.
53. Ibid., pp. 291-2.
54. Ibid., pp. 291-2.
55. Ibid., p. 292.

11. É preciso um bocado de tristeza [pp. 323-54]

1. Christopher Hitchens, *Deus não é grande: Como a religião envenena tudo*. Trad. de Alexandre Martins. Rio de Janeiro: Ediouro, 2007, posição 78. No inglês, a expressão usada para a sra. Watts é *pious old trout*, que o tradutor da edição em português verteu para "velha idiota". Acho que não dá o tom do original, por isso propus a tradução diferente. As outras citações seguem a edição brasileira.
2. Ibid., posição 102.
3. Sigmund Freud, *O mal-estar na civilização*. In: _____. *Obras completas*, v. 18: *O mal-estar na civilização, Novas conferências introdutórias e outros textos* (1930-1936). Trad. de Paulo César de Souza. São Paulo: Companhia das Letras, posição 200.
4. Ibid., posição 378.
5. Ibid., posição 219.
6. Ibid., posição 251.
7. Ibid., posição 384.
8. Ibid., posições 414 e 758.
9. Ibid., posição 235.
10. Ibid., posição 283.

11. Ibid., posições 326, 346, 304 e 315.
12. Ibid., posição 619.
13. Ibid., posição 1160.
14. Sigmund Freud, *Luto e melancolia*. Trad. de Marilene Carone. São Paulo: Cosac Naify, 2013, posições 458-95.
15. Maria Rita Kehl traça um ótimo percurso da melancolia médica às depressões atuais, passando pela neurose melancólica de Freud. Ver *O tempo e o cão: A atualidade das depressões*. São Paulo: Boitempo, 2009).
16. Sigmund Freud, *O mal-estar na civilização*, op. cit., posições 1002, 715.
17. Jean Starobinski, *A tinta da melancolia: Uma história cultural da tristeza*. Trad. de Rosa Freire d'Aguiar. São Paulo: Companhia das Letras, 2016, posições 1456-7.
18. Aristóteles, *Problems*, v. 2, livros XXII-XXXVIII. Trad. para o inglês de W. S. Hett. Londres: William Heinemann, 1957, p. 155.
19. Em outros textos, a "doença sagrada" refere-se ao que chamamos de epilepsia.
20. Aristóteles, *Problems*, op. cit., p. 159.
21. Dante Alighieri, *A divina comédia*, canto XVII, versos 121-4. Trad. de Italo Eugenio Mauro. São Paulo: Editora 34, 2003, p. 65.
22. Jean Starobinski, *A tinta da melancolia: Uma história cultural da tristeza*, op. cit., posições 579ss.
23. Ibid., posição 1430.
24. William Shakespeare, *A tragédia de Hamlet, príncipe da Dinamarca*. São Paulo: Ubu, 2019, posições 316-9. A ótima tradução é de Bruna Beber.
25. Ibid., posições 345-51.
26. Ibid., posições 674-97.
27. Ibid., posições 1407-10.
28. Ibid., posição 1533.
29. Também o pai e o irmão de Ofélia, Polônio e Laertes, usam a moça para tentar compreender as motivações e os planos de Hamlet. Polônio é o primeiro a morrer na tragédia, e sua morte é uma das causas aventadas pelos personagens para a loucura da moça.
30. Søren Kierkegaard. *Papers and Journals: A Selection*. Trad. para o inglês de Alastair Hannay. Londres: Penguin, posições 6760-5.

31. O biógrafo Joakim Garff conta esse episódio no primeiro capítulo, intitulado "Tuning in", de *Kierkegaard's Muse: The Mystery of Regine Olsen*. Princeton, Oxford: The Princeton University Press, 2017).
32. Søren Kierkegaard, *Papers and Journals*, op. cit., posições 2403-5.
33. Søren Kierkegaard, *The Seducer's Diary*. Londres: Penguin, 2007, p. 3.
34. Ibid., p. 135.
35. Søren Kierkegaard, *Papers and Journals*, op. cit., posições 2352-5.
36. Ibid., posições 2288-9.
37. Ibid., posições 2677-82.
38. Ela pegou de volta apenas as próprias cartas que havia enviado ao ex-noivo (Joakim Garff, *Kierkegaard's Muse*, op. cit., posições 1023-68).
39. Søren Kierkegaard, *Papers and Journals*, op. cit., posições 6887-9.
40. Georg Lukács, "Quando a forma se estilhaça ao colidir com a vida". In: _____. *A alma e as formas*. Trad. de Rainer Patriota. Belo Horizonte: Autêntica, 2015, posições 1224-32.
41. Sigmund Freud, *O mal-estar na civilização*, op. cit., posição 275.
42. Ibid., posição 114.
43. Ibid., posição 347.
44. António Lobo Antunes, *Os cus de Judas*. Rio de Janeiro: Alfaguara, 2017, pp. 43, 56, 113.
45. Ibid., p. 9.
46. Ernst Jünger. *Tempestade de aço*. Trad. de Marcelo Backes. São Paulo: Cosac Naify, 2013, posição 1381.
47. António Lobo Antunes, *Os cus de Judas*, op. cit., p. 25.
48. Ibid., p. 33.
49. Ibid., p. 57.
50. Ibid., p. 65.
51. Ibid., pp. 22-3.
52. Ibid., p. 96.
53. Ibid., p. 152.
54. Ibid., p. 182.
55. Ibid., p. 169.
56. Ibid., p. 13.
57. Ibid., p. 196.
58. Ibid., p. 28.
59. Albert Camus, *Actuelles*, tomo II: *Chroniques (1944-1948)*. Paris: Gallimard, 1950, pp. 212-3.

60. Albert Camus. *A queda*. Trad. de Valerie Rumjanek. Rio de Janeiro: Record, 1987, pp. 103-5.
61. Jonathan Frazen, *Overrated Books*. Disponível em: <https://www.youtube.com/watch?v=K5FvI33QH1M>.
62. Graham Greene, *Fim de caso*. Trad. de Léa Viveiros de Castro. Rio de Janeiro: Record, 2002, p. 87.
63. Ibid., p. 83.
64. Ibid., pp. 236-7.
65. Carlos Drummond de Andrade, "O padre, a moça". In: _____. *Reunião: 10 livros de poesia*. Rio de Janeiro: José Olympio, 1973, p. 252.
66. Graham Greene, *Fim de caso*, op. cit., p. 50.

12. Eu quero tocar fogo neste apartamento [pp. 355-80]

1. Eurípides, *Hipólito*, versos 683-8. In: _____. *Medeia, Hipólito, As troianas*. Trad. de Mário da Gama Kury. Rio de Janeiro: Zahar, 2007, posições 2427-30. Cípris é outro nome de Afrodite.
2. Homero, *Odisseia*, canto I, verso 39. Trad. de Christian Werner. São Paulo: Ubu, 2018, p. 138.
3. No original: *"This future is so certain/ It just pushes me to my knees"*.
4. Jean Starobinski, *A tinta da melancolia: Uma história cultural da tristeza*. Trad. de Rosa Freire d'Aguiar. São Paulo: Companhia das Letras, 2016, posições 1430-2: "Uma das figuras mais típicas do atrabiliário [melancólico] apareceu na forma do *malcontent traveler* [viajante infeliz]: ele percorreu a Europa, dissipou-se na Itália, e de lá trouxe um humor sombrio, um execrável ateísmo, uma misantropia a toda prova. (O Jaques de *As You Like It* [comédia de Shakespeare] é um espécime muito eloquente.)". Já no século XIX, que assistiu a uma nova moda melancólica na Inglaterra, a viagem era o remédio prescrito (posição 1448).
5. Samuel Beckett, *All That Fall*. Nova York: Grove, 1957, p. 5.
6. No original: *"The people that you love/ they change when you leave them behind"*.
7. Homero, *Odisseia*, canto II, versos 96-102. Trad. de Frederico Lourenço. Lisboa: Quetzal, 2018, posições 2852-61. A fala volta a aparecer no canto XIX, versos 141-7, e no canto XXIV, versos 131-7.
8. Homero, *Ilíada*, canto III, versos 191-8. Trad. de Frederico Lourenço. São Paulo: Penguin-Companhia, 2013, posições 2848-9.

9. No original, o termo é *politropon*, que junta *poli*, "muito", e *tropos*, direção, virada, volta (no sentido de movimento).
10. Estesícoro, "Fragmento 192". In: Giuliana Ragusa (Org. e trad.). *Lira grega: Antologia de poesia arcaica*. São Paulo: Hedra, p. 141. Anne Carson conta a história de Estesícoro e sua cegueira nas seções introdutórias de seu romance *Autobiografia do vermelho (Autobiography of Red*. Nova York: Vintage, pp. 3-7, 15-20).
11. Gorgias de Leontini, "From *Encomium of Helen*". Trad. para o inglês de Michael Gagarin e Paul Woodruff. In: Vincent B. Leitch (Org.). *The Norton Anthology of Theory and Criticism*. Nova York: Norton, 2018, p. 40.
12. Homero, *Ilíada*, canto II, versos 354-6, op. cit., posições 2268-70.
13. Ibid., canto VI, verso 344, op. cit., posição 4524.
14. Eurípides, *Helena*, versos 52-3. In: Trajano Vieira (Org. e trad.). *Helena de Eurípides e seu duplo*. São Paulo: Perspectiva, 2018, p. 35.
15. Homero, *Odisseia*, canto XI, versos 411-2, op. cit., posições 13372-4.
16. Ésquilo, *Agamêmnon*, versos 13. In: _____. *Oréstia: Agamêmnon, Coéforas, Eumênides*. Trad. de Mario da Gama Kury. Rio de Janeiro: Zahar, 2010, posições 244-5.
17. Cito um pequeno trecho, na tradução de Mário da Gama Kury: "Exulto com meu ato, se quereis saber,/ e se me parecesse até conveniente/ naquele instante derramar sobre o cadáver/ sagradas libações, seria muito justo" (Ibid., versos 1612-5, posições 1483-5).
18. Em uma obra hoje perdida de outro grego, Hesíodo, sabemos que há registros de uma outra conclusão, na qual a deusa Circe envia um dos filhos que teve com Odisseu para matar o pai com uma lança envenenada.
19. Fernando Pessoa, "Pecado original". In: _____. *Obra poética*. Rio de Janeiro: José Aguilar, 1969, p. 388. "Que é de mim, que sou só quem existo?", pergunta-se o sujeito lírico.
20. William S. McFeely, *Grant: A Biography*. Nova York: Norton, 2002, posição 1539. McFeely está citando uma frase de Philip Caputo: *"war, the ordinary man's most convenient means of escaping from the ordinary"*.
21. No original: *"I get the urge for going/ but I never seem to go"*; e depois: *"He got the urge for going/ and I had to let him go"*. A canção foi lançada como lado B do single "You turn me on, I'm a radio", de 1972, e depois integrou a coletânea *Hits*, de 1996.

22. Elena Ferrante. *História de quem foge e de quem fica*. Trad. de Maurício Santana Dias. São Paulo: Biblioteca Azul, 2016, posições 6025-6.
23. Elena Ferrante, *História da menina perdida*. Trad. de Maurício Santana Dias. São Paulo: Biblioteca Azul, 2017, posições 304-5 e 1044-5.
24. Elena Ferrante, *A filha perdida*. Trad. de Marcello Lino. Rio de Janeiro: Intrínseca, 2016, posição 838.
25. Ibid., posições 1487-98.
26. Fernando Pessoa, "Pecado original", op. cit., p. 388.
27. Adolfo Bioy Casares, *O sonho dos heróis*. Trad. de José Geraldo Couto. São Paulo: Cosac Naify, 2008, p. 5.
28. Ibid., p. 110.
29. Dante Alighieri, *A divina comédia*, canto XXVI, versos 94-142. Trad. de Italo Eugenio Mauro. São Paulo: Editora 34, 2003, pp. 178-80.
30. Os trechos citados, no original: *"I was born on the wrong side of the railroad track/ Like Ginsberg, Corso and Kerouac"*; *"Stay on the road — follow the highway sign"*.
31. Os trechos, no original, são *"Where are you calling from? A booth in the Midwest?"*; *"the original vagabond"*; *"temporarily lost at sea"*.
32. Jack Kerouac, *On the road: Pé na estrada*. Trad. de Eduardo Bueno. Porto Alegre: L&PM, 2004, p. 19.
33. Ibid., pp. 218, 166.
34. Ibid., p. 21.
35. Ibid., p. 370.
36. Henry James, *A fera na selva*. Trad. de Fernando Sabino. Rio de Janeiro: Rocco, 1985, p. 24.
37. Ibid., pp. 73-4.
38. "Você não entende nada". A primeira gravação da música foi feita por Gal Costa, em um compacto duplo lançado pela Philips em 1971. Caetano só gravaria a música no ano seguinte, no álbum *Caetano e Chico juntos e ao vivo*.

Créditos das imagens

p. 85: Leonardo da Vinci/ Windsor Castle/ Royal Library.

p. 104: Autor desconhecido. *Afresco de Príapo*, Casa dei Vettii, Pompeia.

p. 106: *Hymenaeus travestido durante um sacrifício a Príapo*, Nicolas Poussi, 1634-8. Óleo sobre tela, 167 × 376 cm.

p. 148: *Inveja*, Zacharias Dolendo, 1596-7. Gravura, 22,7 × 16,3 cm./ The Elisha Whittelsey Collection, The Elisha Whittelsey Fund, 1949.

p. 149: *Tempo defendendo a Verdade contra os ataques da Inveja e da Discórdia*, Nicolas Poussi, 1641. Óleo sobre tela, 297 cm.

p. 151: *Narciso*, Caravaggio, 1597-9. Óleo e chiaroscuro sobre tela, 110 × 92 cm.

p. 152: *Eco e Narciso*, Nicolas Poussi, 1629. Óleo sobre tela, 74 × 100 cm.

p. 197: © The Trustees of the British Museum.

p. 235: *Os homens preferem as loiras*, 1953. Dirigido por Howard Hawks. Produzido por Sol C. Siegel.

ESTA OBRA FOI COMPOSTA POR MARI TABOADA EM DANTE PRO E IMPRESSA EM OFSETE PELA GRÁFICA SANTA MARTA SOBRE PAPEL PÓLEN NATURAL DA SUZANO S.A. PARA A EDITORA SCHWARCZ EM ABRIL DE 2024

A marca FSC® é a garantia de que a madeira utilizada na fabricação do papel deste livro provém de florestas que foram gerenciadas de maneira ambientalmente correta, socialmente justa e economicamente viável, além de outras fontes de origem controlada.